丝
路
百
城
传

丝路百城传

"丝路百城传"丛书编委会和编辑部

编委会

主　任：杜占元

常务副主任：陆彩荣

副主任：刘传铭

委　员：（按姓氏笔画排序）

丁　方　　万俊人　　马汝军　　王卫民　　王子今

王邦维　　王守常　　吕章申　　邬书林　　刘文飞

齐东方　　李敬泽　　连　辑　　邱运华　　辛　峰

张　帆　　张　炜　　陈德海　　胡开敏　　徐天进

徐贵祥　　诺罗夫（乌）　　　黄　卫　　龚鹏程

阎晓宏　　彭明哲　　葛剑雄　　谢　刚

编辑部

主　任：马汝军　　胡开敏

副主任：邹懿男　　文　芳

委　员：简以宁　　蔡莉莉　　陈丝纶

FUZHOU
THE BIOGRAPHY

闽海扬帆两千年

福州 传
FUZHOU

魏定榔　卢美松　等————著

出版说明

2013年，中国国家主席习近平向世界提出共建"一带一路"的倡议。自提出以来，"一带一路"倡议深刻影响世界，逐渐从理念转化为行动，从愿景转变为现实，建设成果丰硕，得到国际社会热烈响应。

古丝绸之路打开了各国各民族交往的窗口，书写了人类文明进步的历史篇章。新时代共建"一带一路"的实践，为沿线国家和地区相向而行、互学互鉴提供了平台，促进了不同国家和地区、不同民族、不同文化、不同文明的深入交流。

城市是人类文明的结晶。"一带一路"沿线的城市中，蕴藏着人类千年的历史、多元的文化和无尽的动人故事。我们希望通过出版"丝路百城传"，展现每座城市独一无二的历史和性格，汇聚出丰富多彩、生动可感的"一带一路"大格局，增进文化交流和文明互鉴。

这是一次前所未有的出版探索，我们虽竭尽全力，也深知有诸多不足。期待这套丛书能够得到读者的喜欢，也期待更多的读者、作者、专家、学者等各界朋友们对我们的出版工作给予指正。

"丝路百城传"丛书编辑部

《福建省海岸全图》之福州部分,清初绘本,日本国会图书馆藏。(郑巧蓬 供图)

福州城图，1670—1700年。荷兰国立博物馆藏。（郑巧蓬 供图）

19世纪70年代,晚清福州风景。(福州市档案馆 供图)

20世纪初,从烟台山上拍摄福州港口盛景。(池志海 收藏)

引言　　福州与海上丝绸之路 / 1

第一章　江城福地

冶剑春秋古越都：冶山的前世因缘 / 21

"青山遗庙暮云头"：无诸与冶城 / 27

"千载不杂世代兴"：郭璞《迁城记》解读 / 33

泉山府兵留胜迹：裴刺史的马球场 / 39

"三山城郭留心内"：王审知与闽都扩城 / 46

"全盛之邦"耀东南：宋代福州繁华录 / 55

"铜钲犹是闽王点"："全闽第一楼"沧桑 / 61

坊巷幽深传雅韵：三坊七巷的文化生活 / 68

"琼花玉岛"话沧桑：烟台山史话 / 75

第二章　"海丝"枢纽

"江海通津"东冶港：福州港的滥觞 / 85

"万国舟航归禹贡"：唐五代以来的福州港 / 92

闽海开洋通万国：郑和与长乐 / 100

乡关萦梦使琉球：福州与琉球的不解之缘 / 108

"连山控海"屏山楼："海丝"航标镇海楼 / 117

风雨千年万寿桥：闽江古桥变迁史 / 124

数往知来再出发：福州的开埠 / 131

游子根脉中华情：移居海外的福州人 / 139

第三章　海滨邹鲁

"龙门一半在闽川"：福州的科举文化 / 147

倡道东南四先生：北宋福州的闽学先驱 / 154

闽学渊薮寻旧迹：朱熹与福州 / 159

"一生魂梦到三山"：宋代文豪在福州 / 166

楮墨书香满榕城：福州的雕版印刷 / 174

香草犹留名士韵："十砚老人"的故事 / 181

东南"文薮"数鳌峰：清代福州"四大书院"与学风转变 / 189

"满纸云烟随笔起"：清代福州的市井文学 / 196

三山闺彦诗名扬：何振岱与寿香社"十才女" / 202

第四章　海国先声

"三山论学"芙蓉园：叶向高与艾儒略 / 211

"共乐无私一义天"：隐元禅师与中日文化交流 / 219

慧眼能识天下局："开眼看世界"的林则徐 / 227

马江宏图育英才：福建船政的兴办 / 234

"笔醒天下"第一人：严复的救国之路 / 247

一腔孤勇化藩篱：陈季同与"中学西渐" / 255
　　"译界之王"林琴南：林纾与《茶花女》/ 261
　　敢为天下谋永福：辛亥革命的福州之光 / 268

第五章　闽都风物
　　清荫翠影共烟浮：福州的榕树 / 277
　　"兰汤三尺即蓬瀛"：福州温泉文化漫谈 / 284
　　天生瑰宝孕闽中：寿山石雕刻艺术 / 290
　　"佛闻弃禅跳墙来"：从佛跳墙说福州菜特色 / 297
　　面向沧海寻滋味：福州小吃的"海味" / 305
　　茉莉茶香溢四海：茉莉花茶小史 / 312
　　石仓名园蕴新声：曹学佺与闽剧 / 322
　　护产保赤陈太后：临水夫人陈靖姑 / 330
　　忠魂护航尚书公：陈文龙的海神传奇 / 337
　　"闽山庙里夜人繁"：闽都民俗文化剪影 / 344

结束语　闽都新颜 / 351

主要参考文献 / 361

后记 / 364

引言
福州与海上丝绸之路

习近平曾为《福州古厝》一书作序说："福州派江吻海，山水相依，城中有山，山中有城，是一座天然环境优越、十分美丽的国家历史文化名城。"

福州，简称榕，别称榕城、三山、左海、闽都等，是福建省会。福州辖6区（鼓楼、台江、仓山、晋安、马尾、长乐），1县级市（福清）、6县（闽侯、连江、罗源、闽清、永泰、平潭）。广义的福州，指清代福州府属"十邑"，即闽县、侯官、连江、长乐、福清、永福（永泰）、闽清、罗源、古田、屏南十县，其中古田、屏南今属宁德市管辖。福州是国家历史文化名城，历来文教发达，名人辈出，是我国产生进士、状元和两院院士最多的城市之一。福州又是海上丝绸之路的枢纽和重镇，是中国近代海军的摇篮和近代工业、科技发源地之一，还是著名侨乡，400多万海外华人华侨的祖籍地。

历史文化名城

福州历史悠久，最早可追溯至新石器时代晚期的平潭壳丘头文化、

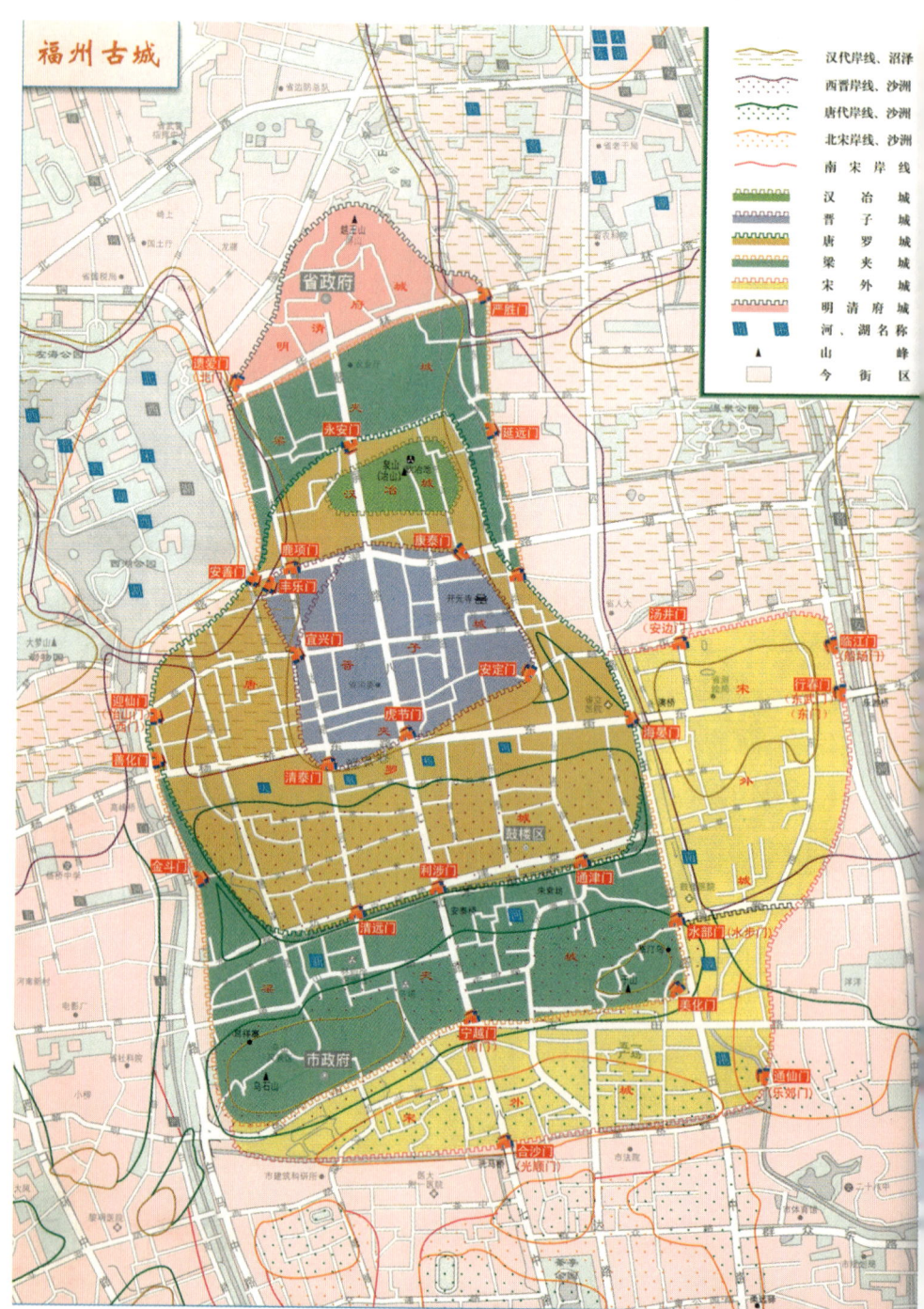

福州古城变迁图，见卢美松主编《福建省历史地图集》。（福建省地图出版社2004年4月版）

闽侯昙石山文化，以及商周时期的闽侯黄土仑文化。西周时期，中原文献中开始出现"七闽"的记载。这一时期，福州的居民是古闽人。春秋战国以降，福州开始受到楚、越文化的影响。战国时期，越人入闽，与古闽人融合为闽越人。

公元前221年，秦并天下，置闽中郡，福州地区被正式纳入中央王朝的版图。前202年，闽越首领无诸因反秦灭楚之功，受封为闽越王，建都于福州，史称"东冶"，是为福州建城之始，迄今2200余年。公元前110年，汉武帝灭闽越国，迁闽越人于江淮间。

西晋太康三年（282），置晋安郡，治候官县（今福州市鼓楼区，清代统一称"侯官"）。首任郡守严高修筑子城，开凿东湖、西湖以及运河（即晋安河），奠定了福州城的雏形。永嘉年间，"衣冠南渡，八姓入闽"，中原文化对福州影响日渐扩大。六朝时，福州分别为丰、泉、闽州治。唐开元十三年（725），因州西北有福山，原闽州都督府改称福州都督府，是为福州得名之始。随后，唐宗室李椅、状元宰相常衮等名臣相继入闽主政，福州经济文化大幅进步，始以"海滨邹鲁""文儒之乡"闻名于世。

唐末，王潮、王审知入闽主政福州。后梁开平三年（909），王审知受封为闽王，建立闽国，定都福州。王审知治闽期间，保境安民，重教兴文，吏治清明，百姓乐业。福州"时和年丰，家给人足"，商旅辐辏，百货云集，号称"东闽盛府"。城市亦得到扩大，乌山、于山、屏山都被圈入城内，福州由此得名"三山"。

宋朝是福州历史上的黄金时代，经济繁荣，人口增长，一度位列全国六大城市之一。北宋治平二年（1065），张伯玉知福州，令"编户植榕"，于是"绿荫满城，暑不张盖"，福州由此别号"榕城"。两宋时期，福州文教昌隆、人才辈出，共出进士两千余名，其中文状元9名，奠定了福州科举文化在全国的领先地位。

清乾隆《浙江福建沿海图》之福州部分。故宫博物院藏。（郑巧蓬　供图）

南宋德祐二年（1276），益王赵昰在福州登基，改元景炎，升福州为福安府。在元代大部分时间里，福州作为福建首府，得到恢复发展。元末战乱，福州遭到破坏，直至洪武元年（1368）明朝军队占领福州。

明代以降，福州一直为"八闽首府"，明人有诗赞誉："七闽重镇旧繁华，九陌三衢十万家。"南明弘光元年（清顺治二年，1645），唐王朱聿键在福州建都称帝，改元隆武，改福州为天兴府，称"福京"。次年，清军攻占福州。清初，朝廷施行海禁和迁界政策，直到1684年才展界开海。明清两代较为安定的社会环境，为福州进一步发展提供较好条件，福州"十邑"格局正式形成。

鸦片战争之后，福州被辟为通商口岸，成为近代中国较早对外开放的城市之一。先后有17个国家在福州设立领事馆或办事处，外国商行、企业、银行等相继在此开办。台江沿江和上、下杭一带成为进出口贸易中心，茶叶贸易一度繁荣兴盛。西方教会来到福州，建造教堂，创办学校和医院，发行报纸和期刊。近代以来的福州，地处中外文化交汇的前沿，各种人才在此汇集，东西方思想文化在此交流融合，展现出"海纳百川"的包容气度。福州涌现出林则徐、沈葆桢、严复、林纾、林觉民等一大批"开风气之先"的杰出人才，在中国近代史上各领风骚，故时人盛称"晚清风流数侯官"。

晚清时期外国人绘制的闽江口地图（《福省全图》）。美国国会图书馆藏。（麦小荷　供图）

海上丝绸之路的枢纽和重镇

福州作为滨海奥区，因江而生、向海而兴。福州地处中国东南沿海，福建省东部，闽江入海口，"环山沃野，派江吻海"，上连四郡，外通诸洋，地理环境优越，水运交通便捷，是海上丝绸之路上的天然良港。

福州地区的史前文化，如壳丘头文化、昙石山文化、黄土仑文化等，均位于海滨，具有浓厚的海洋文化色彩。战国、秦汉时期的闽越人，善于水上行舟、海中远航。东汉时期，福州东冶港与东洋、南洋有交通往来。三国时期，吴国在福州沿海建立造船基地，还派人由此远航夷洲（今台湾）、澶洲（今日本，或作菲律宾）。

唐代，福州对外贸易十分繁荣，与广州、扬州并称当时三大对外贸易港。时人诗云："云山百越路，市井十洲人。执玉来朝远，还珠入贡频。"极言外国贡使、客商和僧人频繁往来于福州的盛况。晚唐诗人周朴《福州神光寺塔》诗云："海水旋流倭国野，天文方戴福州城。"亦高度概括海外各国竞相趋向福州的热闹场景。

五代时，王审知积极发展海外交通，开辟甘棠港，派人招徕海外客商，"尽去繁苛，纵其交易"。当时由甘棠港出发的海船，远达新罗、日本、琉球、占城、三佛齐、天竺、大食诸国。福州港内"帆樯云集，商旅相继"，港外"潮通番舶，地接榕都"。城内安泰河一带，出现"人烟绣错，舟辑云排，两岸酒肆歌楼，箫管从柳叶榕阴中出"的繁华景象。

宋代，福州成为"东南一大都会"，号称"全盛之邦"。福州造船之多且精，时人誉称"海舟以福建船为上"，南宋名臣张浚曾在福州"大治海舟千艘"。海外贸易的进一步发展，让福州成为"海舶千艘浪，潮田万顷秋"的繁华港口城市。海船可直抵福州城下，水上贸易达于城内民家，宋诗称"百货随潮船入市，万家沽酒户垂帘"。

元代，朝廷在福州设"海船万户府"，海外商舶往来频繁。时人称福州为"闽海东南大邑，凡货财、珠玑、犀象之所储积甲天下"。意大利著名旅行家马可·波罗（Marco Polo）造访福州时，盛赞"此城为工商辐辏之所"，描述这里"珍珠、宝石的商业很盛，这是因为有许多船从印度载

19世纪80年代,法国人绘制的福州闽江口地图。法国国家图书馆藏。(郑巧蓬 供图)

着商人来到此地"。

明代,福州作为"七闽辐辏"之地,"百货填集,珍奇充牣",经贸活动十分活跃。明初,郑和七次率领巨大舰队出使西洋,每次都要经过福州,驻泊于长乐港,等候冬季朔风,补充给养,招募水手,然后从五虎门扬帆起航。成化十年(1474),福建市舶司移置福州,加速了福州港的发展。福州还是中国与琉球交往的唯一口岸,朝廷在福州河口设立进贡厂、柔远驿(俗称"琉球馆"),专门接待琉球贡使、客商、留学生。明清两朝,中国册封琉球共23次,琉球派遣来华使团多达884次,每次均经福州往返。晚明时期,随着新航路的开辟,福州与葡萄牙、西班牙、荷兰、意大利等欧洲国家的接触渐趋频繁,天主教也随之传入福州。

17世纪60年代,荷兰人绘制的福州城。(池志海 收藏)

　　清初的"海禁""迁界"政策，阻碍了福州社会经济的发展。康熙二十三年（1684），清政府设立闽海关，正式开海贸易。雍正七年（1729）全面开放海禁，"西南洋诸口咸来互市"，福州对外贸易重新兴盛起来，其主要贸易对象是琉球和日本，西班牙、荷兰、英国等西洋各国也纷纷前来通商贸易。

　　晚清福州开埠以后，贸易量急剧增长，省内外的大宗货物从福州出口转贩外洋。特别是茶业出口巨幅增加，并迅速超过广州和上海，居全国首位。福州港也一度成为当时中国乃至世界最大的茶港。至光绪中叶，福州城居民已达65万人之众。

　　民国时期，福州作为全省最大的土特产集散地，与世界各地都有贸易往来。随着对外贸易的发展，福州出现了专门经营进出口贸易的商行，如纸行、油行、木材行、茶行、石油行、糖行、棉纱行等。全市各种商行最多时达200余家，主要集中在台江的上、下杭一带，形成近代福建最有特色的商贸区。

1872年，福州南台江景。（郑巧蓬 供图）

中外交流的前沿

海上丝绸之路的形成及发展，对福州、中国乃至世界都产生重大影响。海上丝绸之路给中国带来巨额的财富和丰富的域外资源，为中华文明注入了生机和活力，并带来了变革的因素；同时，扩大了中华文化的影响，促进了中外文化交流，为人类文明的进步做出巨大贡献。

海上丝绸之路首先是一条商贸之路。通过海上丝绸之路，中外各种商品、货币、物种等资源实现了广泛交流、互通有无。中国贡献的丝绸、陶瓷、茶叶、蔗糖、纸张、书籍等产品，深受世界人民的喜爱。而海外输入的香料、药物、宝石等各种珍奇物产，极大丰富了中国人的生活。比如五代时期，象牙、犀角、香药、珍珠、玳瑁、龙脑、沉香、胡椒等异国珍品通过海外贸易进入闽国宫廷，以致"国用日以富饶"。

域外物种的输入，对国计民生的影响更为深刻。中国现有的农作物中，至少有50余种来自国外，其中大部分是通过海上丝绸之路引进的。占城稻原产于越南，北宋时传至福建，得到大规模推广，俗称"黄占"。

19世纪70年代,"海丝"航标——马尾罗星塔。(郑巧蓬 供图)

番薯是原产于美洲的高产作物,明万历年间由榕籍华侨陈振龙从西班牙殖民地菲律宾引种到福州,极大缓解了中国严峻的缺粮问题,为中华民族的发展壮大做出了巨大贡献。福州市花茉莉花,原产于印度,大约于汉代辗转传入福州,后来又与本土的茶叶邂逅,催生出闻名中外的茉莉花茶。

中国商品、物种的输出,同样影响世界。比如,宋代福州所产的荔枝,"东南舟行,新罗、日本、流求、大食之属,莫不爱好,重利以酬之";又如福州作为著名茶港,将中国的茶叶品种、制茶技术和茶文化传播到世界各地。

海上丝绸之路是一条文化之路。中外文明在海上丝绸之路的交流碰撞,促进了科学技术的传播和宗教思想的交流,对人类文明影响深远。福建是刻书之乡,大量文献典籍通过福州港流入东亚各国,形成一条通

20世纪初,千帆竞发的福州马尾港。(池志海 收藏)

畅的"书籍之路",宋人赞曰"书籍高丽日本通"。元末明初,日本五山禅院仿刻的典籍,多由侨居日本的福州雕版技工完成。如福州南台刻工陈孟千、陈伯寿等人,留居日本20余年,刻书数十部,制作精良,人称"博多版"。明代,长乐人马寿安,在日本大阪一带行医,对中医的传播贡献很大。明清两代,福州与琉球的关系最为密切。琉球不仅从福州引进粮食、蔬菜品种,先进的生产工具,制糖、酿酒、油漆等手工技艺,造船和航海等技术,还频繁派遣留学生来福州研习儒学、礼仪、诗词、音乐、书画、中医等,在琉球社会兴起崇尚中华文化、学习中华文化的风气。近代,以陈季同为代表的福州文化人,又以极大的热情,向西方世界推介中国传统文化,成为中西文化交流的使者。

海上丝绸之路促进了宗教文化的交流。历史上,来自印度的佛教就从海道传入福州,天竺高僧拘那罗陀(Gunarata)、日本高僧空海、圆珍、庆政、重源等先后浮海来华，都曾到过福州。明末清初，福清隐元禅师东渡扶桑弘法，成为日本黄檗宗的开山祖师。他还将诗文、书法、茶艺、中医等各种中华文化技艺带到日本，统称为"黄檗文化"，对日本近代文化发展产生了深远影响。

新航路开辟以后，西方科学、地理等知识通过传教士传入中国，推动了"西学东渐"的进程。早在明末，意大利传教士艾儒略（Giulio Aleni）就在福州出版《几何要法》等著作，传播欧洲的科学知识；他还与叶向高"三山论学"，传为中西交流史上的一段佳话。福州开埠后，西方人带来各种现代科学技术，加速了福州城市发展的进程。特别是19世纪60年代福建船政创办以后，不仅在制造轮船、发展水师、培养人才等方面首开先河，还引进、吸收、消化现代科学技术，取得了近代中国学习西方的重要成就。

海上丝绸之路还带来人们观念上的巨大变革。从"开眼看世界"的林则徐，领导洋务运动的沈葆桢，到为戊戌变法献出生命的林旭，参加辛亥广州起义的"福建十杰"，再到引进西学启蒙国人的严复，倡导"中学西渐"的陈季同，译述西方小说以为"振作志气、爱国保种之一助"的林纾……这些具有远大目光和开阔胸襟的福州英杰，以"敢为天下先"的英雄气概，在中国近代史上发出莫大声光，产生巨大影响。

在海上丝绸之路上，中外交流从官方到民间各层面都是和平友善的。明清朝廷的册封使，从福州出发前往琉球国，受到对方的热烈欢迎与热情款待。郑和下西洋时，东南亚和西洋各国使者回访中国也多途经福州。明永乐六年（1408），渤泥（今文莱）国王"麻那惹加那"，率妻子、家属、陪臣来朝，泊于福州港。永乐十八年（1420），古麻剌朗（菲律宾古国）国王"斡剌义亦敦奔"率团来朝，病卒于福州，敕葬闽县。这些中外政府的使节、高官甚至国王，经海道来到福州，成为传递中外友谊的和平使者。

往来于海上丝绸之路的,更多是商人、僧侣、工匠、学徒等默默无闻的普通人,他们也是传递友谊的重要力量。唐宋以降,阿拉伯人、波斯人、印度人、高丽人、日本人、占城人、琉球人等外国人纷纷航海来到福州。他们无论什么身份、什么信仰、来自什么地方,都能在这里得到宽容与接纳。

历史上,众多寂寂无名的福州人,凭着开拓精神与卓绝勇气,赤手空拳,乘风破浪,到海外去开辟他们的新事业。他们出洋以后,辛勤劳作,艰苦创业,为侨居地的开发建设,为中华文化的拓展与传播,作出不可磨灭的重要贡献。来自福州的临水夫人、水部尚书等民间信仰,以及方言、诗钟、闽剧、十番等传统文化,也沿着海上丝绸之路传播到东南亚等地,成为全世界福州乡亲共同的文化标识与乡情纽带。

海上丝绸之路见证了福州2200多年的辉煌历史,成就了福州"八闽首府""东南都会"的盛名,塑造了福州"海纳百川、有容乃大"的城市精神。今天的福州,将以更加开放从容的姿态,积极融入国家"一带一路"战略,为推动中外文明交融互鉴、构建人类命运共同体,继续贡献自己的智慧和力量。

(卢美松　魏定榔　文)

FUZHOU
THE BIOGRAPHY

福州 传

第一章 江城福地

东海之滨一座古城,闽江缓缓流过,江水浇灌着两岸的花果,也孕育着悠久的文明。城内有山,有塔,有寺庙,古韵悠长。这便是我引为骄傲的家乡。

——谢冕　北京大学中文系教授

冶剑春秋古越都：冶山的前世因缘

春秋战国年间，吴越两国连年攻伐，越国败多胜少，幸好出了一位中兴王者，名叫允常。允常上位之后，任用忠良，又多方访求贤达，意外招揽到一个天赋异禀的铸剑高人。从此，越国如虎添翼，开疆拓土，开始走向争霸之路。可惜的是，周敬王二十三年（前497），越王允常霸业未成，中道崩殂。年幼的勾践继位，面对来势汹汹的吴国大军，不免陷入恐慌。这时候，他想起那个父亲生平最信任的人，那个传说中用指甲、头发和一腔热血铸造宝剑的剑圣——欧冶子。

闽之有城，自东冶始

传说当年，欧冶子受越王允常重托，要帮助越国铸造天下最锋利的宝剑。他披星戴月，一路向南，翻山越岭，寻找冶剑锻兵之所。他越过仙霞岭，沿着闽江顺流而下，终于来到一处林木葱茏、依山傍海的人间佳境。这就是今天的福州。

据考古研究，早在距今约6000年前的新石器时代，福州就有原始人类居住。但是，福州真正建城，还要等到汉高祖五年（前202）封无诸为闽越王,"王闽中故地,都东冶"之时。那么,"东冶"这个福州最早的名字从何而来?无诸为什么会在福州建城?这一切,其实都与欧冶子有着密不可分的关系。

原来,越国君主本姓姒,是夏朝君主少康庶子无余的后裔。一直到允常这一代,"拓土始大",才正式称为"越王"。春秋无义战。那时候群雄争霸,吴越两国连年征战,一开始越国经常惨败,受尽屈辱。在冷兵器时代,首选武器是战车、长矛、弓箭,而吴、越两国位于南方,其疆土多是山地丘陵,以短兵近战为主。哪个国家的兵器制造能力越强,就越有可能取得战争的胜利。

允常是个有眼光的人,深知"工欲善其事,必先利其器",何况是一国霸业。他把发展军事力量的希望寄托在冶炼业上。而欧冶子这位当时最著名的铸剑师,无疑是允常实现霸业的最佳人选。欧冶子,春秋战国时越国人,也有人说他就是福州人,毕竟当时福州就在越国的疆域之内。因为他的铸剑技术实在高超,乃至很多人以为欧冶子只是一个传说,或者是一群工匠的统称。

欧冶子因缘际会地来到福州。当时的福州地处偏僻,到处是莽荒森林,这解决了燃料的问题;又有充足的水源和风能,以及丰富的矿产。于是乎,福州成了欧冶子远离喧嚣、一心铸剑的理想场所。

据说,欧冶子为越王允常铸造了五把名剑,分别是湛卢、纯钧、胜邪三把长剑和鱼肠、巨阙两把短剑。成语"三长两短"便出自这里。千百年过去了,欧冶子铸造的宝剑早已消失在历史的尘埃中,然而在福州市内,至今还有一个地方保存着欧冶子铸剑的遗迹,淬过历史的烈火,浸透三山的血脉,见证了福州两千多年的历史,那就是——欧冶池。

欧冶池（林振寿 摄）

池不在大，有剑则名

欧冶池在福州鼓楼区冶山北麓，即今鼓屏路东、冶山路南，相传为欧冶子铸剑处，又名"剑池"。冶山以前也叫做将军山，可见此地历来是一处刀剑争鸣之所。据明王应山《闽都记》记载，"将军山，在贡院西南，一名冶山，又名泉山，闽越故城即此。"而成书于南宋的《三山志》记载："今将军山之地，昔冶山之麓也，亦名东冶，及俗呼欧冶，皆以东越故耳……闽越故城，在今府治北二百五步。"由此可见，欧冶池所在地即当年闽越古城的核心地段。先有欧冶子在此铸剑，所以才有冶山之名，乃至成为福州的代名词，"冶城"的名号就此慢慢传开了。也就是说，欧冶子不仅是龙泉宝剑的创始人，还是给福州"起名字"的第一人。

元泰定"三皇庙五龙堂欧冶池官地"碑（林振寿 摄）

后来，勾践继承父亲遗志，卧薪尝胆，凭借着欧冶子在福州锻造的兵器，终于让"三千越甲可吞吴"，为父亲报仇成功。但是历史如车轮，驾车狂奔者亦死于轮毂之下。公元前333年，勾践六世孙无彊北上伐齐，中了齐国的离间计，调头去攻打楚国，反而被楚威王打得丢盔弃甲，兵败身亡，越国由此分崩离析。《史记》记载："而越以此散，诸族子争立，或为王，或为君，滨于江南海上，服朝于楚。"

这就是勾践后代入闽的缘由。越人入闽后，与土著闽人融合为闽越人。到了楚汉争霸时，无彊的七世孙无诸，出兵帮助刘邦击败项羽。汉朝建立后，封无诸为闽越王，都城就在冶山附近，所以这一汪欧冶池可以说是闽越王族的中兴之地，也是福州两千多年文明历史的泉源。

逝水如斯夫。宋朝熙宁年间，福州知州程师孟在这里修建了一座欧冶亭，并作《欧冶亭序》云："予至州之明年，新子城。城之东北隅，灌木阴翳，因为开通。始问此水，或对曰：'欧冶池。'……于是亭阁其上，浮以画舫，可燕可游，州人士女，遂为胜概。"

到了元代，这里又建起三皇庙、五龙亭。这块福州唯一的元代碑刻——元泰定五年（1328）立"三皇庙五龙堂欧冶池官地碑"，至今尚存。

到了明朝弘治年间，欧冶池严重淤塞，早已不复如《闽都记》所记的"数里"之广，而只剩半亩方塘，还被贡院占了一些地盘。在清道光八年（1828）重新疏浚后，池面扩大了几倍。除以上庙、亭外，历史上欧冶池的配套建筑还有禊游堂、秉兰室、冶池园、剑池院、剑光阁、利泽庙、石舫、喜雨轩、月台、曲桥等。

古池新颜，焕然重生

夫兵者，不祥之器也。但因为有了欧冶池，才让那段战火连绵、兵戈扰攘的春秋战国年代留给福州城一处温柔婉约、美不胜收的水乡胜景。

历代文人墨客曾在欧冶池留下许多诗词歌赋。如宋状元黄裳《欧冶池》诗云："人随梦电几回见，剑逐云雷何处寻。惟有越山池尚在，夜来明月古犹今。"明王应山《欧冶池怀古》云："昔闻欧冶子，鼓铸凌飞翰。芙蓉吐精英，池上生严寒。"明张时彻《宴集剑池》云："石径缘青嶂，朱筵敞翠微。采莲牵水荇，移舫乱云衣。"

福州人民历来珍视这颗历史遗珠，每隔数十年就要疏浚一次。欧冶池作为一口池塘，能保存两三千年，在全国实属罕见。2021年，冶山春秋园保护修复工程完成整治提升，规划设计了三个功能片区，分别是冶山欧冶池核心保护区、冶山遗址考古发掘区和遗址博物馆区，充分展示了福州历史文化名城"源头"的深厚内涵。

如今，走在冶山公园内，不仅可以看到失而复得的"冶山古迹"题刻、修缮一新的剑光亭和喜雨轩，还可以看到汉代古井、宋代石槽、"曲

"冶山古迹"题刻（林振寿 摄）

水流觞",以及书法爱好者不容错过的泉山摩崖石刻。泉山同属冶山山脉,其上有"无诸故城""寿岩""望京山"等景点,保存有宋至民国摩崖题刻数十处,还有民国海军元老萨镇冰故居"仁寿堂"。此外,还有全国独一无二的唐代马球场遗址——"唐裴刺史毬场故址"。这些景点围绕着欧冶池,如众星拱月,熠熠生辉。

"问渠那得清如许,为有源头活水来。"欧冶池,小小的一座池,泉流不竭,映照了福州悠久厚重的历史,见证着她沧海桑田的变化,也是两千多年如宝剑锋芒一样光辉闪耀华夏的闽都文化的源泉。

（莫争　文）

"青山遗庙暮云头"：无诸与冶城

这是距今 2000 多年前的事了。

战国末期，楚越相争，越国败北。有一支越国王族，从海路进入闽江口。那时候的闽江入海口，与钱塘江入海口一样，是一片水乡泽国；福州一带，与越国故都会稽（今浙江绍兴）有着相似的自然风貌，闽地百姓也与越人一样以舟楫为车马。在鱼米之乡生活的越人，无须去深山老林里避世，便在这山海交汇的地方定居建国，带着越的封号，自立为闽越王。

可是好景不长。秦灭六国，立郡县，废分封。闽越正逢勾践裔孙无诸当政。始皇帝一声令下，废去无诸王号，降为"君长"，以其地为闽中郡。因闽中地处偏远，其民强悍难治，秦朝并未派遣守尉令长，仍让无诸以"君长"名号继续统治闽中。

无诸失去王冠，没了宝座，仍念念不舍，学老祖宗勾践卧薪尝胆，以图再起。不久，天下大乱，复仇的机会来了，他率领闽中甲兵加入反秦队伍，跟随刘邦入武关、战蓝田，以勇悍著称。项羽入关后，分封十八诸侯，以"楚越旧隙"，不封无诸为王。愤怒的无诸于是率部加入刘邦阵营，为汉军击败项羽立下汗马功劳。经过数年鏖战，一代霸王项羽乌江自刎，刘邦取得最终胜利，建立汉朝。

那是公元前202年，刘邦"复立无诸为闽越王，王闽中故地，都东冶"。不久，大汉王朝的册封使者来到闽中，在闽江海湾内一处临水的高台上，为无诸加冕了闽越王的桂冠，圆了他的中兴复国之梦。

海风习习，旌旗猎猎，圣乐飘飘，这个四面环水的小岛，让中原来的使节亲身体验了"闽在海中"的感觉。由海路进入闽越国的水道从此叫作"无诸港"，今天地图标为"乌猪港"。因为册封闽越王让闽地进一步融入汉文化，有惠泽闽人闽地的功效，这座小岛也就有了"惠泽山"的大名。

在后来的一段时间里，这里是闽越国的"圣地"，曾建造过一座祭祀无诸的庙宇，因其高大宏伟盖过闽地所有的庙宇殿堂，而被称为"大庙"，惠泽山也就俗称为"大庙山"。诚如明代诗人王恭在《越城怀古》诗中所写："无诸建国古蛮州，城下长江水漫流。野烧荒陵啼鸟外，青山遗庙暮云头。"

无诸恢复王位之后，心情大悦，常与众臣游乐于山水之间。大庙山之外，玉水环绕的"于山"也是必去的地方。那里是"于越人"入闽的落脚地。山上有"无诸台"，据说无诸曾于重九日登此台大宴百官。他落在九日台上祭天敬祖的石刻大酒罇，至晚清时还有人见过。

作为闽越都城的"东冶"究竟在哪里，这始终是个问题。历朝历代的福州地方文献，都将冶城旧址指向屏山之南。宋梁克家《三山志》云："闽越王故城，在今府治北二百五步。"明王应山《闽都记·城池总叙》云："闽自无诸开国，都冶为城（今布政司东北），所从来久远。"清林枫《榕城考古略》说到冶城时虽然称"其址不可考"，但还是引用前人《图志》说"在今藩署北里许"，并详细解释说："以势考之，当在今城隍庙

20世纪20年代，大庙山一带。（池志海 收藏）

迆北，至诸古岭等地也……今华林寺及乾元寺（今钱塘巷地），皆指为冶城故址"。嘉庆年间，郡守何茹莲亲书"冶山古迹"四字，嵌于冶山南麓护坡的石墙之上。可见，在福州人的记忆中，无诸所建冶城，就在今屏山（又名越王山）一带。

福州四郊还散布着许多闽越国时代的遗迹。福州城南大庙山又名南台山，明万历《福州府志》记载："南台山，一名钓龙台，有盘石焉，相传越王余善钓白龙处也。一名越王台，盖无诸受汉册封之地。"唐代，钓龙台上设有祭祀闽越王无诸的庙宇。福州东郊的金鸡山北有桑溪，"俗传闽越王流觞处也"。福州北郊浮仓山，"相传闽越王积谷所也"。

20世纪80年代中期的某一天，福建郊区文物干部黄荣春下乡普查文物，听说新店有一个叫"古城村"的地名，他赶紧蹬着自行车来到村里，访遍村民，发现谁也不知道"古城村"名字的来由，也找不到任何城墙的影子。失望至极的他，正准备打道回府，偶遇一位六十几岁的老村干。

闽越国筒瓦（麦小荷　供图）

　　老村干带着他来到一片菜畦，指指点点地说：这里是古城里，那里是古城外，还有校场、古城山……。当晚，黄荣春抱着一块4公斤重的残片标本，出现在市文物部门的办公室，一座尘封千年的古城大门由此打开。

　　此后，福州市先后组织了9次考古发掘，获得许多古城的物证，让人们得以穿越历史，回望往日时光。古城由内城、外城构成。内城的主墙体内未发现西汉之后的陶片遗存，证明其始建于战国晚期。外城系汉初扩建，出土了陶范、冶铁炉、炉膛残块和大量铁渣，不由让人联想起"东冶"二字。

　　要证明它是一座王城，至少要有宫殿式的建筑遗存。外城中多处出土建筑构件，有云纹瓦当残件和汉代式样的大型板瓦，最大的长39.5厘米、宽38厘米，最大的柱洞直径达到70厘米，这是汉代大型干栏式建筑遗址的标志。而柱洞、板瓦、筒瓦及周围伴有大量木炭出土，表明这里曾经被火烧过。现有的发现已足以证明，这里是战国晚期闽越人的城池。它的存在，将福州的城市中轴线从越王山（屏山）向北延伸到这里。

90年代后期，又是在新店，考古队员在测绘时，从异地偷卸的建筑垃圾里意外拾到一块瓦当残片，依稀看出"万岁"字样。于是追寻这堆垃圾出处的工作，又落到黄荣春头上。黄荣春还是蹬着那辆老式自行车，几经周折找到卸土车的驾驶员，追踪到瓦当的原挖掘地是屏山钱塘巷口农贸市场的建筑工地。工地按下暂停键，很快挖掘出好几片带有"万岁""万岁未央"等字样的瓦当。从此，屏山考古升温了。考古工作者在冶山周边先后开展10次抢救性发掘，出土大量高规格的西汉文物，其中不少为宫殿级的建筑构件。与新店古城村一样，这里也有被大火烧灼的痕迹。

在西汉初年，敢僭越礼制使用"万岁"瓦当，只有刻玉玺自立为"东越武帝"，筑六城以拒汉军的余善。余善为无诸后裔，闽越王郢之弟。

经过数十年发展，到汉武帝即位时，闽越国已相当强盛。当时在位的闽越王郢野心勃勃，力图恢复越王勾践的霸业。建元三年（前138），闽越国吞并东瓯国（今浙江南部）。三年后，闽越国又发兵攻打南越国（今福建南部、广东、广西等地），汉武帝派出两支军队救援南越国。在汉军压境的形势下，郢之弟余善乘机发动政变，以郢之首级向汉军投降。其时武帝正拟用兵北疆，便与闽越议和，立无诸孙繇君丑为越繇王，以奉闽越祭祀。余善不服，趁汉朝征伐匈奴之际，自立为王。汉廷为避免再次用兵，被迫封余善为东越王，与越繇王并处。元鼎五年（前112），南越国发生政变，汉朝发兵十余万攻伐岭南。余善率甲士八千人，进军至揭阳一带，以为声援。汉武帝认为余善首鼠两端，坐观成败，下令汉军进驻梅岭、豫章等地，威慑闽越国。余善大怒，乃刻制玉玺，自立为"东越武帝"，发兵据守要道。至此，汉武帝决定兵分四路，水陆并进，

闽越国"万岁"瓦当（麦小荷　供图）

大张挞伐。元封元年（前110），闽越国再次发生政变，余善被杀。汉军几把火烧了闽越故城，包括了新店古城和越王山古城。后来，汉武帝以"闽越悍，数反覆"，将闽越人强行迁徙至江淮之间，"东越地遂虚"。

北迁之后的闽越人早已湮没在历史的烟尘之中，无诸故国静静地等待着下一个命定的轮回和崛起。从无诸的冶城算起，福州建城迄今已超过2200年。两千多年来，无诸和他开拓的冶城无数次地复活在文人墨客的诗文里，活在公交地铁的报站语音里，活在每一个福州人的方言里，活在修整一新的新店古城遗址和屏山"冶山春秋园"里。这里是福州"根之所在，源之所系"。

（唐希　文）

"千载不杂世代兴"：郭璞《迁城记》解读

西汉建城，西晋迁城。以后的千余年，福州城数次大动作，经历的都是扩城。西晋迁城是最早的城市规划，对福州而言举足轻重。传说中，迁城的规划大师叫郭璞。

郭璞（276—324），字景纯，河东郡闻喜县（今属山西）人，两晋时期著名文学家、学者，博学多识，擅长占卜、风水、预言，是当时著名的风水术士。

这里讲的"郭璞迁城"，实际上是西晋福州太守"严高迁城"。西晋太康三年（282），离晋武帝司马炎一统中原已经十七八年了。他想起武夷山阻隔的闽地始终未得到中央政权的直接关照，于是划出地盘，设置晋安郡，派严高出任郡守。严高，琅琊郡（今山东省诸城县）人。这位来自山东大平原的汉子，一落入冶城的旧城廓，便觉天地狭小，"不足以聚民"。的确，如果从汉高祖册封无诸为闽越王的公元前202年算起，至严高赴任，冶城已存在了近500年；距汉武帝灭闽越国的公元前110年，也有近400年的历史。当时，人们聚居的"旧城"，其破烂可想而知。于是他放弃西汉时代的冶城，另觅新址，在今天屏山之南建立晋安郡城，后世称为"子城"，由此奠定未来福州城的中轴方位与发展走向。

城池要建在高处和近水、向阳、避风的地方。传说严高在迁建子城时，先是在闽江岸的开阔地带选了一个叫"白田渡"的地方。依据周边山水地貌，东西南三面为山，唯北向有个出口，这样建成的新城只能坐南朝北。按风水学的原理，规划优秀的城池必是坐北朝南，首脑稳坐城北端，形成北有靠山、南有案山的格局。坐南朝北的"白田渡"，似乎不是一个很好的选择。严高琢磨不定，便请教风水大师郭璞。大师"指一小山埠以迁之"，还说了一句："是宜城，后五百年大盛。"五百年后正是"安史之乱"，中原名城多遭战火蹂躏，而偏安一隅的福州，果如郭璞所预言安然无恙。

于是，严高经过仔细勘察，看上了越王山（今屏山）前的一块风水宝地。这里正好坐北朝南，北靠"莲花献瑞"的莲花峰，南对"甘果方几"的五虎山。东鼓山，西旗山，南门之前，远处有闽江水边的吉祥山、天宁山、高盖山"三案横亘"，近处有乌山、于山"双狮拱卫"。整个福州的山水形胜，可以归纳为："北枕莲花，南控五虎，右擎翠旗，左标石鼓"。大约过了六百多年，到五代闽国扩建罗城、夹城时，乌山、于山被圈入城内，连同屏山，合称"三山鼎峙"。从此福州城不仅"城在山中"，而且"山在城中"，城墙里还号称"三山藏，三山现，三山看不见"，构成了福州城特有的典雅、自然的园林景观。而闽江汇集闽西、闽北溪涧之水，抵福州后分为白龙江、乌龙江，环绕福州城东南部，显现出"双龙送水"的福地吉相，再与马江三江汇合后流入东海。众多内河水网首尾相接，连着江水湖泊，更是"九水环绕"。古城发育至今，诚如习近平《福州古厝》序言所赞："福州派江吻海，山水相依，城中有山，山中有城，是一座天然环境优越、十分美丽的国家历史文化名城。"

福州地势，西北依山，东南滨海，中间的平野在1700多年前是大片

福州城图，清光绪绘本，尽显福州山水形胜。原图藏福州市规划馆，为吴良镛院士捐赠。（池志海 摄）

的沙洲和沼泽。从西北诸山汇聚而下的水流，到平地后潴留难泄，在暴雨、久雨之时更易形成灾害。而筑城还需要大量土石方，于是严高就根据福州地形地貌，在拟建子城的西北挖地取土，逐渐形成一个宽阔的空地。又疏浚四方河道，引城西北诸山溪水注入其中，形成一个周回十余里的大湖；湖水南流，经河道汇入闽江，通往大海，构成一个可蓄可泄的排水系统。因位于城垣之西，故称"西湖"。又于城东北隅开凿"东湖"，周回二十余里。因严太守的恩惠，福州东西两侧形成一对姐妹活水，既可防旱排涝，又可灌溉农田，还是人们游览休憩的好去处。其中，东湖于南宋淳熙年间淤积为田，西湖至今依然碧波荡漾，成为福州的名片，以及游客来榕必去的景点。

严高筑城一举多得的好事还在继续。凡有城墙的地方，必有城隍庙。严高迁建子城时，在冶山建有城隍庙。这不仅是福建最早的城隍庙，也是全国最早的城隍庙之一，其始建年代仅次于吴赤乌二年（239）所建的安徽芜湖城隍庙。此外，严高建城取土挖成的"城壕"，后来成为福州城区最长的内河——晋安河。另据传说，筑城民工在凿地时挖到温泉水脉，争相赴汤洗浴，于是便有"郭璞迁城民工洗"的说法，开创了福州作为"温泉之城"的历史。严高又在城北越王山南麓建立绍因寺，是为福州的第一个佛寺。

相对今天的福州城而言，子城面积不大，却位于福州城的精华地段。城池北起今鼓屏路王墓山，南至八一七北路虎节路口，东起湖东路丽文坊口，西至鼓西路渡鸡口，东南至卫前街，西南至杨桥路。有5门、12桥，规制较冶城为大，官衙郡署、仪门、南北干道、东西主街等一应俱全。子城奠定了福州城池的雏形，自晋至南朝因袭其旧，直到唐中和年间（881—884），才由观察使郑镒拓修，此后历代仍以此为中心扩建城池。按照当年规制建造的郡署衙门，历朝历代均予以沿用，

福州西湖鸟瞰（陈鹤 摄）

为闽地首脑机构所在地。这一带至今留下唐代的观察使署、五代闽国的威武军衙署、宋代的福建安抚使署，以及明清的布政使司署等遗址。

"郭璞迁城"的记载，见于宋淳熙《三山志》及明清福建地方志。这里有个小细节值得探究。按《三山志》等记载，严高建城的时间是晋太康三年（282）；而据《晋书·郭璞传》，郭璞生于晋咸宁二年（276）。这样算来，严高迁建城时，郭璞不过六七岁，恐怕还在山西老家玩泥呢，即便是神童，恐怕也无法来到数千里之外的福州参与规划建城。而严高作为中原政权南下治理闽地的的第一个代表人物，必然要重金聘请中原高人术士勘察指点，为城市作一番规划，绘制城市发展的蓝图。这个高人是谁？是不是郭璞？我们不得而知。也许是一位当时的隐名高手，后来郭璞出名了，便张冠李戴套在郭璞头上。

为了填补这小漏洞，再次细读郭璞身世。郭璞之父郭瑷官至建平太守，聪明过人的郭璞从小随一位外地漂泊到山西的术士学习易学，这位先生碰巧也姓郭。能调教出如此出色的学生，郭老先生必然道行匪浅。是否存在这样一种可能，给福州子城作规划的大师，会不会是那位有姓无名的郭老师？

郭璞后来担任大将军王敦的记室参军，因劝阻王敦谋反遇害。数年后，晋明帝在南京玄武湖畔修建郭璞的衣冠冢，名曰"郭璞墩"，保留至今。历来黄金赠富不赠穷，荣誉也一样。当然，《迁城记》也可能是郭璞成年后补写的美文箴言。其中有名句曰："千载不杂，世代兴隆。诸邦万古，繁盛仁风。其城形状，如鸾似凤，势气盘拏。遇兵不馑，遇荒不掠，逢灾不染。其甲子满，废而复兴。"如同福州的颂歌，将福州山水景色和久远运气作一番讴歌。虽各版本文句微有出入，但这几句讲福州格局、城运的箴言，了解福州的人都觉得非常中肯、灵验。

每有台风、大水、瘟疫、战乱之时，福州市民都会饶有兴趣地解读着郭璞名句："遇兵不饥，遇荒不掠，逢灾不染。"这简直成了"有福之州"的护身符。

（唐希　文）

泉山府兵留胜迹：裴刺史的马球场

"坐久好风来，落英纷幂幂。"秋天的冶山，正如一千多年前唐刺史裴次元笔下的诗文所述，依然落英缤纷。它不再险峻挺拔，而是一位历经繁华与孤寂的隐者，静静地藏身于闹市之中。

200卷的《新唐书》、225卷的《旧唐书》，皇皇巨著，关于裴次元的记载不过寥寥数语。而对于福州来说，裴次元却是一个值得大书特书的人物。他开辟的马球场，是千年之后中国首个也是唯一一个被发现的唐代马球场；他修葺的"冶山廿九景"，历经千年，至今仍是游客赏玩的胜地；而与球场、二十九景有关的残文，则为我们展示了大唐盛世中福州的繁荣景象。

《球场山亭记》残碑

1958年，福州八一七路北端修建鼓屏路，在路东侧发掘出一块严重断残的石碑，两面镌有文字，但风化磨损，漫漶难读。石碑出土后便被置之高阁三十余年，无人问津。一个偶然的机会，福州文史学者陈叔侗注意到这块残碑。他亲自磨洗摹拓石碑残文，从中找到"冶山，今欧冶

福州《球场山亭记》残碑。福建博物院藏。（麦小荷 供图）

池山是也，唐元和八年，刺史裴次元于其南辟球场"等字样。经研究，这是中唐时期福州《球场山亭记》原碑的残段，距今已逾1200年。

据宋淳熙《三山志》记载，唐元和八年（813），福州刺史裴次元在冶山之南开辟球场，即山为亭，剔石浚坳，得景二十九所，并赋《辟球场二十咏》，题诗亭壁，其下属冯审撰文纪事勒于石。大中十年（856），亭壁诗记无存，刺史杨发访求诗本，重刻于碑阴。之后，石碑湮没。北宋熙宁年间，福州知州程师孟重建子城，发现石碑，存于日新堂，并作题记。

千年之后，几经沧桑，几度沉浮，石碑仅存不足三分之一的残文断字。这篇曾经只存在于古书上，记录唐宋福州三任主官心血的碑文，终于重见天日。

此碑现存福建博物院，宽99厘米，残高62厘米，厚25厘米。碑上

唐章怀太子墓马球图壁画（局部）（麦小荷 供图）

字迹大体可辨。碑阳为推官冯审撰记，碑阴为裴次元诗及序，文字与《三山志》所载大体一致。原石轻易不露"真身"，游客所能见到的是残碑图片及拓片，配图是一幅被陕西省历史博物馆列为镇馆之宝的壁画——"唐章怀太子墓马球图"。骑者头戴幞头，足蹬皂靴，手执月形球杖，策马竞逐，奋力拼争，胯下骏马肥硕健壮，勇猛驰突，整个氛围紧张激烈。画面的背景，依稀有山峦、古树映衬。

在中国广袤的历史苍穹中，大唐无疑是极为璀璨的一颗明星。彼时的福州已是"闽越都会，东南重镇"，与广州、扬州并列为中国三大对外贸易港。《球场山亭记》残碑的发现，印证了唐代，特别是唐中兴时期福州的蓬勃发展，还原了当时福州百姓安居乐业的生活面貌。

碑文载，"政既施设，而邦人和"，福州丰年治世，安定祥和；"廛闬阗阗，货贸实繁"，商贸繁盛，市井繁荣；"传命，月无虚，时无缺"，交通便捷，政令通达，与朝廷的联系未曾中断；"海夷日窟，风俗时不恒"，对外贸易活跃，海外客商云集，奇风异俗汇聚，当地风俗甚至因之而改……残文不多，但透露的信息足以让我们感受到盛唐的风华卓越，一窥当时福州作为海上丝绸之路重要港口的繁荣与地位。

一块残碑，见证一段历史。唐代的福州，已非荒服之地，而是十分繁华的"东南大藩"。

裴刺史的马球场

1998年10月，考古工作者在冶山中山大院旁发现唐代球场遗址，发掘了400多平方米的球场地面。从考古地层断面观察，这个球场的场地精工讲究，层层夯筑，层次清晰，每一层都有特殊处理。其上堆叠着五代时期的城墙，下面是初盛唐时期的建筑堆积。从现有的资料推测，该马球场有两个足球场那么大，能容纳数万人。

马球，古称"击鞠""打球"或"击球"，即骑在马背上，用长柄球杖拍击马球的一种体育运动。它盛行于唐、宋、元三个朝代，又以唐朝为甚，历代唐皇中有很多马球爱好者。据唐人封演《封氏闻见录》记载，景云中，吐蕃遣使迎金城公主，中宗赐观马球。吐蕃求试之，数回合皆胜。中宗不服，令临淄王（即后来的唐玄宗李隆基）等四位高手力敌吐蕃十人。只见临淄王"东西驱突，风回电激，所向无前"，最终大获全胜。天宝六年，玄宗下诏将马球作为军队训练必修课目，从此马球从内宫走向全国。

上有所好，下必甚焉。从京师到各地州郡普遍修建马球场，广泛开

唐裴刺史毬场故址题刻（林振寿 摄）

展马球运动，福州自不例外。据《三山志》记载，福州城西原本有个马球场，然逼仄狭小、陈旧不堪。而彼时驻扎福州的士卒多至1500人，旧球场显然已不敷使用。当过京兆尹、见过大世面的裴次元，来福州后，先开展一番雷厉风行的整顿治理，之后便着力建设马球场。元和六年（811），裴刺史选定福州城东部靠近兵营处建设新球场，以方便军队训练使用。

据冯推官记述，裴刺史勤勉尽责，在政事之暇，亲自勘察选址，"或日一往焉，或再往焉，扪萝蹑石，不惮危峭"；还亲自规划设计，殚精竭虑地思考球场的布局和造景，以求达到意境深远、富有情趣的效果。从碑文中残存的"心逸、思畅，自然逍遥""清风长在，双舟浮泛，与仁智游，丝弦管乐"等文句中，依稀可见当时球场建成后，裴次元与僚属诗酒燕集的欢畅情景。

不久，裴次元调离福建，留下了球场和冶山廿九景供后人玩味。这也是冯审的《球场山亭记》残文后半部分的主要内容。

冶山二十九景

冶山二十九景，是裴次元修建马球场时同步进行的景观改造。与"唐章怀太子墓马球图"所描绘的背景相似，改造后的冶山不但有球场，还有山峦、古树、亭宇，景色怡人。据碑文描述，裴次元利用自然地势造景，浚坳为池，借石成洞，层层递进，由此创设廿九胜，为之题咏者二十，"有望京山、观海亭、双松岭、登山路、天泉池、玩琴台、筋竹岩、枇杷川、秋芦冈、桃李坞、芳茗原、山阴亭、含清洞、红蕉坪、越壑桥、独秀峰、筼筜坳、八角亭、椒磐石、白土谷，诗各一章，章六句"。而涟漪亭、东阳坡、分路桥、乾冈岑、木瓜亭、石堤桥、海榴亭、松筠陌、夜合亭等九胜未为诗。

现今冶山诸胜，大多为1927年至1933年间，由福州乡绅施景琛与其业师陈衍率"闽侯县名胜古迹保存会"修复的。小山丘暗藏大乾坤。不过数百平方米的山阜，移步换景，一景一刻，包括原二十九景中的望京山、观海亭、登山路、玩琴台、枇杷川、荻芦冈、芳茗原、筋竹岩、山阴亭、红蕉坪、越壑桥、独秀峰、椒磐石、乾冈岑等14景，并增刻"一至九曲""洛社遗风""盍簪齐庆""群彦汪洋""唐裴刺史球场故址""唐陈将军岩建牙处"等摩崖题刻近40段。2020年，陆续增补双松岭、筼筜坳、东阳坡、松筠陌、石堤桥五景，并在山南发现"天泉池"

题刻。

  跨越千年的时空，裴刺史当年留下的胜景渐次展现在人们面前，但依然有九景湮没在岁月的角落里，不知所终。从石碑与古书中找到的残缺不全的二十咏，基本完整的只有五首，包括《芳茗原》《双松岭》《筋竹岩》《越壑桥》《椒磐石》等。从这为数不多的文字存留中，略可窥探唐代福州风物之一斑。

  在这二十九景里，不仅有松竹桃李，还有芳茗果蔬。具有卓越园林才能的裴次元把一座藤萝遍布、榛莽丛生的荒山，打造成一座花果飘香的花果山。彼时，从冶山东望，茶树遍野，茶香氤氲。如《芳茗原》诗云："簇茂满东原，敷荣看膴膴。采撷得菁英，芳馨涤烦暑。何用访蒙山，岂劳游顾渚。"描述福州城郊茶树种植之盛，并夸赞福州茶的品质不逊于当时剑南蒙山和湖州顾渚所产名茶。千年的石碑、球场、诗文，历经岁月的磨砺，终三合为一，为世人勾勒出大唐时代福州生活的轮廓，让我们在为这座城市的沧桑巨变而慨叹的同时，也从心底生出缕缕敬仰之情。

（青色 文）

"三山城郭留心内"：王审知与闽都扩城

大唐天复元年（901）春，威武军节度使王审知，按惯例亲临九仙山（今于山）书院，"阅文艺，论才授学"。他"考试各生文艺毕，步上鳌峰顶，见那万峰一碧，周围环绕，数道长江屈曲潆旋，将福州城池包裹当心，乃天下之第一江山"。"三山城郭留心内，七郡人烟在眼中"，节度使脑海里酝酿已久的闽都扩版蓝图，仿佛愈来愈清晰了。

八年经营，扩建罗城

这一年，距王审知兄弟接管福州城，已经快八年了。这些年，先是兄长王潮主政，王审知辅佐；乾宁四年（897），王潮去世后，王审知执掌福建军政大权。兄弟俩对上臣服朝廷，进贡不断；对内安抚豪强，稳固执政基础；对外修好邻国，结为同盟。特别是王审知，秉持"宁为开门节度使，不做闭门天子"的理念，实行"保境安民"政策，赢得数十年的和平安定，使力量薄弱的闽国，在那个烽火连天、生民涂炭的乱世中，成为难得的安居乐业之地。而闽都福州，更是社会安定、经济繁荣、文化发展，有诗为证："千家灯火读书夜，万里桑麻商旅途。"

王审知认为，福州扩城的时机已经成熟。他命令管城丞周启文将福州建置根由，及当下城池形胜，"绘图填说"献进。据说，王节度认真审阅西晋风水大师郭璞的图谶，挥笔在屏山、九仙、乌石山间朱笔画了一个圈，批上4个字"照此建城"，然后拨出银两，招募民夫，拉开了福州扩城的大幕。

福州城池始建于西汉闽越国时期，即冶城，大致在今越王山（屏山）以南的冶山一带，格局较小。西晋太康三年（282），首任晋安郡守严高迁城于屏山南麓，将城池往东南方向拓展，形成了早期的闽都城市格局，即晋子城。

其后，子城经过两次扩建：唐中和(881—884)年间，福建观察使郑镒拓展东南城角，以砖贴城，使城池更加坚固壮观；文德元年(888)，福建观察使陈岩再修子城，共有城门5座。至王氏兄弟治闽时，福州的城池规模早已不能适应当时政治、经济、军事发展的需要，于是闽都扩城被再次摆上议事日程。

王氏扩建的城池，号称"罗城"。呈椭圆形，周回40里，将晋子城完全纳入其中，使福州城垣扩大了很多，而且比以往更加雄伟壮观。其范围南至安泰河北岸，北至钱塘巷，东至五四路澳桥西端，西至杨桥路善化坊口，东北至中山路北端，东南至津门路高节路口，西南至澳门路光禄坊口，西北至湖滨路。城内中轴线由北而南，依次为大都督府、威武将军门、毛应桥、镇闽台等。大都督府东侧建有开元寺。设有城门19座，其中大门7座、便门9座、水门3座。

新建的罗城墙高20尺，宽17尺，全部由特制的城砖砌成。这些城砖都由福州周边各县征派而来，上面分别印有"古田""长溪"等县名，或是"中正""中平""太平"等乡名，还有"张邠""陈祥""程赟"等

监管者的名字。各砖尺寸一致，长开元尺的一尺八寸长、厚三寸，并统一印有"威武军式样制造"七字。可以想见，王审知对筑城考虑得有多么周全，要求是多么严格。像福州罗城这样高大厚实尤其是以砖贴墙的城池，在当时是独一无二的，即便是国都长安，大部分城墙仍旧以土筑成。

19世纪70年代的福州城,双塔、城墙清晰可辨。福州同兴画楼摄,美国盖蒂图片社藏。(郑巧蓬 供图)

罗城之外,再建夹城

作为闽国都城的福州,人口增长迅速。很快,新建的罗城依然无法适应城市的继续发展。王审知审时度势、权衡利弊,决心再次扩大城垣。

后梁开平元年(907),王审知下令在罗城南北两端筑城,将罗城围住,称"夹城",又因"新城似月圆",故又谓之"月城"。夹城长26里,墙基深1.5丈，城高2丈，厚1.7丈，外贴城砖。据说用砖达1500万块，每块砖上都有钱纹。南夹城设大门2座、便门6座、水门2座，敌楼49座，开浚濠沟以通潮汐；北夹城设大门2座、便门5座，敌楼26座，开决濠沟以通西湖。夹城将福州城池大幅度向南北扩展，乌石山、于山、屏山被围入城内，形成"三山鼎峙"的格局，福州由此别称"三山"。

经过这两次扩建，福州城面积比旧城扩大7倍之多，防御功能极大增强，城内设施也更加完善。王审知还疏浚西湖，把原来方圆20多里的西湖扩大到周回40里，经城壕引入的西湖水，灌溉民田150余顷。王审知还对福州城进行有计划的建设，街区规模不断扩大，大量工商业者迁居城中。著名的"三坊七巷"街区，便是当年保留下来的居民区，其坊巷格局历经千年而不变。

王审知治闽期间，生活俭朴，很少修建宫殿，唯有衙署例外。史称，王氏大都督府"势望雄伟，盖与岐、益、扬、越齐列"。这是当时福州城内为数不多的一座大型建筑。

王审知去世后，诸子争立内斗，闽国由此衰落。王氏子孙纷纷僭号称帝，大兴土木，鼎建宫殿。据《三山志》记载，"宫有宝皇、大明、长春、紫薇、东华、跃龙，殿有文明、文德、九龙、大酺、明威，门有紫宸、启圣、应天、东清、安泰、全德。"王氏在西湖边大筑宫室，绵延十余里，号称"水晶宫"。又从城内修建复道，直通湖边宫室，在湖上通宵达旦寻欢作乐。正如后人所作《闽国宫词》写的："花影重重覆水晶，六宫弦索度层城。莲舟十里湖西路，一片君王万岁声。"可见，这应是福州历史上宫殿建筑规模最大、数量最多的时期。

海商为业，文教兴城

王审知重视发展农业生产，采取"轻徭薄赋"的政策，鼓励垦荒，

福州闽王祠（林振寿　摄）

围海造田，扩大耕地面积。又兴修水利，扩浚福州西湖、福清祭苗墩海堤、长乐海堤、连江东湖等，鼓励农民种茶，每年输出茶叶五六万斤，福州鼓山的茶叶被列为贡品。还鼓励农商并重，制定合适的工商业政策，并撤除关卡，免除苛税，使人民生活相对安定。

　　王审知重视商贸，开辟福州的外港——甘棠港，招徕"海中蛮夷商贾"，大力发展海外贸易，使福州成为东南地区对外贸易的重要港口。在王审知治下，福州商旅辐辏，百货云集，号称"东闽盛府"。据清蒋垣《榕城景物考》记载，后唐天复初，在福州安泰桥一带，"人烟绣错，舟楫云排，两岸酒市歌楼，箫声从柳阴榕叶中出"，其时商贸兴盛、市井繁华之景象，略可想见。

　　王审知重视文化教育，一方面建招贤馆，延揽人才，优待儒生，当时名士如李洵、韩偓、崔道融等，均为其座上客；一方面建立"四门学"

20世纪初的福州乌塔（郑巧蓬 供图）

等学府，大力发展地方教育，培养本地的青年才俊。王审知认为，学校的设立是教化的根本，遂于后梁龙德元年（921）扩建"四门学"，"以教闽士之秀者"。时值大乱之后，文献散佚，王审知下令收罗、缮写了大量典籍，以供儒生研习。在王审知带动下，许多地方官员也对儒学表现出极大的热情。王氏去世以后，他的崇儒政策得以延续下来。在这种有利的氛围下，福州文化教育事业得到良好发展，一度出现"俊造相望，廉秀特盛"的景象。

王审知笃信佛教，在福州大兴寺院，广度僧人，铸造佛像，缮写佛经。清道光《重纂福建通志》称，闽中寺观之盛，"实自审知启之"。其时，福州大寺多建有佛塔。据《三山志》记载，闽王时，福州城内共建

19世纪20年代,福州双塔,近处为白塔。(池志海 收藏)

有佛塔7座，入宋以后尚完好无损，七塔交相辉映，成为福州城区的亮丽景色。宋人谢泌有诗云："城里三山千簇寺，夜间七塔万枝灯。"今仅存白塔、乌塔。唐天祐二年（905），王审知在在九仙山（于山）修建"报恩定光多宝塔"（白塔），塔高7层，八角形，是为其父母及兄长王潮祈福之用。闽永隆三年（941），王审知之子、闽王王延曦在乌山东麓修建"崇妙保圣坚牢塔"（乌塔），七层八角形，与白塔遥相呼应，并称为"福州双塔"。双塔与纳入城中的屏山、于山、乌山，合称"三山两塔"，成为有福之州的千年文化地标。

（王斌青　文）

"全盛之邦"耀东南：宋代福州繁华录

在霞光熹微的夏日清晨，从河上传来杂沓却又有韵味的叫卖声，忙碌的母亲赶紧走到靠河的凉台上，用绳子系上菜篮，在慢悠悠的绳索传递中，完成晨间的交易。午后，榕荫葱翠，绿影婆娑，孩童嬉戏喧闹，妇人浣衣洗菜，老人雅聚闲谈，还有舫公摇橹而来，水花声与笑声交织在一起，飘荡在清凉的河面上。入夜，微风徐来，玩闹一天的孩童早已进入甜蜜梦乡，巷南巷北隐隐传来学子的读书声。而内河两岸，仍舟楫云排、灯火通明，歌楼里的箫管之声，酒肆中的欢声笑语，不时穿透茂密的榕树枝叶，传入附近居民的耳朵里。

好一派人间烟火气！这就是宋代福州城内安泰桥畔的日常生活场景。

城区的拓展

公元960年，归德军节度使赵匡胤发动"陈桥兵变"，黄袍加身，建立宋朝。经历唐末五代的乱世，中国复归一统。天下初定，南方的南唐、吴越二国仍未归附，彼此不和，攻战不休。

彼时闽国早已灭亡，福州地归吴越所有。宋开宝七年（974），南唐兵围福州，东、南两面城墙遭到严重破坏，吴越国福州刺史钱昱重筑东、南夹城，称为"外城"。南自光顺门而西，城329丈；东自东武门而北，城274丈，开沿城河2900尺；自东武门而南，城310丈，开沿城河3600尺。城高1.6丈，厚8尺，以石为基，上垒以砖壁，复为屋盖，巍峨壮观。

开宝八年（975），宋灭南唐。太平兴国三年（978），吴越钱氏纳土请降，福州并入大宋版图。朝廷为了防止地方割据，下诏拆毁福州城垣，"诸城皆废"，仅余数尺高的残垣断壁。

入宋以后，福州已经形成"一府两县"的行政建置，既是福州州治所在，也是闽县、侯官县治所在。福州城北部，尤其是子城内，依然是行政活动区。位于冶山南面的州治衙署，是城内等级最高的建筑。州治前有鼓楼与仪门，庆历八年（1048）重修，列戟14支于门前，又称衙门。

皇祐四年（1052），州守曹颖叔修筑城墙，从严胜门开始，筑城150丈。嘉祐二年（1057），名臣蔡襄知福州，认为福州水路四达，四周城墙仅剩半截，颇不利于城防，奏请修筑城墙。因朝廷经费短缺，其事不行。

熙宁元年（1068），知州程师孟奏请修复子城获朝廷批准，于次年四月动工，除修复原有城墙外，还扩建西南隅，全城周长950丈，厚4丈，内外均砌以砖石。程师孟还在谯楼上增设滴漏与鼓角，鸣更报时。

绍兴元年（1131），太守程迈利用街巷路面的石块，垒虎节、安定、丰乐、康泰四瓮门，设敌楼，月余乃成。终宋之世，城池屡有修缮。

德祐二年（1276），临安陷落，宋恭帝被掳。年仅10岁的益王赵昰与其母杨淑妃一行经永嘉（今浙江温州）从海路逃往闽江口。福州本是益王封地。三月，益王一行在濂浦（今仓山区林浦）登岸。五月初一，益王登基，是为端宗，改年号曰景炎，改福州为福安府，取"至福而安"

20世纪初的福州南门城楼（池志海　收藏）

之意，并定为行都，设行宫于濂浦平山阁，另在城内鼓楼附近的垂拱殿（原大都督府）建宫笱。至十一月福州陷落，这8个月是福州历史上第一次有皇帝驻跸。

"东南全盛之邦"

宋朝统一江南以后，南方经济持续发展，特别是宋室南渡以后，中国的经济重心实现了南移，南方的地位显著提升。这时期的福建，正以其巨大而辉煌的成就，奇迹般地出现在世人面前。在这一大趋势下，福州作为八闽首府，其经济文化更有突飞猛进的发展。"睠昔瓯越险远之地，为今东南全盛之邦。"宋人张守这句话，集中体现了时人对福州变化之快的称赞。

宋朝大量起用文士来管理地方。这些官员从小饱读诗书，往往将改善民生、发展地方作为自己的主要职责。宋代福州，名宦迭出。如张浚、辛弃疾，曾任安抚使；庞籍、蔡襄，曾任转运使；曾巩、程师孟、赵汝愚、梁克家，曾知福州；陆游、陈傅良等也曾在福州任中层官员。真可谓，一时名流，汇聚闽都，对福州经济文化发展贡献巨大。

庆历四年（1044），蔡襄知福州，浚治东湖，修复"古五塘"，灌溉农田万顷。嘉祐二年（1057），蔡襄二度知福州，大兴水利，疏导河渠数万丈。治平二年（1065），太守张伯玉下令"编户植榕"，数年后"绿荫满城，暑不张盖"，福州遂号"榕城"。元祐八年（1093），知州王祖道建联舟浮桥，沟通南台江之南北。政和六年（1116），知州黄裳监刻《政和万寿道藏》五千余卷。淳熙九年（1182），梁克家知福州，纂修福州地方名志《三山志》。淳熙十年（1183），宗室赵汝愚知福州，大举疏浚西湖，修梅堤、柳堤，建澄澜阁……名宦善政，史不绝书。

在众多名臣的良好治理下，宋代福州城市繁华，人口众多，商贸兴盛，文教发达，号称"东南一大都会"。据《三山志》记载，南宋时，福州户数增至32万余，位列全国六大城市之一。

随着城市人口急速增长，城区面积进一步扩展。外城形成新的商业区和居住区，子城内外同设"里""坊""社"。子城为行政中心，子城以南的居住区，突破了旧的坊市制度，形成较为开放的街巷。坊巷格局已相当完善、定型，其中以位于城市中心的"三坊七巷"最具代表性，皆缙绅宅第所在。码头商业区南移至大庙山麓一带，在西面入城的河口地带形成西草市。货物集散地和商业服务区主要分布在通航河道两岸，从而形成城市的经济中心。

19世纪70年代,从乌山远眺福州城内。美国哈佛大学图书馆藏。(郑巧蓬　供图)

烟柳繁华之地

宋代,福州作为"东南一大都会",不仅是名公巨卿、文人学士荟萃之所,还是小民生聚、百货云集的市井繁华之地。

当时,福州城内水网密布,桥梁栉比,水上交通十分便利,乘船是福州百姓常见的出行方式,曾巩《道山亭记》称:"舟载者昼夜属于门庭"。海外船舶可以直抵城内贸易,宋人对此早已是一咏三叹,如龙昌期诗有云:"百货随潮船入市,万家沽酒户垂帘。"又如鲍祗有句称:"两信潮生海接天,鱼虾入市不论钱。"

大量人口从农业生产中分离出来从事工商业活动,就连妇女也走出家门,投身农业和商贸,《舆地纪胜》称福州"市廛阡陌之间,女作登于男"。发达的商业贸易活动,促进了福州城区周边的发展。福州南台岛是福建路盐仓所在地,"仓山"地名由此而来。南台岛因官府专卖食盐而迅速繁荣,《三山志》说有人口"一二千家,接连城内"。

在福州城周边,还涌现出众多有大量人口聚集的集镇,如闽安镇、峡口镇、候官镇、黄岐镇、连江镇、三砂镇、北茭镇、海口镇、水口镇等。其中水口镇扼闽江中游险段,控制上下州军商贩水路;闽安镇"枕居海门",为"客旅兴贩广、浙往来经由之处";海口镇有居民二三千户,镇内"所管官物、仓库浩繁",是两宋间福建路的第一大镇;黄岐镇在三江口设有税局,与闽安镇、水口镇、海口镇并称福州"四大名镇"。

在海外贸易刺激下,福州出现商贸兴盛、烟火繁华的景象。福州河口形成商港,官府在此设"临河务"进行管理并收税。城内接待外来客商的译馆多达5所。坊巷之间,诸如刻书、裱褙、成衣、打铁等手工作坊比比皆是。街区内到处是茶坊、酒肆、面店、果子店、油腊店、鱼肉店等,尤其是安泰桥、还珠桥一带,酒肆、茶坊、夜市星罗棋布,烟火极盛。宋人刘弇诗曰:"南来海舶浮云涛,上有游子千金豪。"温益诗曰:"潮回画戟三千只,春满红楼十万家。"黄康民诗曰:"三山宝刹栖禅地,万户青帘卖酒家。"都生动形象地反映了福州海外交通的兴盛与市井生活的繁华。

(黄益群 卞筱璇 文)

"铜钲犹是闽王点":"全闽第一楼"沧桑

没有人统计过,中国到底有多少座鼓楼。北京有鼓楼,南京有鼓楼,西安有鼓楼,自不待言,开封、银川、大同、宁波、天津、临汾、酒泉、凤阳等城也都有鼓楼。福州,当然也有鼓楼。人们知道,鼓楼又称谯楼,一般位于城中心地带,是城市的地标性建筑。

福州鼓楼,要从晋代开始说起。西晋太康三年(282),首任晋安郡守严高在福州建郡城,后世称为"子城",奠定了福州城的雏形。从此,福州城池风雨沧桑千百年,历经了罗城、夹城、外城、府城的扩建,但其中轴线一直没有太大的变化。严高虽然没有建造鼓楼,却给未来的鼓楼找到一条无形的线索。

在鼓楼旧址上第一个建门楼的是唐代福州观察使河南人元锡。元和十年(815),元锡下令在虎节门内添建州门,其上建鼓角楼,俱显权力威仪。此后,随着福建机构的升格,此门成为大都督府的威武军门。

应该感谢苏州吴县人程师孟。这位五六岁就能赋诗,19岁登进士第,在浙江、江西颇有政绩,并出使过辽国的文官,于北宋熙宁元年

(1068)以光禄卿的身份出任福州太守。到任7个月,便筹资大修城墙、疏浚河道、建造桥梁。他也看上了威武军门,要在这里做一篇大文章。

北宋之前,城内只住官员、军队和上流权贵,老百姓则住城外,每日实行宵禁,早晚鸣角击鼓,作为城门启闭的信号。宋代虽然开了宵禁,但谯楼依然保留着击鼓传更的习俗。宋代是中国科技大发展的时代,沙钟、滴漏等计时器械的发明及广泛使用,让各地钟鼓楼的报时更加准确而且权威。熙宁二年(1069),程师孟命人制作滴漏,置于威武军门的门楼之上,同时修建翼亭两座,让楼看起来更富有文化韵味。每日晨昏时分,都有一整套规范动作报时,先是号角为引,然后鼓点击钲。据《三山志》记载,"昏时,吹角八人,各二十六声,为三叠;挝鼓八人,角声止,乃各挝鼓千,为三通。凡三角、三鼓而毕。四更三点及申刻,各吹角三叠,为小引。"那铜钲乃后梁开平五年(911)闽王王审知所铸,重20斤。

让程师孟颇为得意的是鼓角楼上的滴漏,有《晓登威武鼓角楼》诗为证:"百尺谯门戍万兵,黄昏初动画龙声。铜钲犹是闽王点,银秤才悬汉守更。"并自注云:"旧无滴漏,予至始创。"从此,鸣更报时的鼓楼,成为福州百姓生活中的第一关注。

此后,在鼓楼存在的一千多年里,共经历过7次更名,10次大修大建,5次大火,1次飞机轰炸,似乎与天灾人祸结下不解之缘。最大的一次火灾发生在清顺治十八年(1661)七月初一,从妙巷口烧起,烧了东街口的狮子楼,又烧到了鼓楼。最"现代化"的鼓楼是在道光年间,由头脑开放的晚清名臣徐继畬改建,以西洋引进的机械自鸣钟取代了铜壶滴漏。自鸣钟高约4米,宽2米,每月上一回发条,让数百年来不眠的守更人第一回睡了个安稳觉。最简朴的报时法是在康熙年间,楼上设时辰牌12块，派人守时更换，至今福州民谚批评游手好闲的人是"鼓楼顶掏时辰牌——挨时度日"。鼓楼最为壮观的年代应是元朝泰定年间，灾后重建的鼓楼高约33米，南北宽约27米，东西长约93米，有大石柱44根，可惜在101年后被强台风吹倒。明初再建的时候，重新安装了新的沙漏，不知是否比宋代的更先进。万历三十九年（1611）重修时，题匾有"海天鳌柱""第一楼"，从此鼓楼号称"全闽第一楼"。建了毁，毁了建，鼓楼便是这样艰难而又顽强地存续着。

鼓楼位于福州的政治中心区、商贸繁华区，历来是文人雅士、达官显贵舞文弄墨的地方，体现了一种闽都首府的文化意识。

北宋元丰三年（1080），福州名儒陈烈，因不满官府强令百姓元宵节每户燃灯7盏，便在鼓楼上写下"富家一盏灯，太仓一粒粟。贫家一盏灯，父子相对哭。风流太守知不知，犹恨笙歌无妙曲"的名句，迫使官府收回成命。清乾隆五十九年（1794），福州举人林希五在鼓楼元宵迎灯赛会时，制作了"一对台阁（制台，抚台）不点灯，两只狮子（布政使司、按察使司）戏铜钱，五个道士（粮道、学道、盐道、兵备道、钱道）戴歪帽，一头老虎（知府）脚点蜡"的奇特花灯，揭露官员贪赃枉法的行为。后人编为顺口溜："两台暗摸摸，双司只要钱，五道官不正，唯府祝光明"，成了闽剧《兰花赋》的素材。

作为"全闽第一楼"的鼓楼，旧时也是福建各地学子到省城参加科举考试时"看榜"的地方。清咸丰九年（1859），台湾考生陈肇兴在福州贡院参加乡试后，也到在鼓楼看榜。因为清代台湾府归福建管辖，所以台湾考生都到省城福州参加乡试。那年他高中举人，写下《第一楼观榜》诗，记录当时的情景与心情，诗曰："买棹初从福地游，桂花香满越山秋。文章远溯千余岁，姓氏高悬第一楼。"观榜书生中几人欢喜几人愁，"全闽第一楼"的板壁上写尽世态的悲欢炎凉。

士人在鼓楼"观榜",平民则在鼓楼捡"柴配"。旧时鼓楼常因施工留下大量木屑(福州方言曰"柴配"),附近居民纷纷捡拾回去引火。传说附近药铺有两个小伙计,一个是连江人徐得兴,另一个是罗源人俞百均,他们经常一起在鼓楼前拾"柴配"烧饭熬药,结下深厚情谊。有一日拾"柴配",俞百均不幸被巨木压伤。徐得兴急忙将他背回店里调养看护,从死亡边沿抢救回来,从此二人成了亲密无间的肝胆兄弟。3年出师后,他们各奔前程,在信息闭塞的时代失去联系,却常常在梦里相聚。这则故事被收录在清代福州乡土小说《闽都别记》里。后来福州人形容朋友间患难与共时,用的就是"鼓楼前拾柴配"的典故。

清代士人观榜场景，见（清）梁高《观榜图卷》。台北故宫博物院藏。

再回首唐末，王审知从中原带来的铜钲及其击打节奏，在闽地也得到传播，被称为"闽王点"。铜钲本是古代军队用来指挥进退、统一步调的铜乐器。也许，王审知的军队便是在铜钲声中，从中原一步一步来到福州的。宋时，击钲报时依然沿用王审知时期的节奏，闽越大地奏响的依然是中原文化的韵律。只可惜，从中原传入福州的"闽王点"，后来消失在某次大火之中。

其实，鼓楼有一座毗邻的姐妹楼——狮子楼，又名双门楼，位于今东街口北侧。该楼初名"镇闽台"，后唐长兴四年（933）由王审知次子王延钧所建。当时又称"龟头门"。有人解释说，"龟头"即"归投"，是要百姓归附投诚之意。其实，都督府首脑机构位于威武军门之内，形同一座龟身，而镇闽台就如同伸出龟身的一个头。60年后，北宋福州郡守严辟疆，取"德政所感，去珠复还"之意，改名"还珠门"。明万历年间，在还珠门下凿巨石狮子一只，以镇乌龙江南岸的五虎山，从此俗称"狮子楼"。清顺治年间的大火烧了狮子楼，也烧了鼓楼。乾隆五十七年（1792），连都督署也起了大火。重建之时，将署前的两只小石狮移到狮子楼前，分列大狮子两侧，形成"三狮制五虎"的格局。1929年，政府扩建南街，拆了狮子楼，便将三只狮子"拨"给了鼓楼，鼓楼一下子添了三狮，更加威风起来了。

从鼓楼到狮子楼之间的宣政街，以及狮子楼南的十字街头——今天的东街口，历来是商业繁华之地。旧时，商船水运货物可到虎节门口的毛应桥；东街口北面有屠宰场和骨制品加工作坊，南边商铺云集；杨桥路口是酒家、茶楼、客栈集中的地方。20世纪50年代，东街口百货大楼挖地基时掘出了唐代酒肆的六口锅大台灶，足见当年繁华景象。

1952年，这座"雄镇全闽"的"海天鳌柱"终于消失在马路扩建之中。报时的鼓声不再响起，时过境迁，当年的石狮已不在，惟有民谣"双门前三狮制五虎，鼓楼顶悬挂时辰牌"流传至今。

今天的鼓楼，早已不是一座楼的概念了。鼓楼从诞生的第一天起，无论存在还是消失，都矗立在福州城政治、经济、文化的中心地带。对于当今的福州人来说，鼓楼就是省会中心区的代名词，是每一个福州人心中金声玉振的"全闽第一楼"。

（唐希　文）

20世纪初，狮子楼旧影。（池志海 收藏）

20世纪30年代，福州南街街景。（池志海 收藏）

67

坊巷幽深传雅韵：三坊七巷的文化生活

到过福州的人，必定要去三坊七巷。三坊七巷位于福州市中心、福州古城中轴线的西侧。以南后街为中轴，三坊在西，自北而南依次为衣锦坊、文儒坊、光禄坊；七巷在东，自北而南依次为杨桥巷、郎官巷、塔巷、黄巷、安民巷、宫巷、吉庇巷。作为全国现存面积最大、保存最完好的历史街区，三坊七巷堪称中国"明清建筑的博物馆"、唐宋"里坊制度的活化石"。

三坊七巷渊源甚远。据记载，晋永嘉年间，中原士民迁移入闽，即有众多士人聚居于晋子城南面。唐末，王审知将子城扩大为罗城。罗城沿中轴对称，城南中轴大街两侧，分段围筑高墙，称为"坊"，是为坊巷之始。三坊七巷位于中轴大街的西侧、罗城的西南部。宋代，又扩建外城，此时三坊七巷已经定型。明清时期特别是晚清，三坊七巷发展到鼎盛时期，成为达官显贵、文人雅士的传统聚居地。一千多年间，三坊七巷虽历经沧桑，但唐代以来形成的坊巷格局基本未变。

三坊七巷内现存200多座明清时期的古民居和颇具地域特色的私家园林。这里的民居，厅堂房舍结构主次分明，讲究对称；内部庭院空间

三坊七巷（林振寿 摄）

灵活多变，尺度宜人；高大厚重的马鞍式风火山墙高低起伏，富于变化；粉墙黛瓦朴素淡雅，朱漆大门气派非凡，形成外部庄严、内部静谧、安适宜居的生活环境。

　　福州夏季湿热，遮阳通风十分必要；冬季气温虽然不低，但室内潮湿阴冷，特别需要阳光照射。因此，福州民居一般厅堂高大且向天井开敞，天井因在高墙之内，夏日阳光照射的面积小，时间短，十分阴凉；冬天阳光可直射大厅，温暖舒适。在布局上，福州民居一般通过若干个天井、敞厅、过道贯通前后。这种空间结构在夏季有利于通风、排湿，在冬季则只需关闭门窗即可阻挡寒流入侵，从而收到冬暖夏凉的效果。

　　三坊七巷内许多民居还建有花厅（即私家园林），内设"雪洞"，极富文化韵味。"雪洞"是一种人造假山，以假山石、石灰、糯米浆混合堆砌而成，造型峥嵘突兀，嶙峋莫测，是消夏的好去处，也是三坊七巷私

三坊七巷小景（林振寿　摄）

家园林中的独特景观。如黄巷黄楼的花厅，原为清朝学者梁章钜的故居。其间"雪洞"直通园中鱼池，池上设青石小拱桥，桥栏板题刻"知鱼乐处"。穿过石洞，沿着石磴，可登一座亭式半边阁；穿过楼阁，经天桥，可抵书斋。黄楼园内的建筑精巧雅洁，颇具情致，可谓三坊七巷私家园林中的一处杰构。

在三坊七巷中，人文荟萃，名人辈出。如唐学者黄璞，宋状元陈诚之和郑性之、宰相余深、国子祭酒郑穆、御史中丞陆蕴，明抗倭名将张经、礼部侍郎萨琦、户部尚书林瀚，清总督林则徐、船政大臣沈葆桢、巡抚梁章钜、总兵甘国宝、诗人黄任、书法家许友、民国海军总长刘冠雄、海军总司令蓝建枢、海军上将陈季良，以及"戊戌六君子"之一林旭，辛亥黄花岗烈士林觉民，启蒙思想家严复，翻译家林纾，报人林白水，诗人陈衍、何振岱，才女林徽因、冰心，等等，都曾在这里住过。在40公顷的坊巷范围内，历代共走出150名进士和数以百计的历史名贤，堪称名人渊薮、文化奇观。特别是近代以来，从坊巷中走出了那么多影响历史的大人物，因此也有人说"一片三坊七巷，半部中国近代史"。

"谁知五柳孤松客，却住三坊七巷间。"近代诗人陈衍的名句，道出了三坊七巷里住的不仅是名公巨卿，还有众多的文人雅士，乃至隐逸之人。他们的一举一动、一言一行，无不流露出文人的诗情画意。那既深且厚的文化底蕴，让每一条巷子，每一座房子，都有着说不完的故事、道不尽的沧桑。

那些走出三坊七巷的命世英才，在广阔的社会舞台上建功立业、立身扬名。回到坊巷之中，他们就是这里的普通居民，是文人雅士，是"大隐隐于市"的世外高人。名士在举手投足之间，便足以演绎出令后人心驰神往的故事。如光禄坊的许友，酒后击鼓，朋友纷纷作诗助兴；衣锦坊的郑杰，临终前仍伏枕手校《全闽诗录》，笔耕不辍；黄任在香草斋

三坊七巷水榭戏台的戏曲表演（吴爱兰　摄）

赏砚，林则徐在光禄吟台放鹤，梁章钜在南后街购书，沈葆桢在宫巷挂牌卖字……坊巷的日常生活之中，充满着名流俊彦的遗闻韵事和书生墨客的风雅韵致。

除了以上所举，坊巷所孕育的特有文化氛围，对名人贤达的熏陶，始终是潜移默化的。革命志士林觉民的《与妻书》，虽只是一封向爱人诀别的私信，笔下却尽显出自书香门第的良好文化和道德修养。即便以工商业起家的光禄坊刘家、文儒坊尤家，其教子孙后代，也无不以读书为首务，来作为振兴家族的资本。

文化的渗透，总是"润物细无声"的。住在这里的人们，看起来总是文质彬彬、温文尔雅。近代作家郁达夫曾寓居光禄坊刘家大院，整日沉醉于南后街的书肆之中。他曾写有一篇《记闽中的风雅》的绝妙小文，说他初来福州快两个月时间，觉得印象最深的，便是"福州风雅的流风余韵"。

结社联吟是雅韵最常见的方式。清乾隆年间，光禄坊流行诗社活动，闺秀雅集特别盛行。居住在深宅大院里的千金小姐，不时遣婢女送诗筒，往来于坊巷之间，那真是千古韵事。陈寿祺的小琅嬛馆、梁章钜的黄楼吟唱，光禄吟台郭氏、叶氏、陈氏等家族的闺中吟唱，民国时期的讬社、寿香社，还有科举时代的各种大大小小的八股文会、"诗钟"赛会，一帮人聚在一起，朝夕吟咏不辍，或以诗词相勖勉，或以文章相切磨，自是雅尚。其他如抚琴、对弈、听松、坐竹、挥毫、高歌、听戏，凡此种种，不一而足，那都是在读书问学中修炼而来的闲情逸致。

幽深的坊巷（陈暖 摄）

坊巷的雅韵，还体现在那些前人所留下的著述上，散见于各种诗文笔记之中，我们只要稍加留意，便不难略窥一二。打开先贤的遗著，泛黄的书页，扑面而来的墨香，时光仿佛倒流。翻检扉页上的题签，师友撰写的序跋，无疑是见征彼此间交往最真实的记录。即便在经过百余年后的今天，当我们逐渐走进他们的精神世界时，先人尚能以此方式向后人展示他们的风雅韵事。

历经千年洗炼的三坊七巷，文化传承始终薪火相传、不绝如缕。从地理位置上看，这里一直是福州政治、经济、文化的中心地带，无疑是其深厚文化积淀的先天优势。而这种积淀，在一代代脱颖而出的佼佼者身上得到展现，反过来也促进了福州政治、经济、文化的发展。

三坊七巷的辉煌，特别是在近代出现一个新的高峰，绽放更加璀璨夺目的文化之光。回溯其成因，除了对中原文化的全面传承之外，还与理学传播有很大关联。宋代，理学的盛行，对三坊七巷士人文化的影响是至深且巨的。早在朱熹之前，就有"海滨四先生"在附近讲学传道。后来朱熹寓居福州，过化之处，皆生香草，城内乌山、丁戊山等处皆留下其足迹。之后光禄坊的道南祠、乌山的勉斋书院，再到清代各大书院的兴盛，都带有深深的理学文化印记。而文学、科举等快速地发展，也都是在此价值观导引下壮大兴盛的。

传统文化之外，就是对外来文化的辩证吸收与接纳。福州滨海，历来是中外文化交流的前沿和重镇。特别是近代以来，三坊七巷的士子们在西方思潮的冲击下，面对时代的剧变，开始深入思考救国图强之策，根深蒂固的传统文化心理由此出现松动与裂痕。他们不再墨守经生儒士的教条，在立足传统的同时，也尝试着向西学取鉴，逐渐由科举之士转变为近代知识分子，从而也让三坊七巷遥遥走在时代的前列。当后人评价他们的一生功业，那些点缀其间的逸闻韵事，在成为茶余饭后谈资的同时，其间所展现的那种气度、修养、情趣，依然发人深省、久而弥新。

当我们走进三坊七巷，徜徉于散布其间的名人故居，仿佛踏入一条被岁月凝固的河流。那巍峨高耸的马鞍墙，幽深曲折的窄巷，厚重深沉的文化气息，让我们流连忘返；那一个个闪光的名字，更让我们心生敬意。

（柳奕　文）

"琼花玉岛"话沧桑：烟台山史话

1923年，黄昏里的叶圣陶说："仓前山差不多一座花园，一条路，一丛花，一所房屋，一个车夫，都有诗意。尤其可爱的是晚阳淡淡的时候，礼拜堂里送出一声钟响，绿荫下走过几个张着花纸伞的女郎。"

1932年，又一个黄昏时分，萧乾在他的小说《蚕》里，念念不忘一座城的时光："江边的仓前街，当当的车铃和呱嗒儿呱嗒儿的木屐声，还是那般清脆。"

叶圣陶和萧乾笔下的"仓前街"，即今仓山区的仓前路。仓前路的北侧是卧龙似的闽江和点缀在那卧龙腰部的碧绿沙洲，南侧即"琼花玉岛"烟台山。

山名溯源

清朝的时候，仓山区沿江的区域和台江区的上下杭、苍霞洲都属于南台区。民间为称呼之便，将被闽江环绕的岛屿仓山区称作"南台岛"。烟台山位于南台岛东北部沿江区域，南望五虎，北眺三山，与台江区隔江（白龙江）相望。著名妇幼保护神陈靖姑信俗发祥于此，南宋名臣李

1884年，福州仓前山洋人居留地全景版画。（池志海　收藏）

纲曾退居于此，大诗人陆游曾驻足于此，明代的才子们也曾赏梅于此。

"烟台山"历史悠久。北宋时，因山上有天宁寺，故名为"天宁山"。元代，山顶上设有烽火台，以报警御敌。明代，天宁寺内设盐仓，别称"盐仓山"，后简称"仓山"。山南麓，乡民遍植梅树，每逢冬季，花开如云，诗人留下"十里花为市，千家玉作林"的名句，仓山因而有"琼花玉岛"之誉。

明嘉靖年间，倭寇侵袭我国沿海地区，各地为预警倭患，纷纷在沿江靠海的山顶建造烽火台，山东省烟台市的烟台山与福州的烟台山，皆因此留下烽火台遗迹。清道光年间，为避皇帝"旻宁"名讳，"天宁山"更名"天安山"。为抵御外国侵略，林则徐在烟台山重建烟墩炮台。

晚清"五口通商"之后，天宁寺内的盐仓被转移到仓前路旁，沿江另设"茶仓""米仓""木材仓"等仓库，民间遂将"天安山"称作"仓前山"。以烟台山为中心,周围领事馆、海关、洋行、教堂、学校、医院等各类机构云集,建筑风格各异,赋予仓山"万国建筑博物馆"的美名。当年,外国人从福州寄回本国的信笺上,经常写有"仓前山"字样。

新中国成立后,筹建烟台山公园,其间多次扩建,直至1964年才全部建成。因为烟台山公园声名远扬,民间便将称此山为"烟台山"。2013年,福州市政府在城市总体规划中,把烟台山的万国建筑区划分为三处,即烟台山历史文化风貌区、公园路历史建筑群、马厂街历史建筑群,统称为"烟台山"。广义的烟台山,范围在仓山南台岛中部北端,东至港头、南至三叉街、西至上渡路段,东、南、西三部分分别与盖山镇、仓山镇、建新镇接壤,北面以闽江(白龙江)主航道中心线为界,与台江区相连,面积约8平方公里。

晚近人文之光

清道光二十四年(1844),福州被正式辟为通商口岸,位于福州城南的仓山,也成为中外文化交流碰撞的一个前沿。自1845年英国在烟台山建立第一个领事馆以来,先后有英、美、法、德、俄、日等17个国家在此设立领事馆(或代办处),这一带逐渐发展为福州的领事馆区、外贸基地、航运中心。西方传教士亦纷至沓来,在此建教堂、办学校、开医院、印报刊等。

1853年清政府开放福建茶叶贸易后,外商开始在泛船浦至中洲一带兴办商行(洋行)。1861年,英国在泛船浦建立闽海关(洋关),掌握了福州对外贸易的主导权。至光绪年间,仓山已有外国商行30余家,在两千多米的江岸上建有十余个码头和连片的货仓,从事进出口贸易、航运、邮电、金融、加工等业务,汇丰、渣打等银行还在仓山设分行。

每逢茶季,外销红茶集中福州出口。因为外商大船到了罗星塔水域

1910年的烟台山（池志海　收藏）

后容易搁浅，便停泊在马尾港，再以小船装载货物，穿梭于罗星塔和泛船浦之间。于是，江南桥头一带，各种舢板、乌篷船络绎不绝，码头岸边，搬运工人快速装货卸货，分类包装；观井路、观海路、泛船浦前街人潮涌动，本地商贾小贩趁机摆摊设点，呈现出一派繁忙的商业景象。时人张集馨在《道咸宦海见闻录》中描述："南台距省十五里，华夷杂沓，商贾辐辏，最为闽省繁富之地。"

在这条茶舞翩跹的海上航线上，行船从马尾港出发，过了鼓山，到中洲岛附近时，前方的美景令英国植物学家罗伯特·福琼（Robert Fortune）惊艳得恍惚，仿佛来到了德国的莱茵河畔。美丽的万寿桥和江

南桥连接在中洲岛的两端，河水从40个弧形桥孔流过，蔚为壮观。闽江中心的中洲岛，繁花似锦，仿若一座水中花园。由花园北望福州城，白塔、乌塔和城北的镇海楼清晰可辨，繁华的街市、茂盛的古榕树、蜿蜒起伏如波浪般连绵不绝的马鞍墙，交织在一起，像一幅城市水墨画；花园对岸的烟台山上，五彩缤纷的各国旗帜飘扬在山林上空，领事馆、洋行、教堂及西式私宅，如插花一般点缀在商铺、宅第等中式建筑之间，在闽江清流的映照下，仿若一座翡翠城堡。

随着港口贸易的兴盛和中外文化的交流碰撞，烟台山在福州率先打开了现代文明之窗，各行各业竞相出彩，纷纷引领时代潮流。这里出现了中国最早的妇幼医院马高爱医院（Magaw Memorial Hospital，福建协和医院的前身之一）、中国第一所女子大学私立华南女子文理学院（Hwa Nan College，福建师范大学的前身之一）、福州第一家医院（1866年创办的塔亭医馆，今福州市第二医院）、福州首家使用电梯的商店、福州第一家西装裁缝店、运动用品店、西餐厅、美发店、药房、面包店……所以，烟台山不只是山，而是福州城市近代化的橱窗。

19世纪70年代,烟台山一带中西结合的建筑。美国哈佛大学图书馆藏。(郑巧蓬 供图)

仓前风景旧曾谙

旧时,烟台山与附近的梅岭、桃花山因景色别致,被赞誉为"琼花玉岛"。今天的烟台山,大自然所赐予的丰厚惠赠,不仅有绿莹莹的四季、品种丰富的花木瓜果,还有各种各样的鸟类,珍珠似的园、庐、里,水晶似的山馆、小筑、精舍,宛若"大珠小珠落玉盘",琼瑶琼花生玉岛。

旧时福州南台有"十景",其中四处在烟台山,分别是龙潭角的"龙潭春涨"、天宁寺的"天宁晓钟"、梅岭的"梅坞冬晴",以及万寿桥、江南桥、合沙桥的"三桥渔火"。如今的烟台山,古炮台依旧保存完好,可供后人思古凭吊;曾经的园庐馆舍和四时山色依然踪迹可寻,还因新光景更添了新景致。

初夏的烟台路、塔亭路、麦园路和对湖路，蓝花绽放，铺展成一条紫蓝色的花楹大道，以卓然新姿呼应着百年前的玉岛琼花。深秋的乐群路，百年银杏树摇翠烁金，照亮了灰暗的"石厝教堂"（圣约翰堂，St.John's Church），令这座百年教堂闪耀如珠。

对湖路上桃花早已不再，而马厂街风流依然。近代，许多侨商富室在马厂街买地构建私家别墅。这里还保留十几栋花园别墅式的老建筑，其中梦园、可园、爱庐都曾经居住过近代名流，留下一径芬芳。

位于上三路，创建于1908年的私立华南女子文理学院的三座校舍，依然富丽堂皇，仿佛是一座美丽的女儿国；还有那兀立于闽江岸边的泛船浦天主堂，哥特式的建筑风格，镶着五彩的玻璃的窗户，巍峨高耸的塔楼，悠扬的钟声，让人时常有置身异域之感。

烟台山的美景，是园、树、屋、路、寺、绿、金、红、灰的城市园林的综合艺术，代表了一个时代的风尚和特色。福州这座两千多年的古老城市，在西风冲击和本土经济驱动的双重影响下，开启了近代化的进程。在近一个世纪的历史演进中，烟台山以其在中外文化交流史上的特殊地位，与三坊七巷、上下杭等历史文化街区一道，成为布列在福州城市中轴线上的璀璨明珠。

（孟丰敏　文）

银杏掩映的石厝教堂（林振寿 摄）

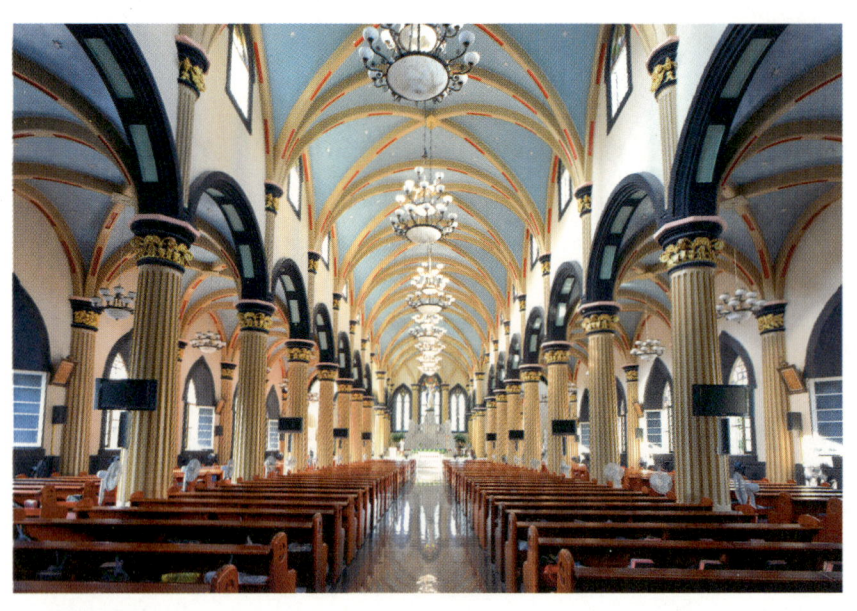

泛船浦教堂内景（林振寿 摄）

FUZHOU
THE BIOGRAPHY

福州 传

「海丝」枢纽

第二章

福州居左海之地，拥山海之利，为海客之乡，称海滨邹鲁，样样离不开一个"海"字。闽海开洋通万国，福州开放融通的襟怀，在丝路百城中风姿卓然。

——程章灿　南京大学中文系教授

"江海通津"东冶港：福州港的滥觞

福州港口的滥觞，源于上古蛮荒世界中闽人的生存需要和生活追求，又借助自身智慧和水上活动的便捷条件。闽人善于因利乘便、借势扬长，闽越国正是借助与汉廷的良好关系，借力中原先进文化，迅速取得早期的发展进步。东汉时，东冶港发达起来，海上运输与对外商贸活动日趋活跃。六朝以后，因造船、航海的发达，促进了福州海湾内港的兴起。进而在唐五代时期，福州港实现"江海通津"，成为盛唐海外交通贸易的枢纽和重镇。

先民的智慧选择

远古时期，受生产水平的限制，人类选择的生活环境多是依山傍水地带，为的是便于取食和躲避猛兽侵害，福州地区先民也不例外。从考古发现的资料看，福州地区最早有人类居住的，应在万年以前的旧石器时代。进入新石器时代以后，生活在近海岛屿上的，有七八千年前的马祖亮岛人，五六千年前的平潭壳丘头人。而最具代表性的，则是生活在闽江下游和海湾周边的先民，即五千多年前的闽侯昙石山人和三千多年前的闽侯黄土仑文化的先民。两千多年间，他们依山丘、濒江海而居，既便于山林狩猎，又可以进行采摘、渔捞和水上活动。

先秦时期，福建地区就已进入中原人士的视野，《周礼》《尚书》《逸周书》《国语》《左传》《山海经》等文献开始出现了对闽人的记载。如《山海经·海内南经》云："闽在海中，其西北有山。一曰闽中山在海中。"指明闽地的区域方位和地理环境。《周礼》记载，"职方氏"所辖四方之民中，有"七闽"之人民；"象胥"，则掌"蛮、夷、闽、貉、戎、狄之国使"，可知其时闽已成为周属方国之一，且须按规定"以时入宾"，提供"闽隶"，进贡"海蛤""橘柚"等方物。闽人作为"百蛮"之一、"岛夷"之族，早在商周时期就已与中原王朝有朝贡联系。根据《尚书·禹贡》记载，其入贡中原的路线是，"沿于江海，达于淮泗"，可见主要走的是水路，沿江出海，再由海入江，通过北方淮、泗诸河，而达于镐京或洛邑。这表明，早在先秦时期，闽人就已开辟从今福州海湾航海北上的通道。

考古证明，早在闽越国建立以前，福州地区就深受中原文化影响，从昙石山文化到黄土仑文化，再到闽越文化，本地区受中原文化的影响越来越明显，也越来越强烈。这种现象表明，福建虽地处"荒服"，却并不封闭自守，仍然向往较为先进、发达的中原文化，臣服于王朝的辖治。其时，福建陆域尚未得到全面开发，由陆路前往北方的通道尚多艰阻，故先民与中原的联系，主要是通过水路和海路。

早期的海上通道

战国、秦汉时期的闽越人，更善于水上行舟、海中远航，号称"以船为车，以楫为马，往若飘风，去则难从"。《史记·东越列传》记载：汉武帝兴兵讨伐南越时，"东越王余善上书，请以卒八千人，从楼船将军击吕嘉等"。兵临粤东时，他心"持两端"，借口阻于海上风波而按兵

1917年，闽江上的帆船。美国杜克大学图书馆藏。（郑巧蓬　供图）

不动。由此可见，当时东越（闽越）至少已有八千人以上水师可供外派征战，这显示闽越国造船业相当发达，可以支撑起一支具有相当规模水上武装力量。余善水军到粤东，以及后来汉军攻灭余善所部，走的都是东海海道。闽越国时期，江都王刘建"遣人通越繇王闽侯，遗以锦帛奇珍"，越繇王也馈赠刘建珍宝奇货，且"数通使往来"。说明东冶与江都（今扬州）的海上交往甚为密切，可见当时福州沿海航路颇为畅通。

三国时期，孙吴政权为经营后方，利用闽越的地理优势、物质资源和造船技术与航海技能，在福州地区置"典船都尉"，以为管理造船之衙门，监督罪徒工匠制造海船。《三山志》载，都尉营设开元寺旁东直巷，可知其处有港口或码头；后又在此置原丰县，可见这里作为东冶港区码头的重要性。同时，又在闽江口沿海一带设置"温麻船屯"，建立大规模的造船基地。黄龙二年（230），吴主遣将率领"甲士万人浮海"，访求夷洲（今台湾）及澶洲（今日本，或作菲律宾），其航海规模空前，而且目的地遥远，也应从东冶港出发或驻泊。孙策攻王朗，王朗从会稽南逃，"浮海至东冶"，其部将虞翻亦追随到"东部候官"，可见当时浙闽交通多是海道。建衡元年（269），吴军击交趾（今越南），也是从"建安海道"进军。晋刘裕讨伐卢循至晋安，卢循军急忙"泛海到番禺"，可知其时大规模海航已成常态。

从东吴开始，福州（东冶）的造船业已达相当规模。晋代，温麻制造"五会船"（亦称五帆船、温麻船），大者长20余丈，高出水面三四丈，可载六七百人、粮万斛（约300吨）以上。东晋文学家左思在《吴都赋》中描绘，当时所造海舶"弘舸连舳，巨舰接舻"，可见所造船舰巨大而且众多；又称"篙工楫师，选自闽禺，习御长风，狎玩灵胥"。其时所用水手、舵师（自然还应有造船修船工匠）皆选自福州、广州，可知其造船与航海技术之高明，已然居于全国前列。

1917年，闽江船坞。美国杜克大学图书馆藏。（郑巧蓬 供图）

东冶港的肇始

东冶港肇始于闽越国时期。其时福州海湾内一片汪洋，冶城的港口、码头及水师驻地可能不止一处。南台江边大庙山下有码头，故汉廷册封无诸为闽越王、唐廷册封王审知为闽王皆在此处，册封使往返均在此码头上下船；越王山东南麓水滨（今七星井一带）有码头，东吴典船都尉营"在开元寺东直巷"，考古人员曾发现疑为造船屑块之大木头；今浮仓山一带有码头，史载其地乃闽越王屯粮"以济东瓯"之仓地；今新店古城一带更有最初的码头，考古材料显示，其地开始建城可能在战国末年，至汉初亦毁于火,其间应有与冶山等地往来的码头;今福州西郊牛头山一带发现闽越时期类似宫殿的大型建筑遗址,其地也必有船舰靠泊的码头,如此等等。清郭柏苍《葭柎草堂集》云:"相传汉时,海舶碇于还珠门外。"还珠门在今福州鼓楼南边今虎节路一带,若郭之所记属实,则冶山南麓水滨无疑也有港渡。前不久屏山考古发现,山上通往西湖的古河沟中有重达69斤的汉代铁锚出土。由此可证,闽越国时东冶已有多处海港。在辽阔的福州港湾海面上,有闽越国水师舰队驻泊、训练,而且有众多的民船和运输船活动,需有多处港渡、码头。这些应是构成东汉时"东冶港"的雏形。但在闽越国兴起的秦汉之际,东冶港舰船活动及远海航行却少见记载。

时至东汉,福州的海外交往和贸易活动已相当发达。《后汉书·郑弘传》载:建初八年(83),"旧交趾七郡,贡献转运,皆从东冶泛海而至"。可见在东汉初期以前,南方诸郡和外番贡奉朝廷,皆以东冶港为枢纽,福州至中南半岛已开辟有固定航线。《后汉书·东夷列传》还载,"会稽东冶县人有入海行遭风,流移至澶洲者"。《三国志·吴主传》亦有类似记载。澶洲,又作亶洲,一般认为在日本,或作菲律宾。另《三国志·魏书》裴松之注引《魏略》称:倭家(日本)"计其道里,当在会稽东冶之东"。可知其时东冶与日本之间已有往来。东汉末年,天下大乱,中原的官宦、富室流亡海外者,大多自会稽"浮涉沧海,南至交州,经历东瓯、闽越之国"。瓯闽海道之畅达可见一斑。

南朝时,多有"晋安人渡海"的记载。如《陈书》记载,梁末,晋安郡守陈宝应割据闽中,乘会稽大饥馑时,自海道"载粟米与之交易,多致玉帛子女"。会稽人来投奔他的也循此道。后来,陈宝应向朝廷贡纳,也是"自海道趋于会稽"。陈太建初,泉州(指今福州)人严恭,用船载家乡货物到扬州市易。说明福州与江浙之间的海上交通十分便捷,商贾往来贸易，已成常态。

南朝以后，东冶港的海外交往更加频繁，以至"舟舶继路，商使交属"。来自天竺、大秦以及交趾的商货，都"泛海凌波，因风远至"。而且开始有了文化活动的记载，当然主要是宗教方面。如《续高僧传》记载，自梁时就泛海来南海（今广州）、建康（今南京）弘法的古印度高僧拘那罗陀（Gunarata，法名真谛），因侯景之乱，于陈永定二年（558），辗转到达晋安郡（今福州），一度挂锡闽县佛力寺。可见福州自从开港伊始，就在商品贸易、人员交往和文化交流等方面发挥重要作用，从而形成长期经济开放、人文包容的格局，受纳来自海外各地的货物、人员和文化，也输出本地土产及特色文化。

（卢美松　文）

"万国舟航归禹贡"：唐五代以来的福州港

晚唐的某一天，诗人周朴来到乌石山神光寺，登上寺内的高塔。他拾级而上，远眺州城，眼界豁然开朗。彼时的福州城还不是很大，山水相依，绿树葱茏，在煦暖的阳光照耀下，显得分外秀美。让他印象深刻的是，城内外港汊纵横，水运繁忙，大庙山、开元寺、利涉门、宁越门、还珠门等处都有外舶停靠。港内"帆樯云集，商旅相继"，港外"潮通番舶，地接榕都"，来自外洋的客商，身着各色服饰，不时登岸入城……向来淡泊的周朴，眼见此景，不禁吟诗称赞云："海水旋流倭国野，天文方戴福州城。"数百年后，明朝官员林恕登于山平远台，也赋诗云："万国舟航归禹贡，九仙楼阁倚崆峒。"在他的笔下，福州依然是一派万国通航、港运繁忙的兴盛景象。

唐五代的福州港

福州"东带沧溟，南接交广"，地理优势十分突出，便于发展海外交通。唐王朝的兴盛和发达的对外交往，给福州发展海外贸易创造了有利的机遇。大唐帝国的两次战乱，使福州港的航海优势进一步凸显。第一次是发生在天宝十年（751）的怛罗斯之战，阿拉伯人控制了中亚地区，通往西域的陆上"丝绸之路"被阻断，唐王朝转而经营南方的海上丝绸之路；第二次是安史之乱（755—763），中原地区沦为战场，残破不堪，此后北方人口不断南迁，中国经济重心开始南移。入唐以后，福州港进一步繁荣发展，海外贸易逐渐兴起，海上航线不断开辟，通商地区不断扩大，交往国家日益增多，东北至新罗、日本，南至三佛齐（印尼），西南至中南半岛、马来半岛，西至印度、大食、波斯等国家和地区，都与福州有交流往来。

至晚唐时期，福州已成为中国对外贸易的重要口岸，其地位与扬州、广州并列。时人诗云："云山百越路，市井十洲人。执玉来朝远，还珠入贡频。"表明福州城有很多来自海外的番客，或是执玉来朝的使者，或是频繁入贡的商人。又有诗云："秋来海有幽都雁，船到城添外国人。"同样描述福州是海外贸易发达之区，只要海船一到，城内就增添一批外国人。

唐末五代，王审知主政福州，秉持"做开门节度使，不做闭门天子"的理念，为福建迎来了数十年的和平安宁时期。他对中原王朝称臣纳贡，其北上进贡的船只，因涉险走海，时常倾覆。于是他下令开凿闽江口外的甘棠港，作为福州的外港，前后花费6年时间建成。开港之后，福州从此"江海通津"，闽中航道平流无波，船只出入更为方便，于是港湾内船舶成千上万，展现出一派贸易繁忙的兴盛景象。

王审知重视发展海外贸易，史称他大力"招徕海中蛮夷商贾，资用以饶"。为鼓励对外贸易，对海外来舶，"尽去繁苛，纵其交易"；设置"榷货务"，专门管理外贸；还专设鸿胪寺，接待外洋客商。当时，来自朝鲜、日本、越南、苏门答腊等地的荃、葛、金银、象牙、犀角、奇兽、玛瑙、沉香等珍奇宝玩，如潮水般涌入福州，充斥闽国宫廷，以致"国用日以富饶"。来自新罗、日本、印度、波斯、大食的客商、僧人、使节

19世纪90年代,繁忙的闽江。法国国家图书馆藏。(郑巧蓬 供图)

等,纷纷来到福州,尽管他们的文化背景和宗教信仰各不相同,却都能在福州受到包容与接纳,得以自由从事经商、学习、修持等活动,传播和交流各自的文化。福州也以"东南重镇"而扬名于世,在海上丝绸之路上发挥愈加显著的作用。

宋元:空前繁荣

宋元时期,随着中国经济重心的南移、社会经济的增长、官方对海外贸易的重视,以及航海技术的不断提升,福州港进入空前繁荣。

就经济基础而言,靖康之乱后,大量人口从中原迁往福建,为福建经济的发展提供了强大的动力。宋代福建农业、手工业发达，盛产大米、茶叶、水果及陶瓷、纸张、书籍等各种产品，为发展海上贸易提供了充足的商品。

宋元两朝对海外贸易持开放态度，为福州港的繁荣提供了政治保证。朝廷在福建设置市舶司机构，衙署在今泉州，专门负责对外贸易事务。而在福州地区则设置巡检司等征税、稽查机构。为方便船只在夜间的行驶，在闽江口岸的山边建造了罗星塔。罗星塔不仅是指引船舶的向导，同时也是福州港贸易昌盛的象征。

宋代，航海技术大幅进步。指南针、航海图，可保船只在茫茫大海中行驶而不致迷失，为远洋航行创造了条件。这时，福州是全国的造船中心之一，时人称"海舟以福建为上"。绍兴十年（1140），福建安抚使张浚在福州建造海船达千艘之多。当时的船舶已经普遍采用"水密隔舱"技术。每条船一般设十几个水密隔舱，即使破损一二个，也无倾覆之虞。福州造的"福船"闻名于世，成为当时中国三大航海木帆船之一。

宋元时期，福州港的诸多渡口与航线得到开辟，形成以闽安邢港为主港，台江为副港的对外贸易格局。邢港位于闽江下游的闽安古镇，扼闽江口之咽喉，为福州至日本、阿拉伯诸国出口丝绸、瓷器等货物的重要口岸，常设号里、外税务等机构，专门征收外国商船的货物进口税。

怀安码头地处乌龙江与闽江交界处，可容千艘船舶停靠，其时茶叶、中药材等货物均在此港下船，或是通过陆路入城，或是转运出海。后因商贸繁荣，在此建立怀安县衙署。另一处即今新港，为福州内河的重要港口，位于河口弥勒院之旁，附近设有造船场。绍兴四年（1134），在此专设"临河务"，行使商贸管理职权。当时福州城南设有水门，可直接坐船出城。除了上述港口之外，福州还有洪塘古渡、郭厝里渡、横江渡、河口渡、上渡、下渡、白湖渡和林浦渡等渡口。

宋代，福州对外贸易更加繁盛，时人诗称："海舶千艘浪，潮田万顷秋。"福州商人北上日本和朝鲜半岛的新罗、高丽，南下南洋群岛的三佛齐、阇婆、渤泥、麻逸、三屿、苏禄等国，还有中南半岛的占城、安南、真腊、暹罗等国，西南远去大食、波斯、班达里、细蓝、故临等国。特别是高丽，在泉州设立市舶司以前，福州是福建与高丽交通的主要港口，有很多福州商人前往高丽贸易或定居。对东南亚各国的贸易，多数亦经由福州港。蔡襄《荔枝谱》记载，荔枝的对外运销，"其东南舟行新罗、日本、琉球、大食之属"。

入元之后，朝廷在福州设"海船万户府"，福州海外贸易又呈兴旺之势，海外商舶频繁造访福州。著名旅行家马可·波罗（Marco Polo）抵达福州，盛赞"此城为工商辐辏之所"，描述这里"珍珠、宝石的商业很盛，这是因为有许多船从印度载着商人来到此地"。时人称福州为"闽海东南大邑，凡货财、珠玑、犀象之所储积甲天下"。福州商人也驰骋海外，追逐商业利益。如元末，福州有"商贾林氏，尝驾大舶行诸蕃间"，发展成为拥有数百人之众的海商集团。

明清：进一步拓展

明清时期，即便是在朝廷厉行"海禁"政策的背景下，福州港仍取得进一步发展，这与其特殊地位有密切关系。明初，郑和七次下西洋，均选择福州长乐太平港为驻泊地、候风港和开洋起点，并在这里留下天妃庙、郑和碑、三峰塔、母梦楼等历史遗迹。明成化十年（1474），福建市舶司移置福州，加速了福州港的发展。在整个明清时期，福州还是中国与琉球封贡贸易的唯一口岸。朝廷在福州河口设立进贡厂、柔远驿，专门接待琉球贡使、客商、留学生。因此，福州的海外交通与贸易，虽然受倭寇侵扰与"海禁"政策的影响，但仍有曲折发展。

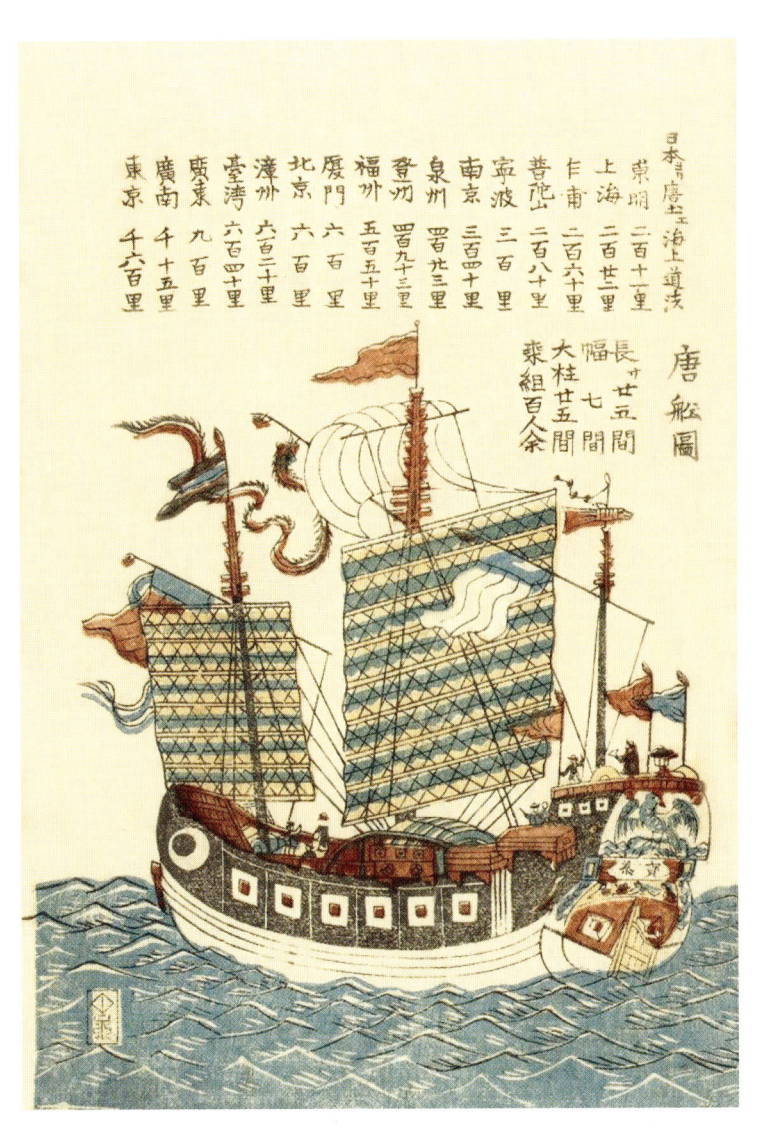

明代日本人绘制的《唐船图》(郑巧蓬 供图)

清初荷兰使团在福州参见靖南王场景。17世纪60年代版画。(池志海　收藏)

从民间的视角来看,福州地狭人稠、山多田少,滨海地区仰赖海船运米。"海禁"期间,舟船不通,米价随之昂贵,百姓难以存活,只好冒险犯禁,出洋市贩,从事海外走私贸易。因此,即使在"海禁"最为严苛的年代,福州沿海地区的海外贸易与海上活动也从来没有停止过。

明代,福州对日本的贸易十分兴盛。起先是福清人去日本贸易,后来长乐人、琅琦人也去日本。琅琦距福州水路不过50里,实际是福州的外港,与日本的海上交通极为便利。时人称:"从福海中开洋,不十日直抵倭之支岛,如履平地。"特别是明末,福州发展成为中日贸易的主要口岸,四方客商云集于此。

明代，还在仓山上王（今临江境内）开港，以方便番船停泊，开启了"番船浦"（后名为"泛船浦"）码头的先声。台江河口与帮洲一带商人萃聚、贸易兴盛，遂形成"双杭"商业中心。此时，福州内河各大桥，如高升桥、象桥、岛桥、太平桥、德政桥、澳桥，乃至安泰河七桥之畔，也都出现大大小小的港埠、码头和道头，方便船货装卸与销售。

清代，福州在开埠以前，既是省内外货物集散中心，又是闽北、浙南商人的出海孔道。康熙二十三年（1684），清政府设立闽海关，正式开海贸易。次年，闽海关分设福州、厦门两个衙署，福州衙署设于台江中洲岛上。雍正七年（1729），全面开放"海禁"，福州对外贸易重新兴盛起来，西班牙、荷兰、英国等西洋各国纷纷前来通商贸易。南台沿江一带，"万室若栉，人烟浩穰"，商贸尤其繁荣。

清廷收复台湾以后，设立台湾府，归福建省管辖，福州与台湾的交通与贸易更加频繁。乾隆五十五年（1790），清廷准许开放福州五虎门与台湾八里坌的对渡航线。此后，又陆续开放鹿耳门港、海丰港、乌石港等航线，榕台两地商贸活动更加兴旺。

海上丝绸之路让福州从东南一隅的小城，变成举世闻名的海上重镇。

（林宇　文）

闽海开洋通万国：郑和与长乐

郑和下西洋是中国古代规模最大、船只和海员最多、持续时间最久的海上远航活动，也是世界航海史上的壮举。福州长乐是郑和七下西洋的驻泊地、候风港和开洋起点。庞大的船队久驻长乐太平港，招募水手，修造船舶，补充给养，祭祀海神，伺风开洋。可以说，郑和船队正是从福州长乐扬帆起航的，福州直接参与了中国历史上规模空前的航海壮举，见证了海上丝绸之路的辉煌，同时成就了其作为海上丝绸之路重要起点的盛名。

长乐开洋

长乐位于福建最大河流——闽江口的南岸，距离省城福州水路约60公里，负山面海，交通便利，有着悠久的造船和航海的传统。三国时，吴主孙皓派会稽太守郭诞在此造船航海，所以"吴航"成了长乐的别名，今长乐县城仍称吴航镇。

太平港在长乐县西250米许，原名下洞江、马江，又称下港、河下港、河阳港。明永乐七年(1409)，郑和奏请改名为太平港，以祈求出洋船队太平安顺。此处江阔水深，两岸山峦叠翠，屏障南北，是一个天然的避风良港。古人对此有诗赞曰："无风万里磨平玉，有月千波漾碎金……仙槎一棹惊秋晓，此去银河尚几寻。"

此外，这里还具有许多优势，比如福州自古造船业发达，便于郑和船队修造船只。据清道光《福建通志》记载，"永乐七年（1409）春正月，太监郑和自福建航海通西南夷，造巨舰于长乐。"可见，在郑和船队中，也有一些舰船是在长乐建造的。著名的郑和宝船，就是采用福州沿海常见的"福船"类型。福船是一种尖底海船，"高大如楼，底尖上阔"，在"旷海深洋，回翔稳便"，适于乘风破浪、远涉重洋。明朝出国使臣乘坐的官船，多为福船型海船。

福船图，清绘本。（郑巧蓬　供图）

福州还为郑和舰队供应各种物资。首先是淡水。这里淡水资源丰富，可为数万人的船队提供充足的淡水。其次是木料。郑和舰队船只众多，仅维修船只一项，就需要大量木材，建造更不必说了。闽江上游是重要的木材产地，杉、松、樟、楠等上好的造船木材，沿闽江顺流而下，汇集至此，为郑和船队修造船舶提供大量材料。三是军需品。郑和船队在长乐太平港休整期间，船上的火器、弓弩、刀牌等兵器多由福建都司辖下的3个"军火器局"提供。四是日用品。船队规模庞大，出征人员多达27000人，后勤人员也相当可观。他们在太平港驻扎期间，要消耗大量粮食；出征后还要带上足够两年使用的各种日用品（粮食、盐、糖、油、酱、茶、酒、烛、炭等）。这些物资有相当一部分是在当地采买的，以致小小的长乐县城，"人如云集，竞成大市"。最后为交换品。郑和下西洋肩负着外交、商贸的重要使命，所以船队要携带大量中国特产，用于赏赐和交换。据记载，郑和船队带有丝织品、印花布、瓷器、铜铁器，以及雨伞、草席、樟脑等40多种商品，其中不少是福建传统的手工产品，早就畅销国外，享有盛誉。

福州周边航海人才密集，也便于船队招募水手。在郑和下西洋的队伍中，除少数专门技术人员，如翻译、医生、天文生、火长等外，绝大多数官兵是从京师、直隶和福建3个地区的卫所中抽调而来的。特别是福建官兵熟悉水性，适应海洋军旅生活，成为舰队的生力军，《闽书·武军志》专门记录了因下西洋有功而被升官的22名福建籍军士姓名。从船队人员组成来看，郑和的副手、使团的第二号人物王景弘为福建漳平人，阴阳官（掌握天文气象测候等事）林贵和是福州福清人，总管府中军李参是福州长乐人。还值得一提的是，明成祖朱棣的重要谋臣姚广孝，就是长乐人。他积极策划和支持明帝国开发与经营海洋事业，并向明成祖推荐郑和担任船队统帅——"钦差下海通番正使兼领总兵官"。

郑和像，明人绘。（麦小荷　供图）

　　经权衡考虑，郑和最终决定以南京龙江港为造船基地，以江苏太仓刘家港为出发点，以长乐太平港为船队的驻泊基地、候风港口和开洋起点。郑和船队以风帆为动力，必须按照"北风南航，南风北航"的风候规律行驶。船队由太仓刘家港入海后，沿着海岸航行至长乐太平港驻泊候风，待北风吹起（一般是每年11月至次年3月），再扬帆经五虎门开洋起航。

清人绘《闻鼓吹郑和免险图》,讲述郑和遇险受妈祖救助的故事。(麦小荷　供图)

修建天妃宫

郑和驻节长乐期间,遍历吴航大地,留下众多史迹。长乐南山是郑和舟师的驻扎之地。大营的两座辕门、两个射圃都建在南山之下。郑和在候风期间,经常登上南山,观察港口形势,察看船队阵容。

南山上有座建造于北宋政和七年(1117)的石塔——圣寿宝塔,系为宋徽宗祝寿而兴建。郑和认为宋徽宗是亡国之君,不值得为他祝颂。

104

他见南山三峰并峙，便改塔名为"三峰塔"，并于永乐十一年（1413）重修。宣德六年（1431）春，郑和第七次下西洋前，又整修了一次。该塔是当年郑和登塔俯瞰船队的瞭望塔，也是郑和船队出入太平港的航标塔，虽历尽沧桑，至今仍巍然矗立。

南山下原有一座天妃庙，也为郑和所建。妈祖姓林，宋初福建莆田湄洲岛人，因累著灵验，元朝封为"天妃"，并被航海者奉为守护神。福建沿海民众出海之前，必定要到妈祖像前祷告一番，祈求天妃庇佑。

《天妃灵应之记》碑（麦小荷 供图）

郑和一行是十分相信神灵的，其船队配有僧侣、道士、阴阳生等神职人员。永乐十年（1412），郑和在第四次远航之前，奏请朝廷在长乐南山建造"天妃行宫"，为船队祈福、谢神的场所。宣德六年（1431），郑和第七次出使西洋前夕，重修天妃行宫、三峰塔寺，新建三清宝殿，并亲自撰写碑文，镌嵌《天妃灵应之记》碑于南山宫殿中。

《天妃灵应之记》碑，俗称"郑和碑"，以黑色页岩为料，高1.62米，宽0.78米，厚0.16米。碑文共1177字，记述了郑和七次率船队下西洋及所经诸国情况，是研究郑和航海史的珍贵文献资料，也是我们祖先开辟海上丝绸之路的历史见证。

郑和下西洋不但是中国航海史上的空前壮举，也是世界航海史上的大事，极大推动了中外和平友好往来和经贸活动交流。当时，许多国家的国王及其亲属、使臣纷纷随同郑和宝船来华朝贡，从福州上岸，然后再由驿道进京，有些使节及其亲随甚至会在长乐住上一段时间。如渤泥（今文莱）国王"麻那惹加那"、古麻剌朗（菲律宾古国）国王"斡剌义亦敦奔"都曾造访福州，后者甚至病卒于福州，敕葬闽县。各国的名贵特产、珍奇动物也从长乐被带到全国各地。郑和七下西洋，每次均在长乐停留，少则数月，多则十月。船只多达200多艘、最少也有48艘，人员两三万人。规模庞大的郑和船队长期驻泊于此，极大促进了当地经济的繁荣，从而奠定福州在明代海外贸易史上的重要地位。

"母梦楼"传说

郑和在长乐期间，与长乐人民结下深厚情谊，留下许多传说故事，传为佳话。其中，"郑和谊娘"故事在当地妇孺皆知，长乐人常以此教育后生要孝敬长辈。

话说郑和驻扎长乐期间，经常登上南山三峰塔观测风向，俯瞰船队。这一天正好是他的生日，他又乘轿上山去了。通常过生日者，都会思念生母，郑和也不例外。恍惚之中，郑和好像回到了云南老家，老母招呼他吃饭："今天是我儿生日，娘烧了几道菜，你吃了再走。"郑和一看，桌上摆的一盘菜是缢蛏炒韭菜，觉得很奇怪：缢蛏是海边特产，母亲怎么会煮这道菜呢？正在纳闷之中，突然被一阵伤心的哭泣声惊醒，才知是南柯一梦。

那声音酷似自己刚才母亲的声音。郑和掀开帘子循声望去，只见一位老太太正在路边一间破房子前悲恸不已，门前供桌上摆放一盘菜，居然就是梦中所见的缢蛏炒韭菜。郑和感到十分蹊跷，急忙下轿询问。老太太告诉他，36年前的今天，她的儿子不幸死去，这道菜就是儿子爱吃的，是她为儿子做的祭品。

郑和一听惊呆了，老人亡子的"忌日"，正是自己的生日！这位老太太，不就是自己的前世母亲了吗？郑和见老太太甚为可怜，顿发孝敬之心，认她为谊娘（干娘），并出资将破屋改建为两层楼房，名曰"母梦楼"。当地人见是郑和所建，又称之为"太监楼"。

从此后，郑和每到长乐，必去"母梦楼"探望这位谊娘。《藏楼笔记》记之甚详："（郑）和因心仪此妪为前生之母，乃捐金饰为之营建，并置产业以赡养之，嘱邑公时予存问，毋致冻馁，乡人呼为'太监楼'。""母梦楼"今已无存。据当地资料记载，"母梦楼"的廊柱上曾镌刻着当年留下的一副楹联："奉诏西洋，驻师长邑，华梦沾濡期一报；缔缘北屋，尽孝重楼，慈萱哭祭证三生。"

谊娘迁进新居时，郑和还送了一个自己舰上使用的球灯给她。此灯乃金丝楠木所制，极致精美，据说是郑和第二次出使西洋回来，永乐皇帝当殿赐给他的，当地人称"太监球"。谊娘去世后，此灯由村中最年长的老太太保管，每年只在正月十五祭祖时点上一次。如今，"太监球"依旧供奉于祠堂正中，四周围绕着数百支蜡烛，在梦幻般的烛光中，向后人讲述郑和与长乐的情谊和传说。

（林宇 文）

乡关萦梦使琉球：福州与琉球的不解之缘

清嘉庆十三年（1808）闰五月初三，风和日丽，福州河口的码头上，停着两艘长15丈、宽3丈余的宝船，篷帆招展，旌旗飘扬。岸边人山人海、锣鼓喧天、热闹非凡。这时，一支浩浩荡荡的队伍，在鼓乐声中迤逦而来。为首是一位气宇轩昂的武官，捧着用黄盖罩着的圣旨；接着是一群身着华丽制服的兵丁，手持旌节、旗帜及各种仪仗兵器，威风凛凛；其后是百十个壮汉抬着数十个宝箱，里面盛着琳琅满目的礼品宝物；之后是一乘八抬大轿，轿前负弩弓者和带刀者各一人，轿后跟着持枪者二人、轿夫替换者四人；最后是官吏、杂役、工匠各色人等，整支队伍计有五百余人。队伍停下后，一位身材颀长、仪度修伟的朝廷命官缓步下轿。他身着一品麟蟒服、腰缠玉带，显得尊贵无比。码头边上的凉亭里，福州的地方官们早已供设香案，备齐酒馔，正翘首以盼，恭候他的到来。

饯别完毕，箫鼓齐奏、鞭炮齐鸣，官员一行登上宝船，正式启航出洋，前往1700里外的琉球国（今日本冲绳）。这正是福州官方安排的欢送琉球册封使团启航仪式的场景。

琉球册封舟图式，清绘本。（麦小荷　供图）

册封琉球

明清两朝，琉球国为中国藩属，每逢琉球国新王登基，中国都要派出高规格的使团前往册封。据统计，自明洪武五年（1372）起至清光绪五年（1879）日本吞并琉球，在这500余年里，中国共派遣正副册封使23次43人，其中有四位是福州人。这次册封使团的正使，正是家住福州光禄坊的齐鲲。出使琉球国，是他年少时便怀有的梦想。

109

齐鲲（1776—1820），字鹏霄，号北瀛，侯官（今福州）人，清嘉庆六年（1801）进士，选庶吉士，授翰林编修。嘉庆十二年（1807）七月，充册封琉球正使，前往琉球国册封中山王世孙尚灏。他经过精心准备，于次年正式成行。

　　嘉庆十三年（1808）初，齐鲲一行从京城出发，沿着驿道，一路辗转南行，从浙江仙霞岭进入福建，经浦城、建阳、延平、龙溪，抵达古田。然后，改乘官船，由水路前往福州。福州府闽县、侯官两位县令在

清代，封舟归国图。日本冲绳县博物馆藏。（郑巧蓬　供图）

洪山桥官渡码头——芋原驿迎接。时已闰五月初二。

　　回到阔别六年的家乡福州，齐鲲倍感欣喜。当年进京赶考的游子，今日竟然身披皇帝钦赐的麟蟒服衣锦还乡，福州地方官恭敬地安排了十里鼓乐相迎。不过七年光景，身份却有云泥之别，他能不感慨万分？

　　回到省城福州后，福州所有的高官都要向他请安。出使之前，他拜别父母，专门祭拜了三位海神，分别是妈祖、拿公和水部尚书，并将神像请上册封舟。

111

闰五月三日，齐鲲辞别众官，手持龙节，登舟启航。册封舟从福州河口出发，驶至五虎门，等候西南风。这一等就是八天，直到五月十一日风起。于是册封舟正式放洋，一路乘风破浪，经鸡笼山、钓鱼岛、赤尾屿，过黑水沟，历姑米山、马齿山等，于五月十七日抵达琉球那霸港。

当日，中山王世孙尚灏亲率众官出迎，行五拜三叩礼。之后，册封使团下榻"天使馆"，世孙"每三日遣大臣一问安"。使团先在寝殿举行谕祭和追封故王仪式，再择吉日举行册封新王大典。

册封当日一早，世孙率百官候于天使馆前"守礼之邦"坊下，与"天使"同往中山正殿举行册封大典。琉球国人"倾国聚视，不啻数万，欢声如雷"。场面之浩大隆重，让齐鲲深切感受到作为天朝使者的极大尊荣。

在琉球的几个月里，使团受到隆重款待。国王按例设"七宴"，从迎风宴、事竣宴，到中秋宴、重阳宴、冬至宴，直至饯别宴、登舟宴，每宴必赠以重金，齐鲲一概婉言谢绝。最后一次宴请在登舟之前，国王亲临驿馆设宴，手持一把金扇递给齐鲲握住，便是最后一别，但齐鲲没有接受任何贵重礼物，以示廉洁奉公凤志。

为了尽量减轻琉球国的负担，齐鲲密切关注气候，一到风信许可，便提早一个月率团回国。齐鲲撰有《东瀛百咏》诗一卷，并与副使合辑《续琉球国志略》，为后人留下珍贵史料。他出使琉球时留下的碑记和摩崖石刻至今尚存，成为中琉人民友好交往的历史见证。

琉球与福州

古代琉球（今日本冲绳）位于福建东面海上，与福州有着特殊的历史渊源。明初，为加强中琉关系，朝廷相继赐给琉球"闽人三十六姓善操舟者，令往来朝贡"。"三十六姓"中不乏福州人，多是具有航海、造船、文书等一技之长的艺能之士，不仅对琉球的航海贸易业贡献巨大，

琉球國夷官
琉球居東南大海中明初其國有三王曰中山曰山南曰山北皆以尚為姓而中山最強洪武間三王俱入貢至宣德時山南山北為中山所併本朝定鼎尚其王航海輸誠遣使冊封屢賜御書匾額常遣陪臣子弟入監讀書其國有三十六島氣候常溫俗尚文雅鮮盜賊王與臣民分土為祿地產五穀蔬菓之屬夷官品級以金銀為差用黃綾繡揭圓為廷寬衣大帶官婦髻掠金簪不施粉黛衣以錦繡其長覆足

琉球国夷官，见《皇清职贡图》，清乾隆彩绘本。故宫博物院藏。

福州柔远驿内景（林振寿　摄）

且引入文学、艺术、建筑、陶瓷、染织等文明成果，使琉球"风俗淳美"，转变为"衣冠礼仪之乡"。

福州作为长期是中国与琉球往来的唯一口岸，在中琉关系史上扮演了非常重要的角色。明成化八年（1472），在福州水部门外的河口设立"怀远驿"，万历年间更名为"柔远驿"，民间俗称"琉球馆"，作为琉球贡使下榻之地。弘治十一年（1498），督舶邓太监在河口尾开凿人工河道，连接闽江，便利贡船出入。明清册封舟自此起航，琉球使者、留学生亦经此转道。新港、水部一带华夷杂处，商贾云集。故老相传，贡船到来时，其地繁华殷盛，为全城之冠。

前述明清两朝，中国都要派遣使团册封琉球新王。册封使中，除了前面介绍的齐鲲，还有谢杰、林鸿年、赵新是福州人，分别于明万历七年（1579），清道光十八年（1838）、同治六年（1867）出使琉球。册封舟上随行的官员、从客、仆役数百人，其中也有很多是福州人。由于要等候季风来临，使团成员至少要在琉球呆上四个月，有足够的时间与琉球各界人士进行多方面的交流，故而成为中琉文化交流的使者。

明初开始，琉球也以各种名义派遣使团来中国，如进贡、谢恩、请封、迎封、上书、报倭警、送留学生、接送难民等，有时一岁数至。琉球入贡使团通常由百余人或数百人组成，抵达福州后，先小住一段时间。而后正副使臣及随员一二十人北上进京，余者留在馆驿，候来年使节南归后一同搭船回国。

琉球还先后向中国派遣了二十多批留学生，称为"官生"，到北京国子监入学。还有一部分琉球人自费到福州学习各种专业技能，称为"勤学人"。他们在福州柔远驿延师受业，读书习礼。学习内容除儒学之外，还涉及天文、地理、医学、音乐、书法、绘画以及农业、手工业等实用知识。

琉球学生长期在琉球馆学习生活，与福州结下不解之缘。福州先生打破门户界限，悉心传授；学生虚心勤学，学成归国后将知识传授给国人。琉球国著名学者程顺则，曾三次到福州求学，拜师研习儒学。回国后制定官制礼仪，弘扬儒家文化，在琉球影响很大，号称"琉球五伟人"之一。他在告别闽中师友时赠诗曰："多谢诸公爱不才，论交时上驿亭来……何以职方中外隔，遂令画舫海天开。"表达了对福州师友的眷恋之情。

琉球学生在福州时，结交文人雅士，游览名胜古迹，留下众多诗篇，生动记录了他们对福州的美好记忆。如琉球诗人周新命于清初游学福州，赠诗别友人云："与子握手别，愁心绕故乡。驿亭花径冷，江路草桥荒。"诗中写到的驿亭、江路、草桥，指的是柔远驿一带的园亭、道路与古桥，都是他勤学生活中永远抹不掉的记忆。

此类诗文还有很多，如蔡铎《琼河发棹留别闽中诸子》："裘马如云送客船，简书遥捧出闽天。骊歌古驿二杯酒，帆挂空江五月烟。别泪已随流水去，离情不断远山连。故人若忆西窗话，极目燕台路八千。"曾益《琼河解缆》："去年犹忆泛舟时，帆挂台江怅别离。今日琼河欣解缆，桃花依旧长新枝。"这些充满感情的诗句，生动表达了琉球学子对中华文化的钦慕及对闽中友人的深厚情谊。值得注意的是，诗篇中往往点明"琼河"或"琼川"，表明作者对居留学习之地的深刻记忆。柔远驿地傍琼河，琼河两岸繁华热闹，是他们流连忘返之地，所以成为他们诗文表达的地标。

琉球不仅从福州输入各种粮食、蔬菜及先进的生产工具和栽培技术，其方言俚语、文学艺术、宗教信仰、风俗习惯诸方面均深受闽都文化影响。这些来福州求学的琉球人，在潜移默化之中，为中琉文化交流做出重要贡献。他们中的许多人，甚至长眠于福州。历史上，琉球来华亡故人员前后共有五百余人，均葬于福州长安山等处。

（孟丰敏　文）

"连山控海"屏山楼:"海丝"航标镇海楼

老福州有句俗语:"南有火帝庙,北有镇海楼。"火帝庙为避火患,镇海楼为镇水灾,共同护佑福州平安。位于山脚下的火帝庙2012年拆除了,而600多岁的镇海楼则越来越传奇地存在着。镇海楼原名屏山楼、样楼,为福州古城北面制高点,左边是鼓山,右边是旗山,可远眺闽江出海口,靠山面海,风光旖旎。福州民间认为它重要的作用是防抗台风,然而回溯往昔,先人建造此楼又有怎样的寄寓?

"样楼"高踞屏山巅

自闽越王无诸修建冶城开始,至宋末,福州城墙均建于屏山脚下。宋亡以后,元朝统治者下诏拆毁福州城墙。明初,倭患日趋剧烈。洪武三年(1370),朱元璋派驸马都尉王恭(一作王克恭)镇守福建,抗击倭寇。王恭眼见省城福州破败不堪、百废待兴,为抚绥民心,决定重建福州府城。

王恭对新城的规划,首先考虑要利于军事防御。他发现福州城北无险可据,便将福州城墙北段改建到屏山上。洪武四年(1371),王恭参

20世纪初的镇海楼（郑巧蓬　供图）

考福州威武军门，在屏山顶上建造谯楼，作为其他各城门楼的样板。据清郭柏苍《葭柎草堂集》记载："王恭取地理摄形之法，摄七城之形为样楼。样楼者，七城之样也。"因此，镇海楼的初名叫"样楼"或"屏山楼"，屏山也被戏称为"样楼山"。

镇海楼前设七口石缸，排列如北斗七星，古称"七星缸"，缸中储水，以禳除福州东、西、南、北、汤、水部、井楼等七个城门火灾。传说，某个缸里的水若干涸，其对应的城门将会失火。镇海楼所处的屏山，位于福州古城中轴线（今八一七路）正北的最高处，是福州城山水格局中的"靠山"。镇海楼雄踞屏山之巅，坐北朝南，俯瞰整座福州城，远眺闽江、乌龙江。作为福州城的地标性建筑，镇海楼在选址上完全符合中国传统的风水格局。

福州城北屏山至冶山之间，是闽越国冶都所在地。屏山下有欧冶池、

19世纪90年代,远眺镇海楼。(池志海 收藏)

城隍庙、绍因寺、华林寺,山上有环峰亭、绝学寮等名胜古迹。"样楼"出现伊始,便成为文士登临赋诗、雅集酬唱之所。诗人们登高远眺,福州山海形胜尽收眼底,不免感慨眼界瞬间开阔光明。

　　清乾隆年间,有僧人云游至此,叹曰:"西北倚山,东南际海,登样楼一览,九峰如列屏,五阜如展案,左鼓右旗,洋洋乎大观哉!"清林枫《登镇海楼》诗云:"形胜东南最,提封古霸图。鼓旗唐重镇,楼阁宋行都。万壑趋瀛峤,连山控海隅。倚栏闲纵目,秋气满枌榆。"修纂于民国初年的《西湖志》,便将"样楼望海"列入西湖"新八景"。近人何振岱以《样楼望海》为题作文一篇曰:"振衣登楼,凭栏纵眺,第见雉堞环

119

拱，云烟吞吐，浩然而无际涯，邈然而波扬沫漂者，非闽疆之巨壑耶！激风寒襟，横流楚瞩，睹斯楼也，其永为吾土之镇已！"

如今，屏山早已被削平为两条"鼓屏路"和"福飞路"了，其当年高耸福州城北之态势，今人难以想象，只能借助前人留下的诗文一窥斑驳。近代作家郁达夫在《闽游滴沥之五》中提及登临屏山的感受：

"屏山雄镇北城，大有南面垂拱的气象，所以历代衙署咸集于此……当碉堡下半里的地方，且有石砌的七星缸一簇，埋在青草碎石里，想系北斗七星之遗意，或者是用以来镇压火患的也说不定。屏山亦即越王山的妙处，是在它的能西眺闽江上游，如洪塘桥以上的风景；登碉楼而北望，莲花峰以下的乱山起伏，又像是万马千军、南驰赴海的样子。若在阴雨初霁、残阳欲落的时候，去登高一望，包管你立不上十五分钟，就会怆然而泪下，因为前不见古人，后不见来者，天地悠悠之念，唯在这北门管钥的越王台上，感觉得最切。"

意在斯楼实在海

福州人出海贸易的历史由来已久，福州港是海上丝绸之路的枢纽和重镇。旧时到福州贸易的海外船舶，行至鼓山脚下时，便可遥望城北的镇海楼。每当五虎门潮水上涨，大船进出江口，均以镇海楼为"准望"，即航行标志物。何振岱《西湖志》云："每当虎门潮生，鹢首南指，有斯楼为之准望，虽雾天昏黑，而针盘可以无迷，洵南州之雄构而北隅之巨标也。"

明成化八年（1472）以后，福州成为琉球进贡的唯一口岸。正德五年（1510）十月，福建市舶太监尚春在南台河口建控海楼，楼前造尚公桥，桥前建怀远坊。控海楼的建造时间晚于镇海楼，其目的是"控海"，即观察、控驭琉球贡船与海外番舶的航行情况，与镇海楼一样，皆为指

镇海楼今貌（林振寿　摄）

引航标。万历以后，控海楼成危楼，不再修复，后坍塌，琉球贡船进入福州需要新航标。明代福州城内的最高建筑物是白塔和乌塔，但其高度不及望海，只有置身屏山之巅，才能极目远眺闽江入海口甚至东海。屏山上的"样楼"由此取代控海楼，成为琉球贡船的航标。

清代，屏山上的"样楼"开始称为"镇海楼"。清谢章铤《重建镇海楼记》云："且夫楼以镇海名，意在楼，实在海。"郭柏苍《葭柎草堂集》又云："样楼建于靠山之巅，海舶往来，以为昏夜进口之望头，又可堵北峡破缺之煞气"。可见，镇海楼既可以作为航标，又有障北山之缺的风水功能，这也是楼名"镇海"的真正意义。

名楼兴废几沧桑

600多年来，镇海楼或因天灾或遭人祸，几经损毁和重建。据官方资料记载，镇海楼共历经九毁十建，其中三次遭雷击、两次失火、一次被大风吹倒，两次原因不明倒塌，最后一次为人为拆除。若加上多次近乎重建的大修缮，那便是十三毁十四建。

明朝，镇海楼两次被毁：明正统十一年（1446）火灾后重建；崇祯十四年（1641）因特大台风倒塌。

清代，镇海楼被毁六次，分别是顺治十六年（1659）、康熙元年（1662）、乾隆二十五年（1760）、乾隆五十七年（1792）、咸丰十年（1860）、光绪十八年（1892），其中三次因雷火焚震无遗。

民国二十二年（1933），镇海楼再次失火，驻闽十九路军将其改建为碉堡，即郁达夫文中所称的"碉楼"。抗日战争爆发时，时任国民政府主席林森倡议重建镇海楼，因抗战军兴未能如愿。1946年，闽籍议员倡议重修镇海楼，内设林森纪念堂。

镇海楼前北斗七星缸（林振寿 摄）

1956年后，福州军区各部门驻扎在屏山上，镇海楼成为炮兵司令部的无线电通信站。1970年，镇海楼被拆除，但此后福州各地陆续出现与镇海楼相关的各类景观。

2005年，台风"龙王"正面袭击福州，造成巨大破坏，勾起了福州百姓对镇海楼的记忆。风灾过后，民间对重建镇海楼反应强烈。2006年底，屏山镇海楼开工重建，2008年春竣工，2009年正式对外开放。重建后的镇海楼楼体由基座层、台基层及二层楼阁组成，除增设一个高10米的台基外，其他均严格按照历史尺寸。从建成后效果看，其高度、体量、形式与色彩均能较好契合福州城市的总体格局，再现了镇海楼当年的雄姿。

600多年来，风光旖旎、气象开阔的镇海楼始终是文人墨客登高抒怀、吟咏雅集之处，也是福州海丝贸易与中外交流的历史见证，同时昭示着闽人走向海洋的雄心壮志。如今的镇海楼，正以全新的姿态伫立于屏山之上，注目着闽都古城的时代新颜。

（孟丰敏　文）

风雨千年万寿桥：闽江古桥变迁史

  1844年，英国植物学家罗伯特·福琼（Robert Fortune）游历福州。他乘着轮船，来到仓山区和台江区之间的白龙江上，看到江南桥、万寿桥古典迷人的风光，感觉丝毫不逊色于德国的莱茵河风光。近百年

19世纪70年代，万寿桥远景。美国哈佛大学图书馆藏。（郑巧蓬 供图）

后,这两座桥合并为一座桥,统称作"万寿桥",后更名为"解放大桥"。该桥历史悠久,可上溯至一千年前的北宋时期。

当时,闽江的江面比今天宽一倍。从今天的仓前路、中洲岛到中亭街一带,都是闽江水域。中亭街原是一座沙洲,名为"楞严洲"。那时闽江上无桥,闽江南北两岸只能靠坐船通行。

北宋元祐八年(1093),福州知州王祖道立志造桥,以楞严洲为中心,南北各建浮桥一座。北桥宽154米,用船20只;南桥宽约785米,在江中立石柱18根,用粗大的藤缆把100只船连接在一起,固定在江面上,船上铺木板,联成浮桥。考虑到江中往来穿梭的行船,便在浮桥中心位置留有两个活动门。行船通过时开门,平时则闭门为桥。浮桥首尾建有三座亭:南台岛江边建"济川亭",楞严洲建"中亭",后潮水退却,成为"中亭街";小桥头建泗洲亭,以供过往旅客歇脚。

崇宁二年(1103),闽江上游冲下来的泥沙、木料聚积在白龙江的浮

桥旁，经年累月形成中洲岛，两座浮桥因此被改为北、中、南三座桥。北桥（今小桥桥位）用船16只，中桥（万寿桥）用船73只，南桥（江南桥）用船13只，从南台岛到小桥头，百余只木船连成一座浩浩荡荡的浮桥，泊在宽阔的闽江上，蔚为壮观。

南宋著名诗人陆游曾两度赴福州任职。绍兴二十九年（1159）秋天，陆游从福建宁德县主簿调充福州决曹，掌管刑狱，为官两年。他听闻南台浮桥胜景，抱病前往参观，并赋诗一首："客中多病废登临，闻说南台试一寻。九轨徐行怒涛上，千艘横系大江心。寺楼钟鼓催昏晓，墟落云烟自古今。白发未除豪气在，醉吹横笛坐榕阴。"

建造浮桥之初，王祖道周全地考虑到闽江水急风大，木船连成的浮桥经不起风吹浪打，容易损坏，便置田产一顷72亩，以田租收入作为修桥经费，由桥边万寿寺僧人负责管理。元大德初，万寿寺住持王法助见浮桥屡修屡坏，行旅不便，倡议改建为石桥。他命弟子北上大都（今北京），托人转奏朝廷，得到元成宗的赞许。未及一年，募缘多至数百万贯。大德七年（1303），在闽省官员的协助下，王法助开始建造石桥，未竣工便过世，终年89岁。其徒继之，于至治二年（1322）建成，前后历时近20年。

据记载，建桥的石材采自闽江下游的闽安镇，其中一块大梁为闽江岸边"金刚腿"的左腿，因尺寸不符而弃用，只能闲置于大桥之下。修桥时砌基沉石屡被水流冲走，于是在桥墩处打下井字形木框，在木框内填石以稳住桥基。这可谓元朝最先进的造桥技术。石桥建成后，实长389米，共36孔，每孔之间叠架两根一米见方，长约10米，重逾40吨的大石梁，间距三四米，其上横铺石板，宽约4.5米，两侧安装石护栏，桥栏石柱上刻有形态各异的石狮。

桥落成后，人们为纪念王法助造桥之功，以其所主持万寿寺之名为桥名。翰林学士马祖常撰写桥记，并亲书"万寿桥"三字，刻于桥栏之上。另重建万寿寺，称"万寿头陀寺"，祀法助像于其中，寺内立有《头陀寺法助禅师赞》石碑。

万寿桥建成后，人们又在中洲岛至南台岛的浮桥位置上修建江南桥（俗称仓前桥），为木石混合的九孔桥梁，石梁5孔，木梁4孔，长约135米。明万历三十七年（1690）五月，江南桥为洪水冲毁，乡民和船户集资重建。清乾隆十六年（1751）七月，江南桥再次被洪水冲垮，后由福清何氏兄弟出资改建为石桥。

万寿桥、江南桥一带，一直是福州对外贸易的集中区域。清雍正年间进士潘思榘在《江南桥记》中描述道："南台为福之贾区，鱼盐百货之辏，万室若栉，人烟浩穰。赤马余皇，估舶商舶，鱼罾之艇，交维于其下，而别部司马之治，榷吏之廨，舌人、象胥、蕃客之馆在焉。"

1844年，福州开埠后，南台江面更是樯帆林立，热闹非常。外洋货轮与本土木帆船、乌篷船密集交织，逐渐形成一个以万寿桥、江南桥为中轴线，以闽江口江岸为基面，以南台两翼为外围的商贸区。

据英国圣公会的主教施美夫(George Smith)描述，当时仓前路桥头一带，"不仅江上繁忙，船只穿梭如织，万寿桥两边也是摆满了摊贩，做着生意，桥上被商贩占据，有点像旧时代的伦敦桥，窄窄的通道通常挤满各种各样忙着赶路的人"。

英国圣公会的施友琴(Eugene Stock)也写道："我们站在（江南桥）上，并穿过这种方式的中国街道，放眼望去，视野开阔，各种各样景象尽收眼底。一派多么繁忙和混杂的景象！熙熙攘攘的人流快速涌动，很少冲突，也少有争吵……"

20世纪初,樯帆林立的万寿桥江面。(池志海　收藏)

　　这些传教士描绘的画面显示,晚清时期,南台岛一带已成为福州经济贸易的枢纽。当时,闽江下游地段是福建省内外土特产品的集散地和中外贸易的重要口岸,江上船舶辐辏聚集,码头上工人辛勤忙碌,两岸商铺林立,呈现一派繁荣兴盛的景象。

　　清末,江南桥头竖起一根9米高的木杆,装设方形煤油灯笼,是福州的第一盏路灯。在茉莉花飘香季节里,每当月华初皎洁时,江风轻抚着江水,白天的仓前路是繁忙的商业区,夜晚却是一段月下迷人的优雅漫步。

　　1931年,万寿桥、江南桥的桥面被改建为钢筋混凝土结构,从此桥上便可通行汽车。1932年,作家萧乾在福州鹤龄英华中学任国文教师,就住在南台岛的仓前山(今烟台山)。他在处女作短篇小说《蚕》里描绘了仓前路桥头的风景:

20世纪20年代,万寿桥头的商铺。(池志海 收藏)

"立在窗前眺望蜿蜒如长蛇的闽江,和点缀在那长蛇腰部的碧绿的沙洲。几只舢板嘎吱嘎吱地在暮色苍茫的江上,挣取最后的几百钱。一只开往上游的电船,尾部喷着白沫,正向洪山桥那边喘去。江边的仓前街,当当的车铃和呱嗒儿呱嗒儿的木屐声还是那般清脆。"

20世纪30年代,仓前街桥头还有鱼市和花市,萧乾在文中提到,他喜爱的有杏黄色的十八学士(茶花)、夜来香和马莲。

抗日战争期间,日军飞机几次刻意轰炸作为入城重要通道的万寿桥,导致桥基严重沉陷,后又遭遇几次洪水冲击,桥面陆续下沉和断裂。

1949年后,为纪念解放军途经此桥,万寿桥和江南桥合并,更名为

解放大桥夜景（林振寿　摄）

"解放大桥"。1970年，解放大桥桥柱加高4米，桥面加宽2米。1995年，因水流冲击，旧万寿桥桥墩崩离原位，即行停用改建，一年后建成通车。改建后的解放大桥用钢筋混凝土浇砌桥墩和桥面，总长423米，宽12米，同时在桥两侧设置四组弧形钢管，不仅可在力学上分担桥身负荷，也给大桥加上一道绚丽的"彩虹"。

如今，这座独特的"桥联桥、桥上桥"依然挺立闽江上，继续发挥着沟通城内外的作用，见证着福州城的发展历史，成为福州人的美好记忆点。

（孟丰敏　文）

数往知来再出发：福州的开埠

1840年鸦片战争以后，列强侵华，时局大变。1842年清政府被迫签订《南京条约》，福州被辟为五口通商口岸之一。

著名茶港

福州港在开埠之前，就已是省内外商品的集散地，海上贸易相当发达。1844年正式开埠以后，福州港贸易量增长，主要的输出产品是茶叶和木材。附近的土特产品也经由福州输出，如福桔、桂圆、荔枝干、笋干、杨梅、桑叶、烟叶、红糖、锡箔、纸伞、茧丝、藤漆器等等。

茶叶贸易是福州港的重要特色。从清咸丰三年（1853）起，外国商船进港运茶者与日俱增，在短短3年内，就从6艘增至132艘。特别是19世纪60年代以后，由于太平天国运动的冲击，广州茶市衰落，福建茶叶出口迅速增长。大宗红茶循闽江而下直接出口欧美，福州成为国际茶叶贸易的中心之一，并在太平天国运动后期，成为仅次于上海的中国第二大港口城市。1864年，福州茶叶出口量升至2700万公斤。1865年，

据美国传教士卢公明（Justus Doolittle）记述："当时从福州出口的茶叶，比广州和上海两地的总和还要多上一百万磅。"19世纪70年代，福州茶叶出口占全国茶叶出口总额的35%—44%。1880年，福州茶叶出口量高达4000万公斤，已然成为当时中国乃至世界最大的茶港。各国茶船竞渡闽江，抢购新茶，场面激烈。一位茶船的船长感叹道："闽江上如此美丽壮观的船队集合，在全世界其他任何港口实在不能看到。"

在茶叶贸易的驱动下，其他商品贸易也有大幅度增长。据统计，到19世纪60年代，福州进出口贸易总额常年高达2000万两以上。由于对外贸易的扩大，西洋各国纷纷在福州设立商业机构。1867年，福州已有

20 世纪初，舟船云集的闽江万寿桥江面。（池志海 收藏）

20 家洋行、3 家银行、2 家货栈。至光绪中叶，福州城居民已达 65 万人之众。

传教士的到来

福州开埠后，西方传教士接踵而来。最早来福州传教的教会组织，是美国的基督教公理会（Congregational Church，又译美部会）和美以美会（The Methodist Episcopal Church，又译卫理会）。1847 年，公理会传教士杨顺（Stephen Johnson）夫妇来到福州，以中洲岛为立足地，在闽江南桥畔赁屋传教。同年，美以美会传教士柯林（Judson Collins）、怀德（Mosses White）等人来到福州。1856年，该会在福州茶亭修建了第一所礼拜堂——真神堂。至1857年，才有一位名叫陈安的商人受洗入教，成为福州第一个基督徒。随后，英国圣公会、长老会等也相继来福州传教。

西方传教士到福州后，为适应当地社会，克服语言障碍，提高传教效果，便努力学习福州方言，其中知名的成果有《榕腔注音字典》(The Alphabetic Dictionary in the Foochow Dialect)和《榕腔初学撮要》(A manual of the Foochow dialect)等。这些著作以近代语言学的方法，对福州方言进行了较为系统的整理。

为迎合中国社会需要，传教士经常借助科学知识解决民生问题，以更多地吸引中国人入教。除了创办各级学校外，传教士还在福州建立了多所西式医院。1866年，圣公会传教医生雷腾（B. Van S. Taylor）等人创办榕城最早的西式医院——塔亭医院。1870年前后，公理会医生柯为良（Dauphin William Osgood）在保福山附近创办圣教医院。1877年，美以美会在南台岭后创立马高爱医院（福建协和医院的前身）。这些医院引进先进医疗器械、传播医学知识，还培养出一批华籍医师与护士，开福州现代医学之先河。柯为良在福州期间，撰写的《医馆略述》，编译的《格氏解剖学》（中文书名《全体阐微》），都是当时影响很大的医学著作。

传教士来到中国后，往往将自己的亲身经历诉诸笔端。1850年，美国公理会传教士卢公明（Justus Doolittle）来到福州，开始了二十余年的传教生涯。卢公明是一位目光锐利的观察者，著有《中国人的社会生活》(Social Life of the Chinese)。该书虽以"中国"为名，却主要以福州为记述对象，极为翔实地描述了清末福州的社会生活图景。传教士还在各类外文期刊发表关于福州的文章，向西方世界展示福州社会生活的各个层面。1859年，基督教会在福州创办第一份英文报刊——《福州府差报》(The Foochow Courier)。1861年，美以美会在福州仓山创办美华书局，是近代福建最早的新式印刷出版机构。

教会学校

福州是近代中国教会学校最早兴办的地区之一。1848年，美以美会传教士柯林（Judson Collins）创办福州男塾，这是福州第一所教会学校。两年后，美以美会传教士麦利和（Robert S. Maclay）夫人在福州仓前山创办福州女塾，是为福州第一所教会女校。

福州早期教会学校的生源多是教徒子女和孤寒子弟、童养媳等，办学地点或在传教士家中，或附设于教堂之内，或租赁民房，教育程度多在初小以下。随着中西文化交流的深入，教会学校逐渐被福州社会所接受，师生数量日渐增多，办学规模逐步扩大；与此同时，办学层次开始由小学向中学、大学发展。1859年，美以美会在仓前山创办毓英女塾。1864年，圣公会在仓前山开办陶淑女子小学。1874年，圣公会又在仓前山开办陶淑女子中学。1878年，圣公会传教士史荦伯（Robert Warren Stewart）创办广学书院。1881年，美以美会传教士武林吉（Franklin Ohlinger）创办鹤龄英华书院。1908年，美以美会在福州创办第一所高等学校，初名"华英女子学堂"，后改名"华南女子文理学院"（Hwa Nan College）。1915年，教会在福州创办福建协和大学（Fukien Christian University）。此外，教会还开办了一批职业学校，如1902年创立的塔亭护士学校，1903年创立的协和职业（农业）学校等，都属于中等职业学校。

1911年的福州协和医院。美国南加州大学图书馆藏。(郑巧蓬 供图)

福州美华印书局旧影(池志海 收藏)

20世纪初，毓英女塾毕业生合影。(池志海　收藏)

20世纪初，福州女子职业学校。(郑巧蓬　供图)

经过多年发展，教会办学日趋制度化。其学制一般为初小3年，高小3年，中间加预科1年；初中3年或4年，高中3年；书院8年（其中6年为中学，第7、8年为大学一、二年级），毕业生可直接升入英美大学的三年级。教会学校聘请西方教师，直接以英文授课，教材为英美教科书，校内开展体育运动、社会服务等活动，校园宗教氛围浓厚，文化生活丰富。教会学校也走出了一批知名人士，比如林森、黄乃裳、侯德榜、陈景润等知名人士都曾就学于鹤林英华书院。

从总体上看，教会学校的一切事务均由教会独立管理，不受地方教育行政部门管辖，这是对中国教育主权的严重侵犯。但教会引进的西方教学模式，客观上传播了西方科学知识，也促进了文化交流。

今天，当我们徜徉于仓山南台岛，欧陆风情的建筑随处可见。历史、现代、建筑、商业、文化、艺术在这里无界融合，相互碰撞，迸发出独特的火花，为这一带注入历久弥新的文化气息。而闽江畔那古老的泛船浦教堂依然挺立着，一如从前的华丽与静穆，述说着福州近代百年的沧桑与蜕变。

（赵玉明　文）

游子根脉中华情：移居海外的福州人

1900年12月23日清晨，闽江口薄雾朦胧，江上微风吹来，带来一丝淡淡的寒意。岸边的码头上围聚着黑鸦鸦的人群，各自携带大包小包，时而窃窃私语，时而翘首延伫，似乎在等待着什么。

终于，一轮红日冲破厚重的云霭喷薄而出，金色染亮了江水，岸边瞬间明快起来。一声长长的鸣笛传来，"丰美号"轮船缓缓驶来，慢慢地停靠在码头。"船来喽！"人群中传来一阵欢呼。大家徐徐前行，鱼贯登船。

迎着初升的太阳，旅人们脸上洋溢着笑容。那是希望，是憧憬，也许还夹杂着对未来的些许隐忧。他们来自福州各县，各行各业都有，带着破釜沉舟的决绝，前往一个遥远的异域，去开辟一个新天地，一个"新福州"。

开发"新福州"

"丰美号"的乘客，都是应黄乃裳的召唤，前往马来西亚垦荒的移民。黄乃裳又是何许人也，怎么能请得动这么多人？

黄乃裳（1849—1924），字绂丞，号慕华，福州闽清人，清末民初的华侨领袖、民主革命家、教育家。早年皈依基督教，在福建各地传教。后参加科举，于光绪二十年（1894）中举人。甲午战争后，深感国家政治腐败、社会堕落，遂弃八股而从新学。1895年，入京会试，参与"公车上书"。翌年回榕，创办福建第一家报纸《福报》，宣扬变法维新。1897年，再次赴京会试，积极参与变法。戊戌政变后，遭清廷通缉，避难返乡，后举家迁居新加坡。

颠沛流离的生活，让黄乃裳陷入深深的思考。他想到前往南洋寻觅垦荒之地，一方面可以远离清朝的腐败统治，另一方面也可以为穷困的同胞开辟一片新生活的热土。1900年4月，经过多番考察，他来到英属马来西亚砂拉越（Sarawak）王国。此地人烟稀少、荒地众多，亟需外来劳力前来拓垦。

经当地华人介绍，黄乃裳以港主身份，与砂拉越王国君主布鲁克二世订立合约，选定位于拉让江（Rajang River，又名鹅江）中游的诗巫（Sibu）作为垦区。并约定："港主有自治之权，将其地改名为'新福州'"。他随即回国，在福州府闽清、古田、闽侯、屏南等县招募移民，分为三批，于1902年6月7日全部抵达诗巫。这些人以农民为主，还有工匠、商人、医生、牧师等，共1118人。在黄乃裳组织安排下，垦民每人得到5英亩土地开荒种植。

万事开头难。这是一片处女地，荆棘丛生，草木横陈，乱石遍布，即便是精壮的汉子，干上一天也要累得精疲力尽。垦农们远在异国他乡，又是初来乍到，住的是临时搭盖的茅草屋，两三家合用一个铁锅，经常受到野兽蛇虫的骚扰。而且，诗巫气候湿热，人们水土不服，极易染上热病，重者可能丧命。一时间，垦场中流行着一句令人心寒的话："今日去埋人，明日给人埋。"其条件之简陋，生活之困苦，为常人所难以想象。

为了垦场发展，黄乃裳与垦农同甘共苦，终日勤于垦务，安排生活，

闽清黄乃裳纪念馆（林振寿　摄）

协调生产，劳心劳力。千余人的垦场，事务繁多，稍有不妥，责难者有之，诟骂者有之。他忍辱负重，任劳任怨，事无巨细，皆以身任之，备尝苦楚，"而不敢稍露于辞色"。

很快，在大家的辛勤努力下，从无到有，从设想变为现实，在远离祖国的诗巫，一个拥有千余名垦农、数千亩土地的垦场被开辟出来。水稻亩产为国内的三四倍，引种橡胶也大获成功，垦区经济大幅发展，道路拓宽了，学校和教堂建起了，孩子们都上了学，还有医生定期巡诊。垦场初创，虽然条件还很简陋，生活还很艰苦，但早已一改往日的荒凉萧索，充满勃勃生机。

黄乃裳建立"新福州"，在华侨史上首开先例，砂拉越国上下也给予极大关注。国王布鲁克二世曾亲临垦场视察，以示关怀与重视。诗巫省长迪巡（H. F. Deshon）赞誉"新福州"的开拓者"具有清醒头脑、勤力、守法、成家立业之精神"。1903年1月，《砂拉越宪报》评论道："在拉让江流域之'新福州'垦场，继续发展之情形甚佳，其田园皆井井有条，一望而知其出自著名于世之中华农人之手也。"

今天的诗巫，已发展成为马来西亚砂拉越州的第三大城市，其华裔居民仍讲福州话。

引种番薯

黄乃裳海外创业，劳绩卓著，是福州籍华侨的杰出代表，同样值得纪念的，还有引进番薯的陈振龙。

陈振龙（1543—1619），福州长乐人，万历秀才，后因乡试不第，弃儒从商，到吕宋（今菲律宾）经商。他见当地到处种有朱薯（红薯），耐旱易活，生熟可食，联想到家乡人多地少，土瘠民贫，若能将红薯引种回乡，必是一件造福万民的大好事。于是，他潜心研究朱薯种植之法，等待时机。

明万历二十一年（1593），陈振龙不顾西班牙殖民当局的禁令，将薯藤绞入缆绳中（另有"编入藤篮""封装于竹筒中"诸说法），藏匿于船中，经七天七夜的航行，终于将薯种带到故乡福州。

第二年，福建大旱，民不聊生，巡抚金学曾忧心如焚，寝食难安。陈振龙让其子陈经纶向金巡抚建议试种朱薯，以解粮荒。金学曾对陈振龙冒险带种回乡的义举大为赞赏，命其觅地试种。很快，试种取得成功。金学曾遂采纳其建议，通令各地如法栽种，大获丰收，闽中饥荒得以缓解。闽人感念金学曾之功，将朱薯改名"金薯"，又因来自番国，俗称"番薯"。福州乌石山建有先薯亭，以纪念引种者陈振龙及推广者金学曾的功德。

番薯，又名红薯、甘薯、地瓜、山芋等，是一种适应性广、繁殖力强、栽培简便、高产稳收、营养丰富的农作物。番薯原产于美洲，后被带到欧洲，此后又被引种到西班牙殖民地菲律宾，再传到亚洲各地。番薯的传入，极大改善了我国的农作物结构和百姓食谱，成为人们度荒疗饥的重要食物之一，为中华民族的生存发展作出巨大贡献。当然，番薯传入中国并非一时一地，但时间大致在明万历年间，地点则在福建、广东沿海一带，其中福州华侨陈振龙引种和传播之功尤不可没。

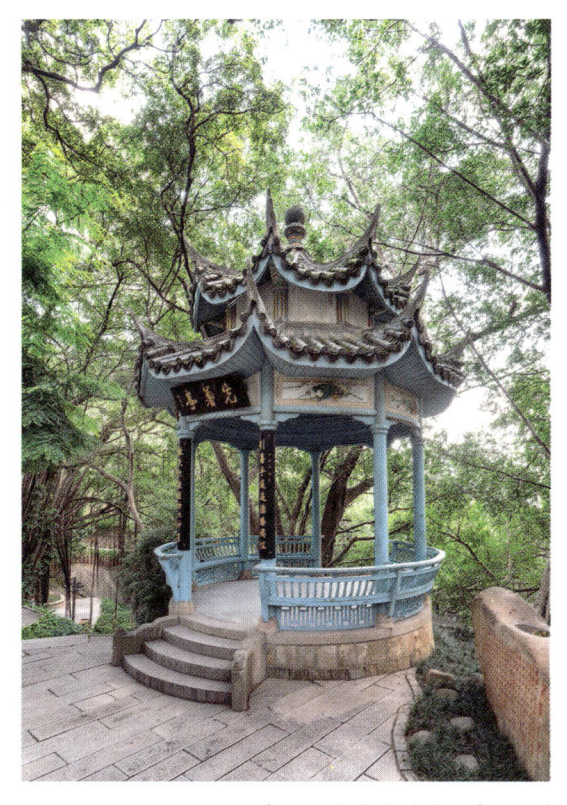

乌石山先薯亭（林振寿 摄）

十邑同乡遍天下

福州位于闽江下游，海上交通便利，是中国著名侨乡之一。早在一千多年前，福州就已有人前往东南亚、日本、朝鲜等地。《后汉书·东夷列传》记载："会稽东冶县人有入海行遭风，流移至澶洲者。"澶洲即今日本，一说为今菲律宾。晚唐五代时，王审知曾派人去三佛齐（今印尼巨港）。

自宋代起，福州人海外经商、移民活动，就有明确见诸文字记载者。北宋天圣四年（1026），福州人周文裔、陈文祐先后往返日本经商。13世纪，福州人陈孟千、陈伯寿、陈孟荣等人，先后东渡日本雕印佛经。甚至还有人在海外当上了国王。南宋周密《齐东野语》云："安南国王陈日煚者，本福州长乐邑人。"陈日煚（1218—1277），原名谢升卿，福州长乐人，被安南丞相招赘为婿，改姓为陈，后来成为越南陈朝的开国皇帝。

明初，有闽人36姓移居琉球国，其中不乏福州人。郑和下西洋，每次都在福州长乐候风放洋，随郑和出使远航的福州人为数不少，有些人留居东南亚各地。明清时期，福州人出国定居者更众，除前往日本外，主要还是东南亚，如暹罗、越南、柬埔寨、菲律宾、新加坡、马来西亚等国。

清末，福州地区有大量华工被诱拐到婆罗洲、马达加斯加、萨摩亚、墨西哥等地。至20世纪20年代末，福州十邑在海外的华侨、华人总数已超过30万人，其中以印尼、马来西亚、新加坡、缅甸、日本等地为多。

20世纪70年代以后，福州人开始了新一阶段的移民潮。移出地主要为闽江口的福州、长乐、福清、连江等市县，目的地主要为美国、日本、英国、加拿大等发达国家。海外福州人社会中，素有"长乐人在美国，福清人在日本"的说法。目前，据初步统计，祖籍福州的海外华侨、华人多达400余万人，分布于100多个国家和地区。

福州籍华侨、华人带着古老的中华文化和勤劳、勇敢、节俭、朴实的优良传统飘洋过海，移居世界各地，为侨居国的经济发展、文化交流和社会进步作出不可磨灭的贡献；同时不忘故土，通过各种方式积极回馈家乡、报效桑梓，关心和支持家乡的经济建设和社会事业发展。

（黄益群　卞筱璇　文）

FUZHOU
THE BIOGRAPHY

福州 传

海滨邹鲁

第三章

那是一座让人追思怀想的城市。人杰地灵，群星闪耀，得风气之先，创辉煌业绩。

——韩昇　复旦大学历史系教授

"龙门一半在闽川"：福州的科举文化

大唐神龙二年（706），又到了放榜的日子。长安贡院东墙边，人头攒动，熙熙攘攘。年轻的士子们正在观榜，焦急地找寻着自己的名字。有的人神采飞扬，有的人垂头丧气，惊呼、叹息之声此起彼伏。

"薛令之……泉州长溪人……长溪在哪里？没怎么听说过呀？"

"长溪在南方海边，距京师数千里，这里还出进士？真是开天辟地头一遭！"

人们议论纷纷、惊讶不已。

"龙门一半在闽川"

这是当年薛令之中进士的场景。薛令之，字君珍，号明月先生。他的故乡在今福安廉村，当时称为长溪，属"泉州"管辖。这时的泉州，辖有闽县、长乐、连江、长溪、南安、莆田、龙溪7县，地方很大，几乎包括今福建整个沿海地区。薛令之中进士的五年后，即景云二年（711），泉州改为闽州，设闽州都督府；开元十三年（725），改闽州都督府为福州都督府，辖闽县、侯官、长乐、连江、长溪、万安6县，福州由此定名，沿用至今。至于"福建"之名，则更往后一些。开元二十一年（733），置福建经略使，领福、泉、建、漳、潮5州，福建之名由此始。

鉴于当时复杂的建置沿革，所以"开闽第一进士"薛令之，也可视为福州历史上的第一位进士。他中进士之所以会引起议论，是因为在当时人们的印象中，福建地区简直就是一个蛮荒之地。时人称"闽中者，左溟海，右百越，岭外峭峻，风俗剽悍"，向来号称"难治"。而且，距都城长安路途遥远，赴考不便，在很长时间内都没有多少人应试，遑论中举。在这样一个偏僻落后的地方，竟然出了一个进士，岂不啧啧怪事。

人才的兴起，与教育密切相关。相对于中原地区而言，福建地区开发较晚，文教事业进步较迟。直至南朝时期，才有关于福州兴学的记载。刘宋元嘉年间，江左人阮弥之任郡守，"兴学校，正风俗"，后人誉之为"七闽人师"，以表彰其对闽地文教的开创之功。此后，又有虞愿"在郡立学堂教授"。但文化发展是一个长期积累的过程，此时福州本土的人才并不知名，在相当长的历史时期内，中原人士仍普遍认为，福建是一个"风俗剽悍"的边裔之地。这种状况要到数百年后的唐代方得以改变。

唐开元十七年（729），管元惠任福州刺史，倡导儒学教化，"诱彼闽越，俗成邹鲁"。这是历史上福建首次出现"邹鲁"之俗。大历年间，唐宗室李椅任福建观察使，大兴学校，福州文化教育的面貌大为改观，史称"家有洙泗，户有邹鲁，儒风济济，被于庶政"。他还积极向朝廷举荐人才，"由是海滨荣之，以不学为耻"。

建中元年（780），前宰相、状元常衮任福建观察使。他兴办学校，亲自指导学生写作文章。贵为状元宰相的他，还礼贤下士，与学子平等

唐代福州官员热衷倡导儒学教育，图为福州文庙内的孔子塑像。（林振寿 摄）

论交，这对闽中士人影响很大。这是因为，唐代士人若想中举，不仅自己要有真才实学，还需获得名臣推荐，故唐代文士往往周旋于贵戚重臣之门，以期得到他们的赏识。由于常衮的揄扬，闽中学子日益受到朝野的重视，林藻、欧阳詹等人相继登第，由此激发了闽人科举仕进的热情。人们渐渐意识到，读书可以出人头地、光宗耀祖，于是纷纷教子读书，"海滨邹鲁"之风逐渐形成。

唐末五代时期，王潮、王审知兄弟主政福州，崇文重教，兴学育才，先后创办"四门义学"，使大量出身贫寒的平民子弟得以免费入学、接受教育。福州教育取得长足进步，一度出现"俊造相望，廉秀特盛"的景象。

教育的发展，促进了科举文化的兴起。自唐初薛令之科举"破天荒"之后，又过了85年，直到贞元年间，才有林藻、欧阳詹等人进士及第。此后，闽人在科举上的表现日益出色。开成三年（838），侯官（今福州）人萧膺等四人同时登第，传为美谈，时人诗云："几人天上争仙桂，一岁江南折四枝。"闽中从此号为"文儒之乡"。当时谚语称"龙门一半在闽川"。据统计，唐代福建进士可考者共77名，在战火纷纭的五代时期仍有10名。从地域分布来看，以福州为最多，这与福州设有州学，文教比较发达有很大关系。福州作为福建首府，其文教发展自然有近水楼台之利。

闽都儒风甲东南

宋代，福州教育事业全面兴起，官学、私学全面发展繁荣，书院林立，学者辈出。前有"海滨四先生"倡道东南，后有大儒朱熹"过化"，闽都儒风大炽，"甲于东南"。时人称福州为"东南全盛之邦"，宋诗称颂福州"路逢十客九青衿""巷南巷北读书声"，朱熹题匾"海滨邹鲁"悬于州城西门楼上，均可证彼时闽都文风之盛。

如果说唐代闽人科举的成就已让时人称羡，那么宋代福建科举更可谓盛极一时。据地方志统计，两宋福建科举及第人数有近万人，包括进士、明经、制科、八行、童子、上舍释褐、医学、荐辟、恩赐、宗子正奏、武举等。据美国学者贾志扬（John W. Chaffee）统计，两宋福建共有进士7144人，约占全国的四分之一，位居全国之首。所以，《宋史》称闽人"登科第者尤多"；时人谈及全国各地"特产"，竟然说"福建出秀才"。

就地域分布而论，两宋福建进士仍以福州最多，据《福州通史简编》统计多达2799人，约占全省的40%。南宋时期尤多，几乎占了全省进士总数的一半。福州不仅登第者人数众多，名列前茅者亦复不少。据卢

长乐首占镇鹏上村黄氏宗祠内的"状元及第"牌匾（林振寿 摄）

美松《福建历代状元》统计，两宋福州共有文状元9人，在全省乃至全国都很突出。不仅如此，还出现"一榜三鼎甲""连科三状元"的罕见之事，传为科举史上的佳话。乾道二年（1166）、五年、八年，永福（今永泰）萧国梁、郑侨、黄定三人连魁三榜，创造了"一县连科三状元"的奇迹。嘉定元年（1208），状元郑性之（侯官人）、榜眼孙德舆（福清人）、探花黄桂（侯官人）全是福州人，创造了"一榜三鼎甲"的神话。

同一家族登榜者也是屡见不鲜。如宝祐四年（1256），长乐杨梦斗兄弟叔侄四人同登进士榜，为一门同榜四进士，时称"闽中四凤"。据统计，两宋时期，福州甚至出现一个家族有23人或28人登科者，族人登科11人以上的计有28个家族。

福州螺江陈氏宗祠门首悬挂的"兄弟父子叔侄同榜进士"牌匾（林振寿 摄）

冠盖簪缨满坊巷

著名的历史文化街区三坊七巷，一些地名也与宋代进士有关。宣和年间，陆蕴、陆藻兄弟才华横溢，名震东南，其居所名为"禄锦坊"，淳熙间进士王益祥居此坊，改名为"衣锦坊"；"文儒坊"旧名山阴巷，以皇祐五年（1054）进士、国子祭酒郑穆居此，改称"文儒坊"；"郎官巷"，因宋进士刘涛居此，子孙数世皆为郎官，故名。

经历元代短暂的低潮之后，明清时期，福州科举再度繁荣兴旺。据统计，有明一代，福州府共有进士650名，为全省之冠。这时，福州还出现许多科第世家。如闽县林氏家族"七科八进士、三世五尚书"，成为显赫一时的科举望族。闽县陈氏"四代九进士"，从明永乐辛丑（1421）至隆庆戊辰（1568）的100多年间，计有陈叔刚等9位进士，号称"九条金带"，其中官居四品以上 8 人，被誉为"四世九登黄甲，一门八授豸官"。该家族还有"世御史""世进士""父子三进士""同宴琼林""兄弟双才子"等美誉。

清代，福州府进士共 730 人，占全省进士总数的 52% 强，在全国也是名列前茅。不少名门望族出现父子叔侄同登科第，兄弟连捷，累世举人、进士、翰林等盛况。比如，家住三坊七巷之黄巷的郭阶三，与家住东街孝义巷的曾晖春，两家都出现"五子登科"；家住文儒坊的陈承裘，六个儿子全部登第，号称"六子科甲"；文儒坊叶观国家族，有"七子科甲"和"五世八翰林"的美名……在三坊七巷这个弹丸之地，竟然朱紫盈门、世代簪缨，真可谓"冠盖满坊巷"。

据统计，历代福州进士共 4100 余人，居全国第一；状元 26 名（其中文状元 19 名），居全国第二，仅次于苏州府；截至 2011 年，福州籍两院院士共有 74 名，居全国第六位。福州，从偏安一隅的"化外之地"，发展为世所共知的"海滨邹鲁""文儒之乡"，再到如今的"院士之乡"，真可谓地灵人杰、英才辈出。

（黄益群　卞筱璇　文）

倡道东南四先生：北宋福州的闽学先驱

儒学是中国两千多年思想文化的主脉，且影响及于东亚和东南亚，成为东方文化的基石。儒学是开放、发展的学术体系，在不同的历史时代，有着不同的学术形态。在宋代，儒学称为理学，因代表人物为程颐、朱熹，又称程朱理学。其中，朱熹是福建人，他所开创的理学学派，世称"闽学"。早在朱熹之前，就有许多福建学者倡道闽中，其中福州有"海滨四先生"，即陈襄、陈烈、郑穆、周希孟四人。他们孜孜讲学，追随者众，成为闽学的先驱，对闽地文风教化产生重要影响。

福州儒学，渊源甚远。中唐时，管元惠、李椅、常衮等倡教闽中，造就了"海滨邹鲁"的声誉。五代时，王审知设"四门"之学，奠定了福州文教发展的基础。宋代，福州教育事业全面繁荣，时人盛称"宋之季，闽之儒风，甲于东南"。然而，士子多偏重诗赋以应举，视"儒学"为迂阔，能言心性道德者寥寥无几。

北宋庆历年间，福州出了四位"特立独行"的人。四人气古行高，胸怀天下之重，坚持"道统"，在福州倡导儒学。他们建有私人性质的学舍、书堂，聚徒讲学，以"经术"授徒，而非教人以文辞应举。四先生

宋代理学家积极倡导书院教育，图为晚清福州南台古榕书院旧影。（柳奕　供图）

讲学之初，许多人嘲笑他们，认为他们"迂阔"。但时间长了，人们非但不笑话他们，反而有更多的人前来学习。四先生门下，弟子多则千余人，少则数百人。闽地文风大开，社会风俗为之一新。

四先生中，以陈襄最为知名。陈襄（1017—1080），字述古，因居侯官古灵，故称"古灵先生"，庆历二年（1042）进士，仁宗、神宗时期名臣，官至枢密院直学士、兼管尚书都省事。居官公正廉明、识人善荐，曾举荐司马光、吕公著、苏颂、范纯仁、苏轼、曾巩、程颢、张载、苏辙、郑侠等三十余人，皆一时之选，后来皆为重臣、名士。陈襄一生笔耕不辍，著有《古灵集》《易义》《中庸义》等行世。

陈襄重视教育，"莅官所至，必务兴学校"。庆历二年（1042），任浦城县主簿，兴建学舍，亲临讲学，求学者多达数百人。熙宁四年（1071），出知陈州（今河南淮阳），修建学舍，与学生讲论《中庸》。

陈襄在家乡侯官城西南的古灵溪之滨（今闽侯县南通镇古城村）建有古灵书院，这是福建第一所由理学家创建的书院。其后才有游酢、杨时等在闽北创建书院，以至南宋朱熹学派兴起，闽中书院如武夷精舍、考亭书院等影响日甚。而且，陈襄在闽讲学，较二程在洛阳讲学为早。他在当时名气很大，学生超过千人，不少人千里负笈以从师。陈襄与同乡陈烈、郑穆、周希孟结为密友，称"海滨四先生"；因倡道闽中，又号"闽中四先生"。

陈烈（1012—1087），字季慈，号季甫，原籍长乐，后迁居福州郎官巷。为人天性介特，笃行孝友，"学行端饬，动遵古礼"；待人以诚，"虽御童仆，如对大宾"。他熟知古代典礼制度，对礼仪细节料想之周至，每为乡人所诚服，故"里有冠昏丧祭"，皆乐于向他请教。庆历初年，以贡士身份赴试京师，应进士不第，后绝意仕途，安贫力学。

庆历中，名臣蔡襄知福州，早闻陈烈义行高迈，于是亲诣其处，礼请为诸生讲明经学，使民众知晓忠信孝悌、礼义廉耻等道理。在其教诲下，乡人多受感化，"父兄训厥子弟者，必举其言行以规之"。陈烈的品行受到人们肯定。皇祐五年（1053），诏授陈烈为将仕郎，试秘书省校书郎、福州州学教授。虽然他极力推辞，但未获批准。

熙宁二年（1069），侍御史陈襄向朝廷推举陈烈，称他"忠孝仁勇根于成，能自任以天下之重"，欲让位于他，但朝廷不准。元祐元年（1086），陈襄任经筵讲官，又上奏陈烈行宜。陈烈认为，"醉我以酒"不如"饱我以德"，不念"朱紫之贵"，婉言谢绝美意。

陈烈一生清廉，任教职时，凡乡里赠送，一律不受。家有余财，则以救济贫者。民间盛传的一则小故事，略可见其风概。元丰年间，福州太守刘瑾为庆贺元宵节，下令每户捐灯七盏。贫民不能承担，怨声载道。陈烈心中愤慨，决心为民请命。于是，他制作大灯丈余，落笔挥

始建于唐代的福州文庙,原为福州府学所在地,"四先生"中的陈烈曾在此任教授。
（林振寿　摄）

毫,题诗其上:"富家一盏灯,太仓一粒粟。贫家一盏灯,父子相对哭。风流太守知不知,犹恨笙歌无妙曲。"后悬灯于鼓楼,太守闻之胆寒,乃令罢灯。

　　陈烈讲究道德修养,亦重视读书静养功夫。朱熹很赞赏他的做法。有一次,朱熹给学生讲学,专门举了陈烈读书的例子:陈烈早年记性不好,有一天读书,读到《孟子》"学问之道无他,求其放心而已",一下子豁然开朗。他想:"我的心都收不回来,怎么记得住书?"于是"闭门静坐百余日,以收放心",然后再去读书,就一览无遗了。

　　周希孟(1013—1054),字公辟,侯官(今福州)人。年幼早慧,下笔立就。十岁便熟读"五经",尤精于《易》。坚持讲学授徒,从学者

157

七百余人。数任州守如蔡襄、刘夔、曹颖叔等都亲自登门求教，询问经义。朝廷诏赐粟帛，命为将仕郎，试国子监四门助教。著有《易义》《诗义》《春秋义》《周四门文集》等。

郑穆（1018—1092），字闳中，侯官（今福州）人，皇祐五年（1054）进士，居馆阁30年，为藩王讲学10年；元祐初，拜国子监祭酒；元祐六年（1091）致仕，太学生数千人请留，而终不愿留。著名的历史文化街区三坊七巷中的文儒坊即与其有关联。据《榕城考古略》记载，此地"初名儒林，以宋祭酒郑穆居此，改今名"。

当是时，四先生"以兴学养士为先务，以明经笃行为首选"，精研五经，明礼重义，后人称之为"古灵四先生学派"，是北宋福建创立时间最早、影响最大的儒家学派，开闽中理学之先河。

"四先生"以后，有游酢、杨时"载道南归"，经罗从彦、李侗传至朱熹，集理学之大成，创立"闽学"，闽地遂为"道南理窟"。福建被誉为"理学之乡"，作为闽学先驱的"海滨四先生"功不可没。

"四先生"的著述多已不存，与他们相关的文物遗迹也仅有零星片楮。南宋景定五年（1264），福州百姓在乌石山上为"海滨四先生"建造专祠，春秋两祭。现如今，祠已不知去向，只有"陈襄庙里奇计破案""陈烈鼓楼题诗""郑穆与文儒坊"等传说故事，依然流传民间。

（陈常飞　文）

闽学渊薮寻旧迹：朱熹与福州

福州是朱子"过化"之地，闽学的重镇。朱熹是南宋杰出的哲学家、思想家、教育家，理学的集大成者，中国文化史上的巨人。他一生与福州有不解之缘，曾到过福州十余次，有时一住就是好几个月。福州各地，至今仍保留有许多朱熹的文化遗迹，流传着他的传说和故事。朱熹为福州培养了众多学生，对闽都文化的发展贡献良多。我们通常称福州为"海滨邹鲁"，据说朱熹曾大笔题写这四个字，悬挂于福州西关谯楼之上。

故人契阔情何厚

朱熹与赵汝愚义兼师友。赵汝愚（1140—1196），字子直，饶州余干（今属江西）人，南宋宗室、名臣，乾道二年（1166）状元及第，官至右丞相。赵汝愚任宰相后，举荐朱熹为皇帝的老师。两人在朝廷上声气相通、精诚合作，在"庆元党禁"中肝胆相照、荣辱与共。

淳熙九年（1182），赵汝愚知福州，造福百姓，备受称颂。他开浚西湖，溉田万余亩，建澄澜阁，修梅堤、柳堤等，品题"西湖八景"，成为福州名胜。次年八月，朱熹应邀来福州，与赵汝愚一起泛舟西湖，见西湖治理成效显著，风景更加秀美，满心欢喜，赋诗云："越王城下水融融，此乐从今与众同。满眼芰荷方永日，转头禾黍便西风。湖光尽处天容阔，潮信来时海气通。酬唱不夸风物好，一心忧国愿年丰。"其中第三联"湖光尽处天容阔，潮信来时海气通"尽显福州山海气势，如今被镌刻于屏山之巅的镇海楼上。他们还同登乌石山，在山崖上留下"赵子直、朱仲晦，淳熙癸卯仲冬丙子同登"十六字题刻。

淳熙十四年（1187），因受谤而隐晦多年的朱熹，辞掉江西提刑的职务，匆匆前往福州拜访赵汝愚。不料，此前一年，赵汝愚即已调任四川。于是，朱熹带着学生王子合、陈肤仲、潘谦之、黄子方等四人登鼓山，拜谒赵汝愚礼请前来主持涌泉寺的元嗣和尚。寺内水云亭墙上有赵汝愚离任前的题刻，朱熹睹物思人，十分感慨，于是留下一方一气呵成、

鼓山喝水岩朱熹"寿"字题刻（林振寿　摄）

潇洒飘逸的行书题刻："淳熙丁未，晦翁来谒鼓山嗣公，游灵原，遂登水云亭，有怀四川子直侍郎。同游者：清漳王子合，郡人陈肤仲、潘谦之、黄子方，僧端友。""晦翁"是朱熹的号，"嗣公"是涌泉寺住持元嗣，"子直侍郎"便是赵汝愚。

三年后，赵汝愚再度入闽任职。次年，他登上鼓山，看到朱熹留下的题刻，极为感动，想起远方的朱熹和业已谢世的元嗣和尚，思绪万千，于是在朱熹题刻之侧留下一首诗："几年奔走厌尘埃，此日登临亦快哉。江月不随流水去，天风直送海涛来。故人契阔情何厚，禅客飘零事已灰。堪叹人生只如此，危栏独倚更徘徊。"抒发了壮志未酬的惆怅心绪和对故友的思念情怀。

后来，朱熹携女婿黄榦再次登临鼓山。看到自己题刻旁边的赵汝愚诗作，心潮如海，就从"江月不随流水去，天风直送海涛来"的诗句中，节选"天风海涛"四字，镌刻于鼓山绝顶峰的山崖上，并特别注明——"晦翁为子直书"。

朱熹和赵汝愚跨越时空的题刻交流，反映出堪比伯牙、子期高山流水的真挚友情，传为古代文坛、书坛上的一段佳话。

"闽学干城"出闽都

朱熹的女婿、学生黄榦是福州人，这使他与福州的关系更深了一层。黄榦（1152—1221），字直卿，号勉斋，原籍长乐，出生于福州东郊浦下村。淳熙二年（1175）冬，黄榦冒着大雪，长途跋涉，来到崇安五夫里拜师。不巧朱熹外出，他一等数月，通宵达旦，读书不止。朱熹十分感动，收为弟子，见他才学出众，甚为期许，后来还把次女许配与他，把著作托付他整理。黄榦终身随侍朱熹，始终不离不弃，"从游最久，于师门最为亲切"，得朱学之真传，也最守师说，世称"朱门颜曾"。

勉斋精舍（林振寿 摄）

    作为朱熹的女婿与学术传人，黄榦为继承和传播朱子学倾注了毕生精力。他出仕后，不论何时何地，始终坚守师道，传扬师说，为确定朱熹的道统地位而不遗余力。嘉定七年（1214），黄榦在汉阳军任上，撰《徽州朱文公祠记》，阐述理学道统。八年，在汉阳凤栖山建立书院，立"五先生祠"，祀周敦颐、程颢、程颐、游酢、朱熹五人。九年，从汉阳归，赴建阳考亭沧洲精舍，讲述朱熹生平与思想。十一年，在建阳考亭聚徒讲学，传授朱子学说。十二年，返回家乡福州讲学授徒，弟子日盛。晚年，撰写《朱子行状》，介绍朱熹坎坷的一生，论述他的学术思想和人品道德，并给予"绍道统，立人极，为万世宗师"的极高评价，将朱熹提到民族文化代表者的高度。在朱熹去世的二十余年里，黄榦作为闽学学派的领袖，为朱子学的传承与发展作出重要贡献。后人在于山北麓建有勉斋精舍，以纪念这位"闽学干城"。

福州民间还有这么一个传说。七月的一天，骄阳似火，暑气逼人。朱熹得闲，来到浦上村女婿家中，适逢黄榦外出。父亲到访，女儿又惊又喜，可是"家贫市远无兼味"，实在端不出什么像样的菜肴，只好勉强地烧了锅麦屑饭，泡了碗葱花汤来招待老父，心里十分过意不去。朱夫子不但没有丝毫责怪的意思，反而写了首诗安慰女儿："葱汤麦饭两相宜，葱补丹田麦疗饥。莫道此中滋味薄，前村还有未炊时。"

黄榦回家后，恭恭敬敬地将岳父的题诗贴在壁间，以为家训，并自题诗曰："愚夫饱欲死，志士常苦饥。但能守箪瓢，何事不可为。"听这故事，读这诗作，我们深深体验到朱熹与黄榦的安贫乐道、清廉自守的境界，感受到他们翁婿二人毕生致力学术、心忧黎民的博大胸怀。

紫阳讲学育新风

宋代盛行讲学之风。朱熹作为远近闻名的大学者，每到一处讲学，都是引起轰动的大事件。当年朱熹到湖南岳麓书院讲学，数百名两湖学子不远千里赶来聆听，以至于把书院里的水都喝光了。朱熹到福州讲学也是如此，十里八乡的学子都来听讲，盛况空前。

走进福州晋安区的紫阳社区，关于朱熹的简介和诗歌随处可见。问及其中缘由，当地人耳熟能详："紫阳这个地名很早就有，是纪念朱熹讲学定下的。'紫阳'是朱熹别号，福州人崇敬朱熹，就把朱夫子讲课的地方命名为'紫阳'。"

紫阳社区至今仍保留着讲堂古建筑，称"讲堂胜境"，就是老福州地名"讲堂前"的由来。紫阳讲堂朱漆黑瓦，形制古朴，一副金字对联

长乐龙峰书院内景（林振寿 摄）

"紫气东来胜境，阳光普照讲堂"悬挂堂前，大堂柱子上也都是称赞朱熹的对联。讲堂负责人老黄介绍说，这里是 2003 年以后新盖的，只有"紫阳胜境"这几个字最为正宗，过去许多名人，比如萨镇冰等，都来此祭拜朱子。如今讲堂的规模仅剩下原来的十分之一，但平时仍经常举办文化讲座等活动。

朱熹来福州开堂讲学，广纳门生，带动了福州书院文化的兴起。据考证，朱子及门人在福州地区开办的书院有：福州紫阳讲堂、竹林书院、贤场书院、高峰书院、濂江书院、龙津书院，闽侯吟翠书院，长乐龙峰书院，罗源文公书院，连江丹阳书院，闽清梅溪书院等。朱熹弟子黄榦也长期在各书院讲学授徒，在福州地区的就有高峰书院、鳌峰书院、乌石山书院、连江贵安书院、长乐竹林精舍、古田蓝田书院等。

竹林书院在今晋安区竹屿村，原称"竹林精舍"，朱熹及弟子黄榦曾讲学于此。高峰书院在今福州北峰岭头石牌村，为黄榦所创办。濂江书院在今仓山林浦村，朱熹在此讲学并题有"文明气象"四字。龙津书院在今马尾亭江长柄村，传朱熹曾到此讲学，现为朱子祠。龙峰书院在今长乐潭头二刘村，朱熹曾在此避难讲学。罗源文公书院在圣水寺，朱熹曾借寺中客堂讲学，后称客堂为"文公书院"，附近有朱熹手书"南石古道"题刻。吟翠书院在闽侯祥谦镇辅翼村，村人黄孔光进士及第，邀朱熹前来讲学。梅溪书院在闽清梅城，传说朱熹曾讲学于此。

书院文化的兴盛，涵养了福州人文质彬彬的灵秀气质。史称福州因讲学读书，"风气进而益上，彬彬郁郁，衣冠文物之选，遂为东南一大都会"，福州人"多向学，喜讲诵，好为文辞，登科第者尤多"。

（马照南　文）

"一生魂梦到三山"：宋代文豪在福州

著名史学家陈寅恪说："华夏民族之文化，历数千载之演进，造极于赵宋之世。"对福建而言，亦是如此。随着中国经济重心的南移，福建人口增长，经济繁荣，教育兴盛，人才辈出，在全国的地位迅速上升。时人云："七闽、二浙及江之西东，冠带诗书，翕然大肆，人才之盛，遂甲于天下。"这一时期，福州发展极为迅速，成为中国"东南一大都会"。许多著名人士曾入闽为官，在福州留下了他们的治绩、诗文和声名，其中包括一些名重一时的大文豪，如北宋有"唐宋八大家"之一的曾巩，南宋有号称"宋诗第一"的陆游、豪放派大词人辛弃疾等。福州的山山水水、一草一木，令他们魂牵梦绕，正如北宋元绛的诗句所说："可惜闽州风物好，一生魂梦到三山。"

曾巩："为郡天涯亦潇洒"

曾巩的生平让人想起苏轼。"问汝平生功业，黄州、惠州、儋州。"这是苏轼的回答。若问曾巩，他依样可答曰"越州、襄州、福州"。从39岁登进士第，次年任太平州司法参军，到64岁病逝，曾巩25年的仕宦生涯，有12年外放，转徙七州，最远是福州。福州对他意味着什么呢？他的内心，始终在豁达与郁闷两种情绪中反复纠结。

曾巩（1019—1083），字子固，江西南丰人。北宋熙宁十年（1077），年近花甲的曾巩，以度支员外郎、直龙图阁的身份，由洪州移知福州，兼福建路兵马钤辖。

赴福州任职，曾巩是极不情愿的。垂暮之年，到偏远之地为官，令他满是焦灼忧愁。他以母亲年老为由坚辞，但未获朝廷批准。

六月，曾巩从南丰启程，八月初九方抵福州，一路拖拖沓沓，早已过了报到的期限。但是，到任以后，他就将种种不快放下，专心执政。不到一年时间，福州大治，呈现"山海清谧，千里晏然，里闾相安，粟米丰羡"的繁荣景象。

治绩盛传京城，让他感到一丝安慰，但更多的还是想到宦游海疆、无法侍奉老母而泛起的苦涩与惆怅。他默坐海边，任凭海风翻卷着他的白发，也翻卷着一幕幕的回忆。他在《亲旧书报京师盛闻治声》诗中表达了这样的心境："自知孤宦无材术，谁道京师有政声。默坐海边何计是，白头亲在凤凰城。"

一年后，元丰元年（1078）九月，曾巩被召回京师任职。他特别高兴，"终日思归今日归，着鞭鞭马尚嫌迟"。但是半路接到朝命改知明州，他的心情再一次跌到谷底。

其实在福州，曾巩这颗心是得到抚慰的。他在这里作诗共42首，与外任各州相比，无疑是创作的高产期。《上元》："自笑低心逐年少，只寻前事捻霜毛。"《凤池寺》："笑语客随朱阁上，醉醒身在白云间。"《游东山示客》："难逢堆案文书少，偶见凭栏笑语间。"《游圣泉》："笑问并儿一举鞭，亦逢佳景暂留连。"面对闽中胜景，他不时涌起平和自适的心境，带着温润的笑容。

乌山道山亭石刻（林振寿　摄）

应该还有喝茶时的笑容，"曾坑贡后春犹早，海上先尝第一杯"。他将新茶寄给母亲，"京师万里争先到，应得慈亲手自开"。应该还有吃荔枝时的笑容，"解笑诗人夸博物，只知红颗味酸甜"。因为他发现这里的荔枝与杜甫、白居易所咏的荔枝不同，不酸，很甜。

福州山多，曾巩"终日行山不出城，城中山势与云平"，一直渴望着"从今步步行平地，出得千山与万山"。但是当他真的要离开福州时，反而生出"缱绻"之情。"为郡天涯亦潇洒，莫嗟流落鬓毛斑。"人在天涯的曾巩，终于懂得了潇洒。

元丰二年（1079），曾巩知明州，收到越州太守程师孟的来信，希望他记一记道山亭。道山亭在福州乌山，程师孟于熙宁元年（1068）知福州，将乌山改名为道山，并建造道山亭。这真是出人意表的请求。因为，此时两位太守都已去职，道山亭不过是一座与他们"无关"的亭子。但是曾巩还是接受了，大笔一挥，写下了著名的《道山亭记》。

文章描写闽地山水之奇险，闽道之难行，以及乌山风景和福州风土民俗，文辞华美，读之如身历其境，清代文学评论家沈德潜赞其"何减韩、柳"。此文一出，传诵甚广，道山亭亦因之闻名。真可谓文增亭丽，亭以文传。

陆游："醉吹横笛坐榕阴"

古人宦游常有"不系之舟"之感，不知下一站会被派往何地。陆游也常生此叹，但是宦游福州，带给他的是"放舟"之感，因为初涉仕途，一切都要从这里出发。

陆游（1125—1210），字务观，号放翁，越州山阴（今浙江绍兴）人。南宋绍兴二十八年（1158），年已34岁的陆游初入仕途，担任宁德县（当时属福州管辖）主簿。

那时的陆游，经历了三次科考失败，经历了父亲去世，经历了结婚、离婚、再婚、生子，经历了"错错错"的沈园"钗头凤"风波；能来到福州，还是由于父辈之功，才被"恩荫"出缺的……他的内心可谓斑斑伤痕，欲说还休。此时此刻，闽海之地给予他的宁静与悸动，显得那么弥足珍贵。

陆游一生写过上万首诗，其中首次写到大海，就是在福州。绍兴二十九年（1159）秋，陆游乘舟到闽江口琅岐岛。他眼见大海的雄阔气象，胸中豪气顿生，当场写下《航海》诗云："流落何足道，豪气荡肺胸。歌罢海动色，诗成天改容。"诗写完后，天色变了，这是当时的景象,还是诗人内心希望"改天换地",为收复国土而有所作为呢?

另一首《海中醉题时雷雨初霁天水相接也》云:"醉后吹横笛,鱼龙亦出听。"海、酒、歌、笛、诗……交织在一起,呈现出一种旷达豪迈的意境。

这种心境,在他登临南台岛时也出现过。也是在这一年,陆游调任福州决曹,虽客中多病,却踌躇满志。他缓步前行,临江眺望。波涛汹涌的闽江、壮观伟丽的浮桥,唤醒了他胸中的万丈豪情。《度浮桥至南台》云:

"客中多病废登临,闻说南台试一寻。九轨徐行怒涛上,千艘横系大江心。寺楼钟鼓催昏晓,墟落云烟自古今。白发未除豪气在,醉吹横笛坐榕阴。"

诗人此时不过30多岁,正当盛年,却已早生华发,坐在榕荫醉吹横笛,那份闲适与宁静,果真能掩盖内心奔涌的澎湃思绪?

数十年后,陆游回忆往昔,仍时常提及大海。如《感昔》云:"行年三十忆南游,稳驾沧溟万斛舟。尝记早秋雷雨后,舵师指点说琉求。"《步出万里桥门至江上》亦云:"常忆航巨海,银山卷涛头。一日新雨霁,微茫见琉求。"

两次都提到的"琉求",也就是现在的台湾岛,当时划归福建泉州府晋江县治下。那时,若天气晴好,在闽江口似乎可以望见。垂暮之年的陆游,仍对大海难以忘怀。

辛弃疾:"自是三山颜色好"

辛弃疾来到福州时,已经53岁。从21岁在金国参加义军,亲率50骑士直闯5万人金营,活捉叛徒,投奔大宋起,倏然已过去30余年。他一直有北伐收复山河的英雄梦,但并不受朝廷重用,大部分时间都在地

福州西湖小景（林振寿　摄）

方上辗转腾挪，空耗心力。他一生调任近40次，每一任官职短则数月，最长不过两年。

辛弃疾（1140—1207），字幼安，号稼轩，山东历城（今济南）人。到闽地之前，被贬罢官，隐居上饶带湖11年。绍熙三年（1192）春，起用为提点福建路刑狱公事，兼代福建安抚使。冬，被召回临安，受命为"太府卿"，没有实权。半年后，二度来到福州，以朝散大夫加集英殿修撰的身份知福州，兼福建安抚使。1194年秋，罢闽帅，在闽不足三年。

辛弃疾在福州任上，大力整顿吏治，缉捕盗贼，增强军备，政绩显著。但他推行的新政，如"经界""盐钞"诸法，因触犯豪强权贵的利益，不仅未受升赏，反而引来朝中官员的攻讦。没有辜负他的，大抵少不了福州的美景，因为这里有西湖、有梅花，有朋友的深情……

辛弃疾十分喜欢福州西湖，高兴地称之为"小西湖"。有一段时间，他每天都会经过西湖，甚至晚上。他看着莲花一朵朵盛开，兰舟在湖中飞逐。

西湖的春天是这样美好。他的《好事近》词曰："春意满西湖，湖上柳黄时节。濒水雾窗云户，贮楚宫人物。一年管领好花枝，东风共披拂。已约醉骑双凤，玩三山风月。"西湖垂柳已经嫩黄，正是呼朋唤友、游玩三山的大好时候。

春天，他也会窗前听雨，不过，"天心肯后，费甚心情。放霎时阴，霎时雨，霎时晴"。这首《行香子》词作于1194年，辛弃疾施政不顺，情绪烦闷，屡次上书求归，但是皇帝的心情总是如清明的天气一样阴晴难测，不免令他产生些许牢骚。

西湖的夏天呢？绍熙三年（1192）夏，有客来访。辛弃疾与之同游西湖，一连写下三首《贺新郎》词。他笔下西湖的夏天是这样的——"自是三山颜色好，更著雨婚烟嫁。料未必、龙眠能画。""烟雨偏宜晴更好，约略西施未嫁。待细把、江山图画。"秀美如画的西湖山水，让他感到轻松愉快。他与友人泛舟湖上，在《小重山》词中描绘那份快乐："殷勤却谢打头风。船儿住，且醉浪花中。"

秋天，重阳日，他登上九仙山，细雨斜风，菊花正开，"城鸦唤我醉归休"。他到过怀隐庵，空山禅寺，西风鸦鸣，"秋色无多谁占断，长廊西畔佛桑花"。在字面下交织着无限的失意之情，反映了他在福州惆怅的心路历程。本年七月，他被劾免官，仍逗留三山，登山访寺，借酒消愁，心情一定是压抑沉重的。秋天的确是一个悲伤的季节，是时候该离开了。

梅花，被中国文人视为高洁孤傲的精神象征，辛弃疾尤爱之。福州的梅花可以作证，正可谓"诗句到梅花，春风十万家"。

送别朋友，梅总是到场。他送别卢提刑说"梅花也解寄相思"，约上元重来,"后会丁宁何日是？须记,春风十日放灯时"。人未登程,梅先相思,再约后会,情切意浓。与另一位朋友告别,"纸帐梅花归梦觉",又说"这情怀只是,中年如此"。中年人的友情像梅,孤寂而隽永。

生病的时候,也要看梅。《鹧鸪天》词云:"病绕梅花酒不空。齿牙牢在莫欺翁。恨无飞雪青松畔,却放疏花翠叶中。"他其实是牙痛,还要说不怕梅子酸,他好着呢。饶是这般,他还有了新发现,福州之梅与别处不同,梅开时,犹有青叶甚盛。

看到桃李,也要想到梅。《鹧鸪天·桃李漫山过眼空》词里的"寻驿使,寄芳容",讲的就是梅花,源自陆凯、林逋诗事。大概是说,桃花、李花虽然漫山遍野开得热闹,哪里比得上幽独的梅花有高士之风呢。

甚至,辛弃疾的时间也是以梅来计算的。在福州禅寺清凉境的墙壁上,他题道:"从今数到七十岁,一十四度见梅花。何况人生七十少,云胡不归留此耶。"意思是说,从现在开始数到 70 岁,他看见梅开只有 14 次,还不知道能不能活到 70 岁呢。令人感伤的是,辛弃疾确实没有活到,在 68 岁时便遗憾离世。

绍熙五年(1194)秋,辛弃疾离闽,多年的宦海沉浮早已令他心灰意冷。归途中,他见到白鸥,忍不住自嘲起来:"白鸟相迎,相怜相笑,满面尘埃。"曾经炽烈万分的心境老去了,离开福州的辛弃疾,终于感到释然。

(万小英 文)

楮墨书香满榕城：福州的雕版印刷

北宋政和三年（1113），春末夏初的和风缓缓吹过，带来丝丝暖意，福州于山上繁花似锦，绿意葱茏。天宁万寿观层台耸峙，仙阁凌云，香火缭绕，似梦如幻。观内，刻工们正在埋首劳作，刀刻斧凿之声此起彼伏。一位须发皓白、神色俊朗的官员来回逡巡，不时俯身与刻工商榷、纠错，不时颔首微笑，表示赞许。他便是福州知州黄裳，年已七十岁，正受徽宗皇帝指派，在万寿观监雕《道藏》。

不多时，黄裳步入库房，一排排色泽古朴的书架上，层层叠叠地码放着雕好的刻版，书架边的封条上，印着"万寿藏版"四个大字，显得格外醒目。

黄裳（1044—1130），字冕仲，南剑州剑浦（今福建南平）人。宋元丰五年（1082）状元及第，累官端明殿学士、礼部尚书。北宋末年，徽宗皇帝痴迷道教，多次下诏访求天下道教遗书，穷尽搜罗，共得道书五千余卷。他准备雕造一部让后人无法超越的《道藏》。黄裳与道家的渊源很深，对道教事业尽心竭力，正是他眼中最适合监雕《道藏》的人选。

政和三年（1113），黄裳知福州。上任伊始，他就"奏请建飞天法

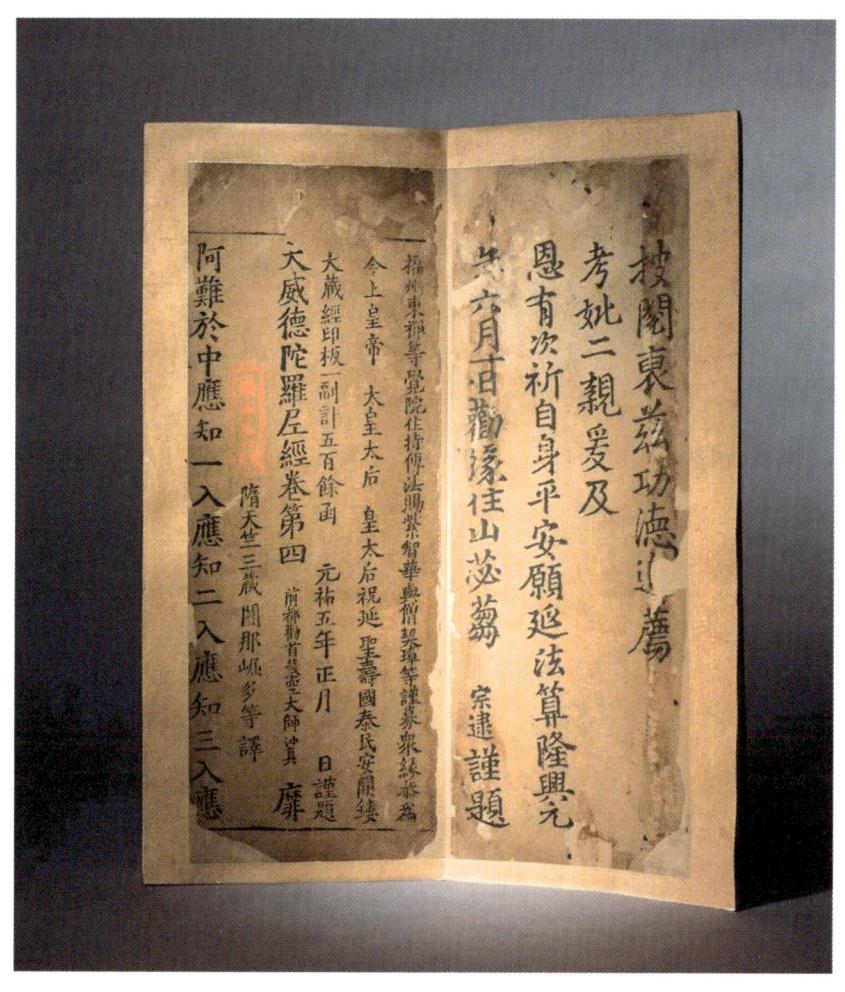

北宋福州东禅寺刻《崇宁万寿大藏》残叶（麦小荷　供图）

藏，藏天下道书"。随后，扩建福州于山万寿观，增建喜雨楼、玉皇阁，殿宇相望，越发宏伟。

政和四年（1114），全藏已经校勘完毕，书稿被送至福州，藏于黄裳主持建造的"飞天法藏"内。随后，黄裳亲自主持开雕，历时五六年，终于完成这个卷帙浩繁的文化工程。这是中国历史上第一部完全雕版的《道藏》，也是我国最早官版刻印的道教总集，共540函、5481卷。因雕印于政和年间，故称《政和万寿道藏》。其规模巨大、雕印精湛、楮墨精雅、校勘精良，被誉为"宋刻本的标准本"，向为收藏研究者所推崇。

除了举世闻名的《政和万寿道藏》外，北宋福州还另刻有2部佛藏，谓为国宝。元丰三年（1080），福州东禅寺开雕《崇宁万寿大藏》，至崇宁二年（1103）完工，共雕佛经580函、6434卷。此后又经多次增刻补刻，至淳熙三年（1176）全部完成，前后历时近百年，总卷数达6870卷。政和二年（1112），福州开元寺开雕《毗卢大藏》佛经，至绍兴二十一年（1151）竣工，共计567函、6117卷。因刻于福州开元寺，亦称《福州开元寺大藏经》。这两部佛藏均在官府支持下，由僧人募集民间资金刻成；因刻于福州，又被合称为"福州藏"。

两宋时期，全国共刊刻大型宗教典籍7部，其中3部刊于福州。福州所刻释道三藏，工程浩大，总卷数近2万卷，雕版超过40万块，镌字达3亿字以上，这在中国雕版印刷史上是绝无仅有的，足见当时福州刻书的雄厚实力。

历史上，福建素以刻书业闻名于世，特别是闽北建阳麻沙、崇化一带书坊林立，号为"图书之府"，所刻之书，世称"建本"。其实，福州刻书也不逊色，以其规模大、品种多、雕印精，备受世人青睐。建阳以坊刻为主，福州官刻、私刻、坊刻都很盛行，而以官刻最为著名。福州雕版的图书除了前面说的三藏之外，还涵括经、史、子、集四部，涉及诸多文化领域，如唐宋诗文、科考用书、医农历书等，也有《三字经》《千家诗》之类启蒙读物。同时还出版乡贤名士的个人著述，如朱熹《朱子语录》、真德秀《西山先生真文忠公读书记》等。

两宋之交，福州官版《汉书注》100卷开雕。南宋绍兴十七年

(1147),《太平圣惠方》100卷在福州开版印刷。淳熙九年（1182），郡守梁克家在福州刻印《三山志》42卷，是福建现存最早的方志。庆元初，知州詹体仁重刻朱熹刊定的四经，即《易经》《书经》《诗经》和《春秋》。嘉定元年（1208），状元郑性之刻印朱熹《韩文考异》10卷。

元代，福州官刻本有《资治通鉴》《通志》《礼书》《乐书》等，均为上百卷的经史大部头。元末明初，一些福州刻工赴日本刊刻书籍，传播中国雕版印刷技术。如福州南台人陈孟千、陈伯寿、陈孟荣等东渡扶桑，留居日本20余年，参与刊刻《集千家注分类杜工部诗》《百家分类东坡先生集》《宗镜集》《镡津文集》等文学、佛教经典数十部，字体清秀，版面精洁，备受日本学者赞誉，号称"博多版"。

明代，福州官府刻书之风颇为盛行。据嘉靖年间周弘祖《古今书刻》统计，福州府刻书16种，福州府学刻书14种。嘉靖初年，汪文盛出知福州，刻印郑善夫《郑文》15卷。嘉靖二十九年（1550），福州府刻张洞玄《玉髓真经》30卷、韩邦奇《易占经纬》4卷。万历十六年（1588），福州知府胡有恒刻李元阳《史记题评》130卷。万历四十一年（1613），福州知府喻政刻屠本畯《茗笈》2卷。

明末，来自各国的传教士在福州也出版了不少图书。意大利传教士艾儒略（Giulio Aleni）在福州先后出版《三山论学纪》《万物真原》《几何要法》《西方答问》《利西泰先生行迹》等汉文著作15种，内容涉及神学、哲学、数学、医学、地理诸方面。

入清以后，福州书院刻书非常繁荣。康熙四十六年（1707），理学家、福建巡抚张伯行在福州创办鳌峰书院，颜其堂曰"正谊"，搜访先儒遗著，精心校刻，得书55种，列为437卷，号《正谊堂全书》。同治五年（1866），闽浙总督左宗棠鉴于此书原本已甚为罕见，乃设正谊书局，校勘增补，重新印行，得书68种，凡525卷。朱熹、杨时、李侗、真德

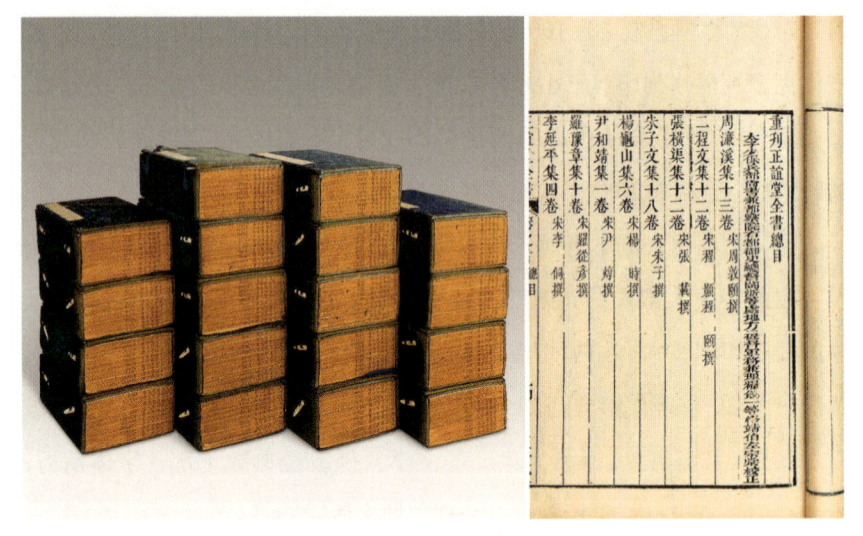

清同治五年（1866）闽浙总督左宗棠校刻的《正谊堂全书》

秀等闽学先贤著作莫不收入其中，亦囊括清代理学家陆陇其、李光地及张伯行等人著作。《正谊堂全书》总括宋明理学尤其是程朱一脉数百年的发展历史，是名副其实的"理学文库"。这个时期重要的官刻本还有，乾隆四十二年（1777），福建布政司翻刻"武英殿聚珍版书"123种，后经修版和改刊，至光绪二十一年（1895）最后成书，共计148种。

清代，福州私家刻书颇为盛行，刻书家多为当地名流。如闽县叶矫然，康熙间自刻所著《龙性堂诗集》；林云铭，康熙间自刻所著《损斋焚余》；陈寿祺，道光间集资刊行黄道周遗著《忠端全书》；林春溥，嘉庆、咸丰年间刊印自著《竹柏山房家刻十五种》。此外，闽县叶申芗、何则贤、龚易图、刘存仁、陈宝璐、叶大庄，侯官曹岱华、郑际唐、郑杰、冯缙、郭柏苍，长乐梁章钜，福清魏宪等人，均为当时著名的刻书家。

清代，福州各大寺院多有刻书，其中以鼓山涌泉寺刻经最为知名，

清同治七年（1868）福州正谊书院刊刻的《福建通志》

其影响远及日本。弘一法师曾说："昔年余游鼓山，鉴彼所雕《法华》《楞严》《永嘉集》等，楷字方册，精妙绝伦。以书法言，亦是媲美唐宋，而雕工之巧，可称神技。"

晚清，福州南后街刻书兴盛一时，缔造了福建刻书业的最后辉煌。南后街地处三坊七巷中心，人文荟萃，商业繁华。时人有诗云："正阳门外琉璃厂，衣锦坊前南后街。客里偷闲书市去，见多未见足开怀。"形容这里从事古旧图书、字画销售的书肆众多。一些书肆则兼营刻书，刻坊主人大多为雕版能手，其中尤以吴玉田最为知名。吴玉田，侯官（今福州）人，清末承祖业，设刻坊于南后街宫巷，生平所刻书籍以千百卷计。他自幼研习刻书，技艺超群，所刻之书字体娟秀、刻工精良，全城罕有出其右者，上至达官显宦，下至市井细民，都乐于委其刻版。他曾参与刊刻《重纂福建通志》《正谊堂全书》等大型丛书，也刻有谭献《复堂集》、江湜《伏敔堂集》等诗文集。光绪二十五年（1899），林纾翻译的《巴黎茶花女遗事》便由吴玉田刻坊刊行，风靡一时。

书肆林立的南后街，是爱书人的天堂。家住南后街宫巷的沈祖牟，是名臣沈葆桢的五世孙，嗜书如命，热心收藏。每到发薪水的日子，他总要到家附近的旧书店、旧书摊细心搜寻，遇有好书，便毫不犹豫地买下。有时囊中羞涩，他就把心爱的怀表抵押了。大文豪郁达夫在福州时，也曾寓居光禄坊。旧书摊的书香，令他流连忘返。沈祖牟和郁达夫经常不期而遇，相视而笑，互嘲"一对嗜书虫"。

古老而又魅力非凡的福州，她的美还在于浓郁的书香，在于深邃的文化内涵。正是这生生不息的书香传承，赋予城市思想和温度，点亮了历史的灯盏，温暖着代代学子的心田。

（黄益群　卞筱璇　文）

香草犹留名士韵:"十砚老人"的故事

福州三坊七巷光禄坊北面有一条早题巷,深僻清幽。清代,巷内筑有"香草斋",庭前环植兰蕙,花竹秀野,屋内图书纵横。故居主人黄任,珍藏古砚十方于斋中,遂题名为"十砚斋"。"十砚老人"平日坐卧斋间,吟诗作书,为藏砚制款裁铭,正可谓:"一间老屋大如斗,老夫半间花半间。重檐落日雀声晚,人与黄花相对闲。"

太史后裔苦读书

黄任,字于莘,号莘田,福州永福白云乡(今属永泰县)人,诗人,藏砚家。生于清康熙二十二年(1683),卒于乾隆三十三年(1768)。在清代能活到八十岁者可谓高寿,但在黄任的老家永泰,记载过活了四百多岁的"菜篮公"。黄家还有一个"太史公",就是编纂过史书的明朝天启年间进士、翰林院编修黄文焕。

黄任出生书香世家,从小聪颖好学,十二岁随外祖父、诗人许友学诗,又拜擅长楷书的林佶进士学书法,精通诗、书、画,二十岁举于乡,但此后七次进京赶考都名落孙山,连新婚妻子庄氏都寄诗埋怨:"万里寒更三逐客，七年除夕五离家。"

青年时期的黄任披星戴月，跋涉千里，往返京闽，流寓吴越，不胜凄惶，但也因此饱览祖国大好河山，结交众多知心好友。这期间，他曾向著名诗人王士禛求学，与顾侠君、姜西溟、汤西涯等名士酬和应答，诗名益盛。

雍正元年（1723），在吏部候选的黄任出任广东四会知县，次年兼署高要县事。他喜出望外，急忙前去赴任。因为高要县即古端州地（今肇庆市高要区），以产砚石闻名。

黄任像，（清）叶衍兰 绘。

这简直是天意啊！砚台作为"文房四宝"之一，是擅长书法的黄任从小到大，日夜不离手的，如今近水楼台先得月，岂不是美差一桩！

任内，黄任清廉为政，官声颇佳。他节衣缩食，用大半俸禄买了砚石，喜悦之余，忍不住为庄氏赋诗一首："有时歌咏到宵深，君起持壶我浅斟。"

一船石头当作宝

黄任丰髯秀目、温文儒雅,一看就是个热爱生活、诙谐可爱的性情中人,经常大宴文人墨客,邀月饮酒,以诗会友,谈笑风生。奈何好景不长,诗人才情旷达,不免为小人所嫉。雍正五年(1727),黄任被人以"纵情诗酒不治事"参了一本,丢了官职。

(清)黄任藏古式澄泥砚(麦小荷 供图)

黄大诗人行舟归家时，可没有十万雪花银。他行囊空空，只有上百块浑不溜秋的砚石压在船底，还多了一位红袖添香、不离不弃的侍女金樱。他自嘲地在船头挂了一面旗子，上书："饮酒赋诗，不理民事，奉旨还乡。"离任当日，当地有上千人为他送行。后世所修《肇庆府志》《四会县志》，均将黄任列为"名宦"。可见其为官政声，公道自在人心。

黄任回乡后，在福州南后街光禄坊早题巷的祖宅筑了三楹陋室，庭前环种兰草佳蕙，美其名曰"香草斋"。这香草斋中堆满了砚石，他每日把玩不辍，甚至让侍女金樱晚上也抱着砚石睡觉，以求"养砚"。

清袁枚《随园诗话》记载，金樱明艳能诗。后来谢枚如《稗贩杂录》更是夸大其词，说黄大诗人养了十个年轻尼姑，每人怀中抱着一个石头睡觉。卸任后的黄任生活清贫，估计平时只能卖点书法，连一家人糊口都难。这显然是谣传，但是也从侧面印证了黄任桀骜不羁的潇洒性格。

庄氏是才女，工诗，也好砚，跟黄任正好一对。丢官后，黄诗人谋生乏术，全赖妻子精打细算，每日亲自记账。"黾勉可怜登记在，去时遗墨满窗间"，面对日常繁琐的柴米油盐账单，黄任对妻子不免生出伤感的歉意，只好怪自己没本事："错嫁文人更谁怨，诗书贻累到裙钗。"妻子去世后，黄任写有《悼亡》二十八首，情真意切，凄婉动人。

知音唯有顾二娘

"砚癖不顾千金酬，诗成自谓万事足。"诗与砚台，是黄任的一生挚爱。如果还有，恐怕就是顾二娘这样的知己朋友了。

顾二娘是苏州制砚名家，技艺高超，名动京城。倾其数十年雕砚生涯，所传作品也不过百。笔者有幸见过顾二娘流传下来的簸箩砚，色如墨紫，看起来就像用竹编的簸箩一样，真是巧夺天工。

囊中羞涩的黄任带着砚石，千里迢迢到苏州求顾二娘制砚。苏州是黄任的伤心之地，当年他屡考不中，曾浪迹苏州，还在沧浪亭的墙壁上张狂地贴了《西湖杂诗十四首》，让一众江浙名士直称"俊诗"。不知当年推杯换盏的诗友，与他相逢，是否两行泪成诗？

得知黄大才子的来意，又是喜砚雅士，顾二娘慨然动刀。黄任大喜，作诗庆祝："一寸干将切紫泥，专诸门巷日初西。如何轧轧鸣机手，割遍

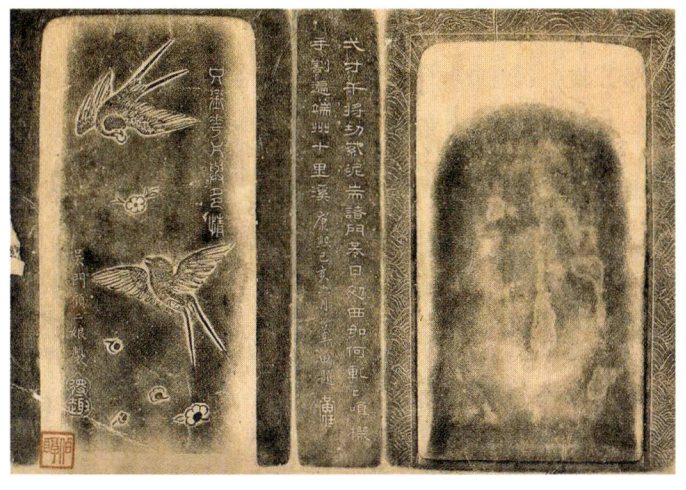

（明）顾二娘制"十砚翁"青花砚拓片（麦小荷　供图）

端州十里溪。"

倾其一生，黄任都在写诗，玩砚。他也精于篆刻，常常铭诗于砚背以自勉。在顾二娘的帮助下，黄任终于拥有了十个最得意的砚台至宝，名曰：美无度、生春红、古砚轩、十二星、天然、著述、风月、写裙、青花、蕉石，其中多镌"吴门顾二娘制"。

这十个砚台，仿佛十个绝代美女，都名出经典。如生春红，原为庄氏所用，典出苏东坡诗句"小窗书幌相妩媚，令君晓梦生春红"。庄氏逝后，黄任睹物伤情，不禁慨叹："昨开砚，墨光尚滴也，痛何可言。"

这一生，为砚痴迷，为诗成魔。黄任也老了，在香草斋的十砚轩里，收到了顾二娘去世的消息，顿时潸然泪下。"古款微凹积墨香，纤纤女手切干将。谁倾几滴梨花雨，一洒泉台顾二娘。"这是一段流芳百世的砚史佳话，足可以编成一出感人肺腑的闽剧或苏州评弹。

七言绝句执牛耳

诗必穷而后工。黄任闻见博洽，采择唐宋明清众家之长，自成一派，尤以七绝最为出彩，清丽动人。十砚老人一生写了数千首诗，单单流传下来的《秋江集》六卷就收录九百余首，其中有六百余首是七言绝句。

黄任早年有一首脍炙人口的出道作品《杨花诗》："行人莫折柳青青，看取杨花可暂停。到底不知离别苦，后身还去作浮萍。"此诗平白简洁，朗朗上口，以物抒情，蕴意丰赡，是离别诗，是情感诗，是人生诗。黄任因此得了"黄杨花"的美名，甚至还换过回家的路费。他自己也得意地在《答高姜田太守诗》中炫耀："升堂相见无余语，诵我杨花七字诗。"

《秋江集》中的两百首精品，编成一本《香草笺》，广为流传，甚至风靡台湾，乃至成为当时书院、私塾讲授诗学的范本，以及灯会"射虎"的必备书目。

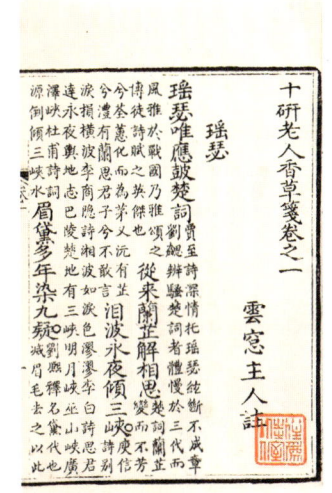

《十砚老人香草笺诗注》,清嘉庆刻本。

著名诗人袁枚《随园诗话》评价道:"诗有音节,清脆如雪竹、冰丝,非人间凡响,皆有天性使然,非关学问。在唐则青莲一人,而温飞卿继之,宋有杨诚斋,元有萨天锡,明有高青邱,本朝继之者,其惟黄莘田乎!"徐柞永《闽游诗话》云:"闽中近时诗,当以莘田先生为冠。先生诗各体俱工,而七言绝句尤为擅长,清丽芊绵,直入中唐之室。"后有建瓯郑方坤、长乐王元麟、永泰陈应魁陆续为黄任的诗集作注。简单说,在清代福建诗坛,黄任堪称盟主。

虽然生活清苦,但黄任在精神上是逍遥快活的,正是"绿衣捧砚催题卷,红袖添香伴读书"。黄任和庄氏作诗唱和,金樱为他们磨砚洗墨,长女淑窕、次女淑畹和两个外孙女也都会作诗,别人家晚上打牌搓麻将,他们家就次韵联诗词。

从黄任和友人的记述中,我们可以感受到几百年前三坊七巷中文人墨客的雅致生活。前人种香草，后人闻芳菲。这满门荟萃的诗情才学，都是黄任留给榕城，留给后人的遗泽。

修史编志利桑梓

除此之外，黄任也继承了祖上太史公的衣钵，在方志编纂上颇有建树。乾隆二十二年（1757），十砚老人受聘编纂《永春州志》。75岁高龄那年，他纂修《福州府志》，还受鼓山涌泉寺僧人延请，主笔《鼓山志》。乾隆二十六年（1761），79岁的任公还应邀纂修《泉州府志》。

晚年的十砚老人生活清苦，却舍不得卖掉价值千金的砚台，甚至最后将香草斋也卖了。黄任既殁，砚旋散失。据说十个砚台之中，风月、写裙二砚为黄任后人寻到；生春红后为闽侯报人林白水所得，其被害后归李律阁；郭沫若存其一，白云山家存其一，郑庭椿教授存其一，霞浦彭氏存其一，闽清宏琳厝黄氏宗亲存其一，福州剪纸艺术研究会会长吴文娟存其一，唯任公生前赠好友李霖村一砚，至今下落不明。

黄任一生虽然清贫，但是他的美德和文风却影响了桑梓文坛，留名青史。值得一提的是，催人泪下的林觉民《与妻书》就是在黄任故居的西院门缝里发现的。1911年，林觉民之妻陈意映曾在此避难。1936年前后，著名作家郁达夫曾在黄任故居短暂住过，他应该梦过与黄公吟诗作唱。

清乾隆三十三年（1768），86岁的一代大诗人魂归青天。我想那一天，福州的天空一定到处飘着杨花，至今还一朵两朵地落在三坊七巷的某个角落。

（莫争 文）

东南"文薮"数鳌峰：清代福州"四大书院"与学风转变

书院是中国独有的文化教育机构，从中唐至晚清，延续千年之久。书院培养高级的文化人才，研究高深的学问，追求纯粹的学术精神，守护民族文化的命脉，对中华文明的传承、发展贡献极大。对地方文化而言，书院也是一个标志性的存在。福州向称"海滨邹鲁""文儒之乡"，书院文化历来发达。著名的书院，宋有古灵书院、拙斋书院，元有勉斋书院，明有登云书院、共学书院，清有鳌峰、凤池、正谊、致用"四大书院"，皆名擅一时，特别是鳌峰书院，为清代全省最高学府，在闽台教育史、文化史上产生重要影响。

四大书院

清廷为巩固政权，大力崇尚儒学，推广儒家文化。特别是康熙皇帝，积极倡导程朱理学，极大推动了书院文化的兴起。

清初，受科举应试之风影响，许多书院逐渐沦为科举考试的训练场。比如，福州著名的共学书院，平时讲授的不过是八股文而已。书院自由讲

新修的鳌峰书院大门（林振寿　摄）

学之风不复存在，其传统的教育职能不断萎缩，令有识之士深感忧虑。康熙四十六年（1707），福建巡抚、理学名臣张伯行在福州创办鳌峰书院，目的就是选拔全省笃志好学、材良行修的士子，教以明体达用的学问，为国储才。

鳌峰书院位于福州于山北麓鳌峰坊内，范围阔大，环境清幽。书院大门悬康熙御书"三山养秀"匾额，院内有崇正讲堂、正谊堂、敦复斋、笃行斋、二十三子祠、五子祠、张公祠等各式建筑125间，书舍140间，另建有藏书楼1座，藏有御赐各种法帖及数量可观的典籍。书院招收全省九府（含台湾府）一州品学兼优的生员（秀才）、监生和童生入学，每年报考生徒多达五六千人，而录取者不过二三百人。

鳌峰书院以弘扬程朱理学为宗旨，定期延聘各方硕儒名士前来讲

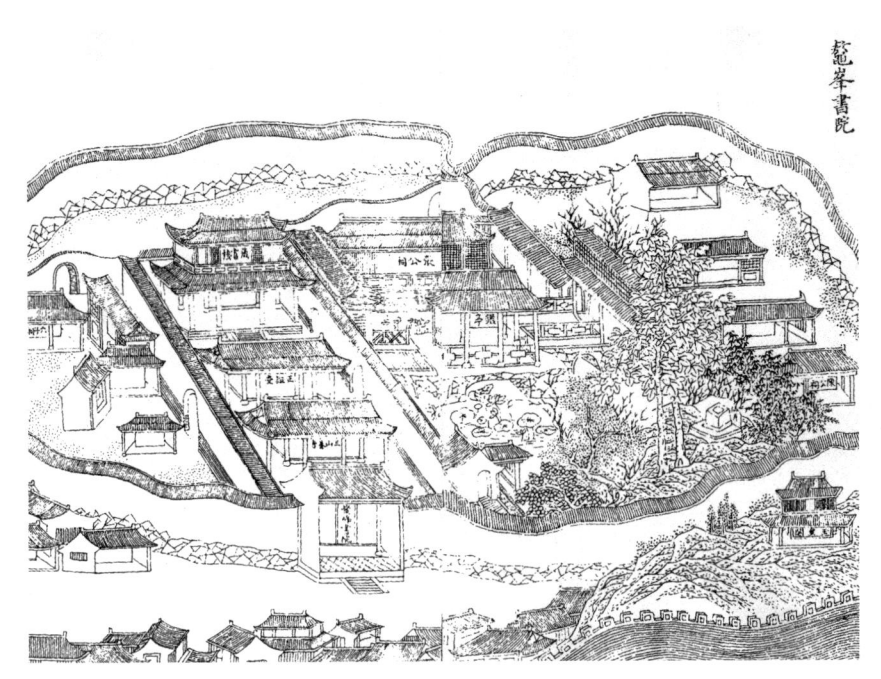

清嘉庆《鳌峰书院志》中的"鳌峰书院图",可见当时其规模之宏大。(连天雄　供图)

学,在当时颇负盛名。历任山长如蔡璧、蔡世远、林枝春、朱仕琇、孟超然、郑光策、陈寿祺、林春溥、郭柏荫、梁鸣谦、陈宝琛等,皆学富五车,声著闽峤。著名学生如雷鋐、蔡新、林则徐、梁章钜、张际亮、林昌彝、蓝鼎元、余潜士等,皆学行出众,为一时之选。书院遂声誉日隆,被称为"全国育才之奥区"、闽省文教中心,号称东南"文薮"。

光绪三十一年(1905)废科举,鳌峰书院改为校士馆,后又改为福建法政学堂。1911年毁于火,仅假山一座尚存。鳌峰书院之外,福州还有凤池书院、正谊书院、致用书院,均为全省性的大书院。

凤池书院,位于凤池里三牧坊,嘉庆二十二年(1817)由闽浙总督汪志伊、盐法道孙尔准创办,初名圣功书院,其后或由官员捐俸,或由盐商、儒生捐资扩建，因而规模大备，于道光元年（1821）改称凤池书院。书院构筑精美，后院有花坞、荷池、亭榭，多仿苏州园林。书院招收全省生员就读，历任山长有赵在田、魏敬中、陈璧、曾宗彦诸名流，一时人文蔚起，可与鳌峰书院比肩。1902年，改为全闽大学堂，翌年更名福建高等学堂，现为福州一中。

正谊书院，址在新美里（今黄巷），其前身为同治五年（1866）闽浙总督左宗棠创立的正谊书局，后改为正谊书院。书院规定只有举人与"五贡"（拔贡、优贡、副贡、恩贡、岁贡）出身者才能报考。首任山长为状元林鸿年，学识渊博，教学有方，主书院讲席长达19年，成绩斐然，叶大焯、陈宝琛、林纾、陈衍、吴增祺等名士皆出其门下。1902年，与凤池书院合并为全闽大学堂。

致用书院，位于乌石山。同治十二年（1873），福建巡抚王凯泰在福州西湖书院旧址设立致用堂，次年改称致用书院，光绪年间移至乌石山范公祠左近。王凯泰亲书楹联"成名由积善，致用在通经"，盖取"通经致用"之义命名。依山而建，高爽宏敞，为诸书院所不及。招收全省举、贡、生、监，培养"明体达用"的人才。山长先后有林寿图、郑世恭、谢章铤等三人，培养学生有张亨嘉、黄曾樾等名

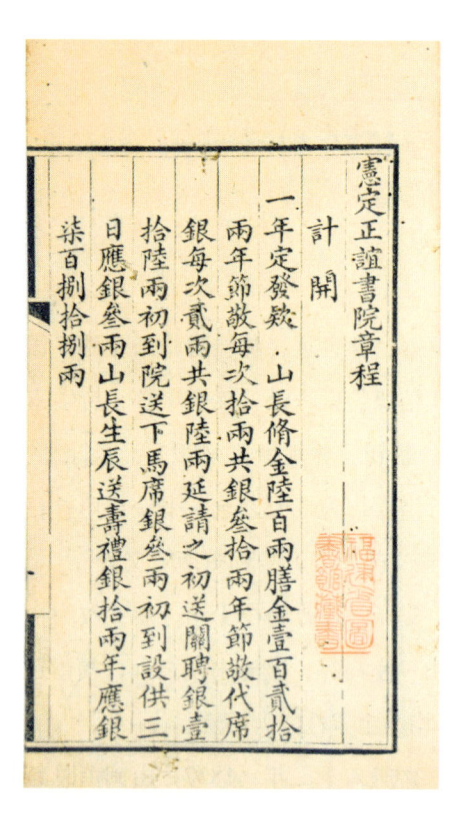

《宪定正谊书院章程》，清刻本。

人。1905年,改为全闽师范学堂简易科。

经世致用转学风

清中叶以后,国家多故,世变日亟,清王朝的统治面临深刻危机。时势在变,学风亦随之而变。嘉庆初年,鳌峰书院主讲郑光策、陈寿祺致力于扭转学风,倡导实学,推动了福建近代学术的转型新变,在晚清风云激荡的岁月中,发出极大的声光和影响。

郑光策(1759—1804),字苏年,闽县人,乾隆四十五年(1780)进士。一生未仕,先后在泉州、福州讲学,致力于培养人才。嘉庆二年(1797),受福建巡抚汪志伊礼聘,主鳌峰书院讲席。当时,士人不是空谈性理,就是埋首典籍,"气习污下,奔竞卑鄙",鳌峰书院也多有迎风趋附者。郑光策对此十分不满,主张改变"所用者非所习,所习者非所用"的积习,提倡"经邦济世"之学,力图扭转学风。因他"勤于训迪,严而有法",于是士习丕变,人才奋兴。郑氏任教期间,亦关注民生利弊,曾上书福建当局,提出改革漕政、盐政的设想。在他的引领下,闽中经世之学逐渐崛起。

郑光策掌教鳌峰,桃李满天下,其中就包括一代伟人林则徐。林则徐早年曾在鳌峰书院求学,深受郑光策人格及思想的影响,学问大为精进,眼界不断开阔。郑光策曾对鸦片问题有精当研究,对林则徐后来力主禁烟有直接影响。郑光策的经世思想,经门人林则徐、梁章钜等发扬,逐渐与全国的"经世致用"思潮合流,在近代史上产生积极影响。

鳌峰书院另一位山长陈寿祺,也是转变学风的关键人物。清乾嘉以降,汉学风行全国,成为学界主流,江浙一带尤为兴盛,一时学人辈出,大倡求真务实的学风。汉学又称朴学、考据学,是清代经学的别称,其特点是说经不取宋儒义理,而主张追溯汉儒古训,以彰明孔孟学说。汉

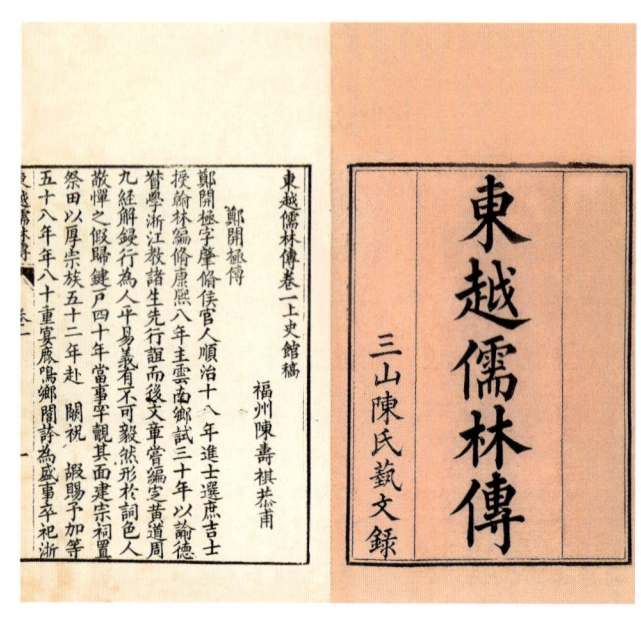

(清)陈寿祺《东越儒林传》，清刻本。

学是与宋学（理学）相对应的学术流派。从治学方法而论，汉学是训诂之学，宋学是义理之学。福建历来是理学（宋学）重镇，汉学影响较小，自陈寿祺父子出，学风发生转变。

陈寿祺（1771—1834），字恭甫，号左海，侯官人。嘉庆四年（1799）进士，曾充会试同考官。致仕后，主鳌峰书院讲席10年。长期与著名学者阮元、钱大昕、段玉裁、王引之等交游，广收博采，逐渐形成"兼通""致用"的学术风格。治学兼采汉宋，会通今古，工诗文，擅史志，纯然一副"通儒"气象。陈寿祺主要成就是经学。他精研汉学，治经重家法，学术造诣极深，是嘉道间福建经学的代表人物。著有《五经异义疏证》《尚书大传定本》《左海经辨》《东越儒林传》等，汇为《左海全集》行世。其子陈乔枞，也是一位经学家，著有《诗经四家异文考》

《礼堂经说》等，皆能实事求是，恪守师承。陈寿祺父子继起，并为大师，成为福建经学的领军人物。时人称赞，清代经学家自元和惠氏、高邮王氏外，惟侯官陈氏能修世业，张大家法。在陈氏父子影响下，福州出现许多经学家，如刘存仁（字炯甫，闽县人）、林昌彝（字惠常，侯官人）等。一时学人，多以不知考据为耻。

从文化发展的历程来看，清中叶学风的转变，对近代思想文化的发展有重要影响。福建的学术，由过去程朱理学的一枝独秀，转变而为嘉庆道光时期的"诸学并举"，汉学、经世之学、今文经学都获得发展，大大冲淡了长期弥漫于学界的道学习气。而汉学讲求实事求是的治学原则，经世之学的务实精神，以及今文经学"疑经"、主变的活泼风格，又是与近代人文精神相通的传统文化因素。对于处在社会大变革前夜的学坛而言，郑光策、陈寿祺等人的努力，无疑为后来福建学术文化朝近代方向转型提供了必要的铺垫。鸦片战争以后，地处开放和中外文化交汇前沿的福州，涌现出一批忧国忧民、向国人介绍域外新知的先进人物，诸如林则徐、严复、林纾等，并非是偶然现象。这种以诸学并举取代理学独尊的宽容学风，拉近了古代和近代的思想距离，为孕育上述具有先进思想的杰出人物提供了沃壤。

（陈常飞　文）

"满纸云烟随笔起"：清代福州的市井文学

五月榴红似火，是榴花盛开的季节，唐代文学家韩愈有诗云"五月榴花照眼明"，所以人们通常也将五月称为"榴月"。在福州，"榴花"是闽都乡土文学的一个代名词，才子佳人，无不因榴花而结缘，如《闽都别记》中的榴花洞传奇，早已家喻户晓；还有就是那部如同史诗般的巨著《榴花梦》，更与榴花直接相关。

《榴花梦》传奇

话说清朝年间，福州有一位名叫李桂玉的闺阁女子，以毕生心力写就一部古典传奇小说中篇幅最长的弹词巨著——《榴花梦》，在五彩斑斓的书苑里冠压群芳，令人称奇。

《榴花梦》一书，得名于男主人公桓斌玉的三个奇梦。他梦到自己在一棵石榴树下避雨，与5位执花仕女偶遇，预示了他一生的婚姻。全书以唐朝为背景，叙写桓、罗、梅、桂四大家族错综复杂、悲欢离合的故事；以文武双全的桂恒魁为女主人公，写她女扮男装、登坛拜帅、驰骋沙场的故事。书中塑造了桂恒魁、桓珠卿、梅媚仙、罗梦桂、潘若仙等

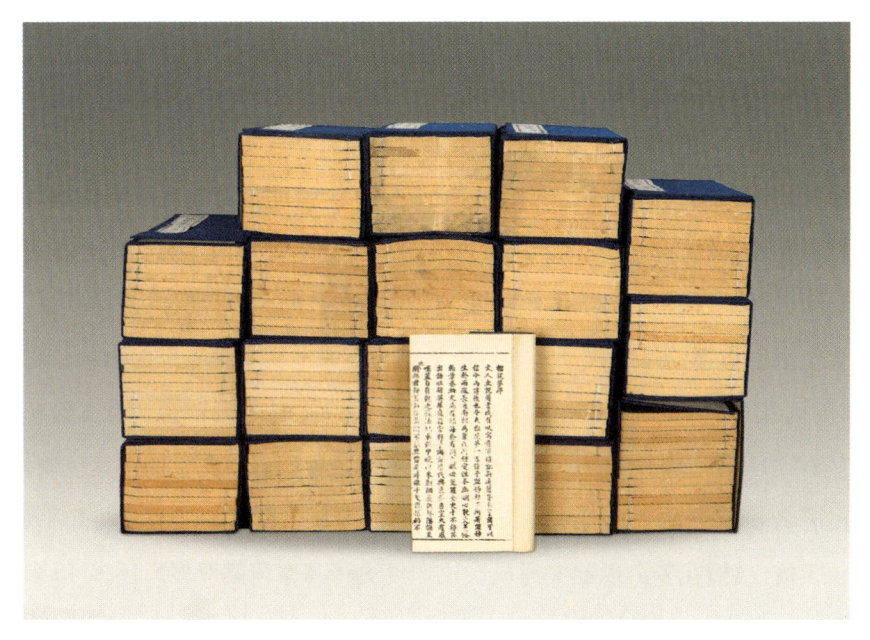

卷帙浩繁的《榴花梦》，1964年影印本。

一批女性角色，叙述她们在藩镇割据、内忧外扰的年代建功立业的壮举，表达了晚清一部分开明女性走出闺房、报效国家的愿望。《榴花梦》成书于清道光二十一年（1841），作者草创此书，正处于第一次鸦片战争期间，可以说寄托了她的全部理想与抱负。全书长达357卷、480余万字，出场人物多达1400余人，这在世界文学史上也是少有的。不仅此书神奇，作者李桂玉也颇为传奇。

李桂玉（约1821—1850），又名姮玉，字姮仙，福建侯官人（今福州），自幼敏慧好学，诸书无所不窥，博综典籍词章及文史。关于她的身世有两个版本，一说出身贫寒，丈夫叶某早逝，无儿无女，"性本幽娴，心耽文墨"，人称"侯官女史叶姮仙"。一说她原籍陇西（今属甘肃），随

197

夫入闽，以教授女童为业。其实，"陇西"是指李姓的郡望，李桂玉应是一个地地道道的福州人。

清代，一些闺秀才女作家擅长用韵文体写作长篇小说，因借用"弹词"的七字句为载体，故称为"弹词小说"。弹词是清代流行于南方各省，集说、唱、弹于一体的一种曲艺形式。但这类小说实际上完全是用于阅读的案头读物，与用于演唱的弹词已无多大关联。明末清初以来，女作家创作弹词作品数量颇丰，单是流传下来的文本就有三四十种，如《天雨花》《再生缘》《笔生花》《凤双飞》等，多动辄百卷，而《榴花梦》则是"弹词小说中之最大作品"，可谓是中国叙事文学的鸿篇巨制，比著名长篇小说《红楼梦》长4倍，比俄国托尔斯泰的《战争与和平》长3倍。《榴花梦》以韵文写成，比印度史诗《摩诃婆罗多》还多40多万行。在福州这块土壤上，竟然滋养出我国现存最长的一部弹词小说，这不能不说是一个非常了不起的文化成就。

《榴花梦》最初以手抄本的形式流传，在福州大家闺秀之中广为传阅，无数闺中读者为之倾倒。相传，李桂玉写此书时，常常在卧榻上构思，每成腹稿，便起身一挥而就，往往刚一脱稿，马上被人抢去传抄。南后街各书铺竞相抄以出租，每天每册租金达20文铜钱，仍有众多书痴半夜三更派人敲门租借，并持金银首饰等贵重物品为抵押。为防止被人翻抄，租期仅限两三天，不过这些都拦不住闺中读者的热情。她们发动妯娌子侄夤夜赶抄，所以流传至今的各本几乎每册字迹都不相同，或工整娟秀，或欹斜潦草。福州世家巨族多有此书钞本，如花巷陈家、宫巷刘家、黄巷郭家、后巷陈家、螺江陈家等等，每逢女子出阁，便将此书作为嫁妆带到夫家，传为书籍播传史上的一段佳话。

民间流传的《榴花梦》为357卷本，系李桂玉生前所著，但全书情节并未终结，以至于酷爱此书的读者余兴未尽。1924年，福州闽侯女子翁起前，偶然间发现邻居老婆婆家中藏有《榴花梦》手抄本，几经周折，方租借到手，甫一阅读便爱不释手，并深深为书中女子的英雄事迹所感动，美中不足的是这部小说没有结尾，遂萌生续貂之意。于是她多方收集流传民间的各零散本《榴花梦》，反复研究，精心构思，安排结局，酝酿腹稿达10年之久。1935年，亲戚杨美君来访，翁氏将自己构思的续编情节和盘托出，并力邀杨氏执笔，杨氏慨然应允。二人以"浣梅女史"为笔名，花了8个月时间，在原作基础上续写最后三卷，完成全书。

《闽都别记》与《花月痕》

无独有偶，清代福州通俗文学中还有一部长篇评话小说《闽都别记》，具有十分鲜明的福州地域文化特色。《闽都别记》，又名《双峰梦》《闽都佳话》，共401回，约150万言。作者署名"里人何求"。里人，本里之人，即闽都福州人。此书大约成书于乾嘉之际，经历代说书人及文人不断加工润色，最后由福州刻书家董执谊刊刻于1911年。小说以福州及所属各县为故事发生地，以唐末到清初的历史为线索，讲述民间各种逸事传闻，反映了福州独特的社会风情和文化事象。举凡与福州相关的重大历史事件，如黄巢入闽、闽国兴亡、元兵围城、郑和下西洋、南明小朝廷始末、郑成功收复台湾、耿精忠叛清诸事，此书均有叙及。书中记载了众多历史人物以及长期流传的民间故事和神话传说，对福州名胜古迹如乌山、鼓山、西禅寺等亦有详细描绘。作者用力最多、占篇幅最长的就是对临水夫人陈靖姑降妖除怪、救产护赤故事的描述。书中大量采用福州地区生动的方言俚词、民谚歌谣，散发着浓郁的乡土气息。因此，《闽都别记》是一部福州人的小说，保存了一座城市的历史记忆，堪称福州地域文化的百科全书。

除了上述长篇通俗文学的鸿篇巨制外，晚清福州还出了一部风靡一时的言情小说——《花月痕》。作者魏秀仁（1819—1874），字子安，号眠鹤主人，侯官人，道光二十六年（1846）举人。《花月痕》共16卷、52回，主要讲述韩荷生、韦痴珠与青楼女子杜采秋、刘秋痕的爱情故事，情节委婉，文笔哀艳，是一部典型的"才子佳人"小说。此书在写作上深受名著《红楼梦》影响。书中的人物、场景、情节、诗词等，明显有模仿《红楼梦》笔意之处。值得注意的是，此书在清末民初曾风行一时，影响了整整一代作家，成为后来"鸳鸯蝴蝶派"小说的滥觞，如徐枕亚的《玉梨魂》，从书名到内容都有它的影子。

福州通俗文学的兴起

通俗文学的蓬勃兴起，是清代福州的一种典型文化现象。长期较为安定的社会环境，促进了福州经济社会的发展。随着市民阶层不断扩大，对通俗文学的需求与日俱增，加之印刷术的完善和发展，也对通俗文学的传播起到推波助澜的作用。同时，清代后期，列强入侵，民族危亡，普通市民通过阅读此类通俗文学来寻求一种心理上的慰藉。通俗小说作家在创作构思时，往往事先考虑了读者的需求。因此，这些通俗小说的思想意蕴、审美趣味符合读者的精神需求，其通俗易懂的表现形式、话语选择也符合读者的阅读习惯。在诸多因素的共同作用下，市民读者群体逐渐形成并不断壮大。而《榴花梦》《闽都别记》《花月痕》等通俗小说，多直接取材于现实生活，能够满足市民读者的心理诉求，故而能广为传颂，成为市民生活的有机组成部分。

值得注意的是，清代福州的通俗小说，不论是其内容、情节、主要人物，还是其作者、读者群体，都有着相当突出的女性文学色彩。正如

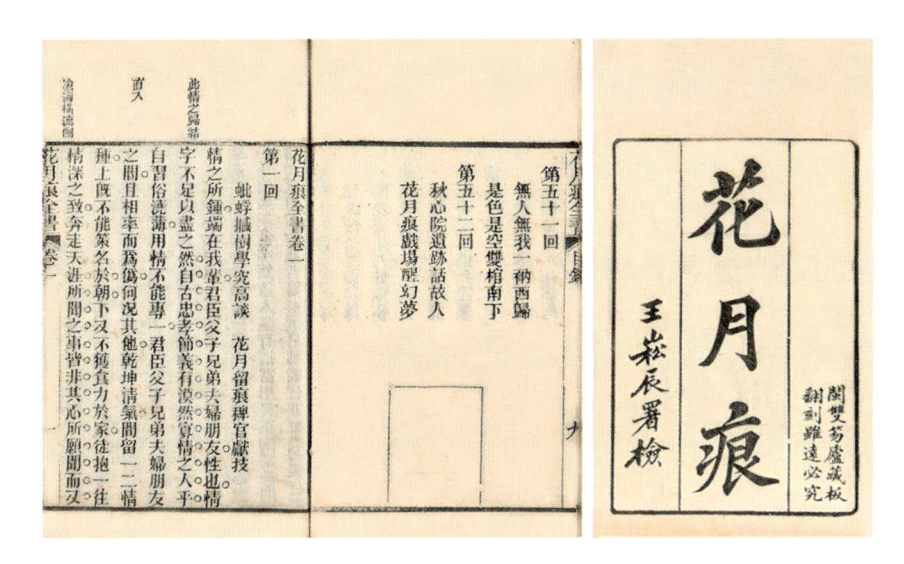

（清）魏秀仁《花月痕》，清光绪刊本。

《榴花梦》续作者"浣梅女史"在书中所题："无端屈作女儿身，生未逢时志莫伸。满纸云烟随笔起，不知谁是个中人。"以《榴花梦》为代表的福州通俗文学，不仅是作者自娱娱人的文学作品，还寄寓了福州有才华、有抱负的女作家并不逊于男人的雄心壮志，体现了相当自觉的女性意识，从中我们已欣喜地看到中国女性文学的微曦。

（苏静　文）

三山闺彦诗名扬：何振岱与寿香社"十才女"

巾帼不让须眉，红颜更胜儿郎。近代福州因缘际会，涌现出许多我们耳熟能详的风云人物，其中亦不乏卓越的女性，比如近代福州"三大才女"。她们中有"一身诗意千寻瀑，万古人间四月天"的林徽因，她是现代作家、诗人，中国第一位女建筑师，人民英雄纪念碑和国徽的设计者；有现代作家、翻译家冰心，她的散文《寄小读者》，是中国儿童文学的奠基之作；还有作家庐隐，因为英年早逝，也许我们还不太熟悉，却被文学史家列为18位重要的现代中国女作家之一。她们是新派、进步的现代女性的杰出代表。

鲜为人知的是，在文化底蕴厚重的福州，直至晚近时期，仍然出了许多传统意义上的才女，比如"寿香社"诗人群体，共有10位才华横溢的女子，先后拜于名儒何振岱门下。她们以姐妹相称，从20世纪30年代至90年代，一直活跃于福州诗坛。她们秉持淡泊处世的生活态度，在那个新学蔚起的年代，仍坚持旧体诗创作，在艺术上始终持守中华固有的文化传统，成为福建诗坛的传奇。

名儒何振岱

名媛闺秀诗词，在今天是一个热门的话题，如易安之高绝、淑真之哀悱，千古传唱。女性所特有的那种婉约细腻、典雅清新的文字，于动人处自成馨逸，读起来别有一番韵味。有清一代是福州女性文学发展的高峰期，如乾隆间的"光禄坊派"女性诗人群体，衡宇相望，诗筒往还，日遣僮婢奔波在道，可谓极一时之韵事。

至20世纪30年代，福州出现一个纯粹由闺媛组成的吟社——"寿香社"。成员共有10人，皆出身名门、才华出众，共同师承一代名儒何振岱，组建了这样一个纯粹由女性参加的诗人社团。

何振岱（1867—1952），字梅生，号梅叟，闽县人。光绪举人，性恬淡，多才艺，工诗文，其诗"深微淡远"，富有神理，为近代诗坛"同

三坊七巷文儒坊何振岱故居（林振寿　摄）

光体"闽派的代表人物之一。何振岱为至情至性之人，平生于女子怀才抑郁者尤为惋惜。中年旅居沪上时，邻居车夫是杭州人，每季度一回乡，何振岱必畀数金，特嘱其到孤山冯小青墓前代为致祭一番。他对旧时女子不能接受与男子同等的教育颇有感触，一生重视女子教育。

1907年，何振岱游幕江西时，便收侯官张清扬与绍兴周演巽为门生。不料二女皆中道殂谢，何振岱每为痛惜不已，后来分别为她们刊印遗集行世。另外还有褚嘉陵（绍康）、邵筱珍（英戡）、刘若洲（杜业）、黄慧端（婉娴）等曾受业于何门，她们随夫仕宦，远离故里，躬聆教诲的日子有限，唯独何振岱晚年所收的数位女弟子随侍师侧最久，按齿序分别是王德愔、刘蘅、何曦、薛念娟、张苏铮、施秉庄、叶可羲、王真八人，后来又收王闲、洪璞二人，这便是世人所称的"八才女、十姐妹"，因她们的籍贯都是福州，故又称"福州十才女"。

何振岱早年与友人在福州乌石山成立寿香诗社，每逢九月菊花开时，同人扫一净室，供陶渊明像于案前，献菊花酒以祭之。此后，老友凋零殆尽，惟有门生济济一堂。1932年9月，何振岱复召集诸弟子祀陶，重立寿香社。1936年，何振岱由北平返回家乡福州以后，诗社活动日渐频繁。

寿香社"十才女"

寿香社成员，皆出自名门，先后拜于何振岱门下。谨略述众人之生平于后：

王德愔（1894—1978），字珊芷，长乐词人王允晢（字又点）之女。王、何两家世交，又是亲戚，王德愔早年即拜师何门。善画，曾师从林琴南、周愈学画，以小幅见长，尤工扇面，时人谓"得石谷之工致，兼烟客之神韵"。又擅抚琴，家藏"玉溜"古琴，名所居曰"琴寄室"。其名"德愔",盖取嵇康《琴赋》"愔愔琴德,不可测兮"之意。著有《琴寄室诗词》。

刘蘅(1895—1998),字蕙愔,号修明,黄花岗烈士刘元栋之妹,早年随夫寓居北平,于1929年在北平正式拜师受业。著有《蕙愔阁诗词》。

何曦(1898—1982),又名敦良,字健怡,何振岱之女,自幼苦研经史,深得乃父怜爱。著有《赏晴楼诗词稿》。

薛念娟(1901—1972),字见真,一字孤星,号松姑。姑妈是女词人、翻译家薛绍徽。精研《易》学,以神仙自况。中年投何振岱门下,

1948年,何振岱(前右四)与众门生在寿补斋雅集。(连天雄 供图)

始学诗词、古琴。著有《今如楼诗词》。

张苏铮（1901—1985），字浣桐，进士张恭彝之女，1936年始入何门。颇有才气，诗心、词境殊清妙可喜。著有《浣桐书室词》。

施秉庄（1902—1986），字浣秋，名士施景琛之女，早年毕业于国立艺术专门学校，善写意山水，后从何振岱学诗，著有《延晖楼词》。

叶可羲（1902—1985），字超农，闽县叶大浚之女，早年就读于北京国立艺术学校，1925年受业于何门，后被何振岱收为谊女。她精绘事，擅古琴，诗文造诣颇深，得何氏真传，书法亦酷似之。著有《竹韵轩集》。

王真（1904—1971），字耐轩，号道真，其父为翻译家王寿昌，曾与林纾合译《巴黎茶花女遗事》。为人伉爽有奇气，何振岱目为"女中之豪杰"。1948年福州发大水，文儒坊一带为水所淹，何振岱困陷不得出，王真觅雇小舟将恩师救出并迎往其家，传为艺林佳话。她工诗文，擅长书法、山水画，尤善古琴。著有《道真室集》。

王闲（1906—1999），字翼之，号坚庐，王真之妹，何振岱儿媳。少从何振岱攻读经史，兼习诗词、书法、古琴，又从画家周愈学画，尤擅山水。著有《王闲诗词书画集》。

洪璞（1906—1993），字守贞。著有《璞园词稿》《暑窗杂录》。

寿香社成员大部分是职业女性，多数为教师、医生、文员。她们从闺阁走向社会，既追求新知又传承旧学，与当时的进步女性有着迥然不同的气质。她们淡泊荣利，毕生恪守师说，孜孜矻矻，研习琴棋书画等艺术，平凡的工作、普通的生活，并不能消磨她们对传统文化的热爱。

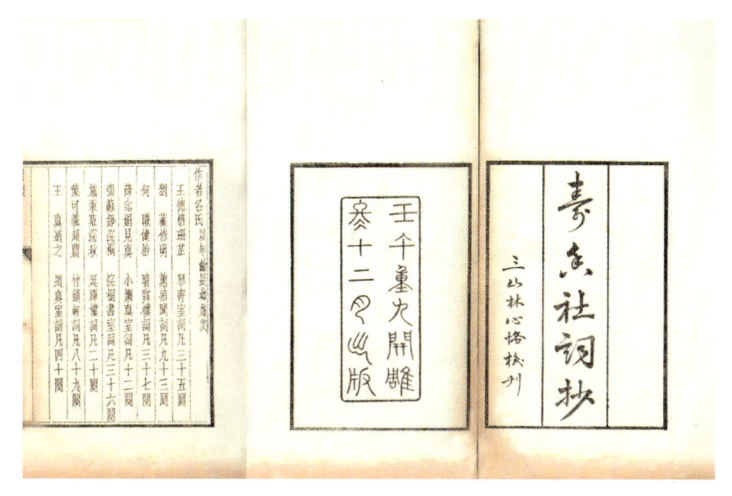

《寿香社词钞》，1942年刊本。（连天雄　供图）

寿香社的活动

"十才女"之所以能有后来的成就，与其师何振岱的精心调教是分不开的。何门清规甚严，女弟子可自愿参加男弟子的吟集，而男弟子则不能随意参加寿香社的吟集。他还要求弟子们不作折枝诗，不作次韵诗，不作集句。

填词是寿香社最常见的活动。一般由何振岱亲自出题，大家共赋一题，借此考察弟子的创作水平，品评优劣得失。1942年黄花时节，寿香社课词作积有成数，经何振岱审定，将王德愔等8位弟子词作共362阕，合刊为《寿香社词钞》，以木刻雕版精印行世。何振岱亲自题签，并作小引云："虽小道有足观，斯大雅所不废。"八家词作篇篇琬琰，句句铿锵，堪称填词佳作。

唱词是寿香社的另一项重要活动。唱词之风流行于唐宋时期，随着时代的推移，词乐渐渐失传，后人只能照着词谱填词。何振岱深究音律，善抚琴，对词的音谱与歌法自有一套理解，何况闽语中保留中原古音甚多，颇适合吟诵。平日师生聚会，多以唱词为乐。王德愔唱腔悠扬悦耳，薛念娟字正腔圆，王真爽朗嘹亮，何曦优雅清婉，众弟子中惟刘蘅于此道稍逊而已。

何振岱多才多艺，于经史、诗词、古文、书法、绘画、古琴无所不通。他毫无保留地将毕生所学传授给弟子，言传身教，诲人不已。他教导学生要以修持为第一义，每日虽极忙，也要腾出一二小时来读书与静坐，以养天机而复本性。他还与众弟子一起研究佛学，虔持佛咒，对她们说："同在无明窟中，凡小过皆可恕，何必与人斤斤计较？人即待我薄，又有待我厚者，我感其厚而忘其薄，胸中何等洒然。"

何振岱谢世后，寿香社诸姐妹仍然继续开展活动。每隔一段时间，大家必聚在一起，温酒品茗，游宴吟咏，尽半日之欢。后来又有《寿香社诗钞》，乃由何振岱长子何维刚所辑，每人40首（除施秉庄去台湾未留诗稿外），仅手钞数本，分别由各人保存。

行文至此，我一时又想起，当年寿香社诸姐妹一边炊爨，一边冥思觅句的情形；又有家中群小儿或学某人之姿态，或仿某人之声音，戏为赵钱孙李，相互追逐喧阗于庭除；王真在课堂上诵文，声震邻室；施秉庄在女中任教导主任，以严厉著称，学生在背后偷偷称之"大盘炒"（大盘炒，要猛火，意指施"很凶"）。这些零零碎碎的故事，虽是茶余饭后的谈资，却精彩而不失优雅，每每令人遐思不已。

（柳奕　文）

FUZHOU
THE BIOGRAPHY

福州 传

海国先声

第四章

福州本是个有山有水有温泉的城市,而且是四季绿叶不落,繁花不断。外宾来到,都惊奇地夸赞福州是一座花园。

——冰心　现代作家

"三山论学"芙蓉园：叶向高与艾儒略

明天启七年（1627）六月，福州朱紫坊的芙蓉园里，初夏的微风在花园的树丛中流动，门帘外不时飘进来芙蓉木叶的幽香和荔枝的芬芳。

69岁的退休老相国叶向高正与名士曹学佺喝茶。一位高鼻深目的西洋人走了进来，他就是意大利耶稣会传教士艾儒略。叶向高笑了起来，说道："二位都意在出世，而一个奉佛，一个辟佛，趋向不同，这为什么呢？"艾儒略说："都是以生死大事为重罢了。"曹学佺说："鄙人对于佛教，也就是择其善者从之。对于天学，尚来不及了解……"

就这样，中西文化交流史上一次脍炙人口的对话拉开了，史称"三山论学"。

"放眼西看"叶阁老

叶向高（1559—1627），字进卿，福清人，万历十一年（1583）进士，官至内阁首辅。如果说，林则徐是近代中国"开眼看世界第一人"，那么他的福州老乡叶向高，则算得上是"明末中国开眼西看第一人"。

万历三十五年（1607），叶向高升礼部尚书、东阁大学士。那一年，阁臣死的死，躲的躲，最后内阁里只剩下叶向高一人。明代的阁臣即是相，叶向高当了八年"独相"。万历四十二年（1614），他上疏请辞，一连打了62道报告，才获准回乡。天启元年（1621），又二度入阁为首辅。由于阉党势力过于强大，东林党人又不理解他，叶向高不想背上误国的骂名，又连上67道奏疏请辞。天启四年（1624），终于以太子太傅致仕。

叶向高与天主教颇有渊源。早在万历二十七年（1599），时任南京礼部右侍郎的叶向高就与意大利传教士利玛窦相识，并结下深厚友谊。利玛窦（Matteo Ricci，1552—1610），字西泰，意大利天主教耶稣会传教士，在华传教28年，号称"西学东渐"第一人。据《利玛窦中国札记》记载，他们二人经常一起下围棋，言谈宴宴。据说这是历史上欧洲对中国围棋的首次记录。

1610年，利玛窦在北京病逝。叶向高力排众议，多方交涉，使利玛窦获准赐葬京郊，成为"御赐墓葬"的第一位外国人。据《大西西泰利先生行迹》记载，"时内官言于相国叶文忠曰：'诸远方来宾者，从古皆无赐葬，何独厚于利子？'文忠曰：'从古来宾，其道德学问，有一如利子乎？姑毋论其他，即其所译《几何原本》一书，即宜赐葬地矣。'"

利玛窦所译《几何原本》是数学书，对于中国近代科学及思想文化的发展有着划时代的意义，但在科举时代并不受士大夫的重视。叶氏肯定看过此书，并大为触动，才会给予高度评价，足见其勇于更新思想观念、冲破陈规樊篱的魄力。

"西来孔子"艾儒略

与叶向高交往更多的,是另外一位有"西来孔子"之称的传教士艾儒略。

艾儒略(Giulio Aleni,1582—1649),意大利人,万历三十八年(1610)来华,先后在上海、扬州、开封、杭州等地传教。艾氏精通汉语,学识渊博,对天文历算有精深研究。他早有入闽传教的打算,但因为福建"风俗放逸、山道崎岖、语言难晓",未能成行。天启四年(1624),叶向高告老回乡,途经杭州,在前监察御史杨廷筠家中见到艾儒略。二人言谈甚欢,遂结为好友。于是两人同行,于当年12月29日,坐船抵达福州。从此,艾儒略在福建开始了长达20余年的传教生涯,号称"入闽传教第一人"。

艾儒略在福州时,叶向高经常邀他至朱紫坊芙蓉园家中谈诗论文,引荐其遍识闽中名士。张瑞图、何乔远、林侗、陈鸿等均与之交往,并题诗投赠,艾氏汇编为《闽中诸公赠诗》传世。艾儒略也与士大夫讨论"天学",传播天主教。据《明清间在华耶稣会士列传》记载,"儒略既至,彼(叶向高)乃介绍之于福州高官学者,誉其学识教理皆优,加之阁老叶向高为之吹拂,儒略不久遂传教城中。第一次与士大夫辩论后,受洗者25人,中有秀才数人。"叶向高的两个孙子、一个曾孙和一个孙媳都受洗入教。1625年,叶向高长孙叶益蕃在福州宫巷为艾儒略建造"三山堂",即"福堂"。这是福州第一座天主教堂。

致仕阁老的鼎力护持,让艾儒略的传教事业获得很大成功。据肖若瑟《天主教传行中国考》记载,"艾神父在福建传教,先后23年,共建大堂22座,小堂不计其数,授洗1万余人,勤劳丰著,可谓此省之宗徒。"

福州泛船浦天主堂,其前身为宫巷三山堂。(林振寿 摄)

芙蓉园里论中西

叶向高曾题诗赠艾儒略,高度赞赏这位"来自八万里"外的西方人,并表达了愿意与之同游、一起探求"深旨"的愿望。天启七年(1627),叶向高邀艾儒略至芙蓉园家中探讨学问,史称"三山论学"。

参与"论学"的双方仅有三人,一方为三朝元老叶向高与前广西参政曹学佺,另一方就是艾儒略。讨论的议题为"辩究天主造天地万物之学",为期两天。第一天,三人均参加;第二天,曹学佺没有参加。在"论学"过程中,叶向高、曹学佺站在儒家的立场上,对天主教这种舶来的信仰提出种种疑问,一共向艾儒略提出20多个问题,其中18个为叶向高所提,内容涉及天主主宰万物、佛教信仰、生与死、天主与降生等诸多方面。艾儒略则站在天主教的立场上予以作答。

抑扬顿挫的论辩之声,打破了芙蓉园旧有的宁静。此时的叶向高已是老迈之年,但仍亲自下场论辩,犹如一个求知心切的书生,一位平等交流的学者,一个敢于交锋的战士,试图将脑海里的疑问一一解开。艾儒略后来将这两天的谈话内容,记录于《三山论学记》中。

关于世界万物的本体论问题,曹学佺从宋明理学的观点出发,提出两个疑问:世界难道不是阴阳二气运动旋转而形成的,或者是由"理"来创造的?艾儒略依据宋明理学的基本观点,以子之矛,攻子之盾,对这一问题进行了阐述:阴阳二气,只不过是构成物质的材料,而"理"则是物质的法则,依附于物质,而不能创造物质。艾儒略或有曲解朱熹哲学之处,学养深厚的叶、曹二人不可能看不出来,但也许是出于对艾氏学问人品的尊重,或是出于对天主教的宽容态度,并没有进行激烈的反驳。

芙蓉园今貌（林振寿　摄）

　　当叶向高借讨论天主教信仰问题来抨击时弊，抒发心中长久以来压抑的郁闷时，艾儒略没有也不可能完全理解。他只是耐心地解释说，天主造物之道无穷无尽，而人的聪明才智有限。若以一己之见，窥测天主至高无上的智慧，不过是拿萤烛之光去照泰山而已。艾儒略的回答，引起了叶向高更多的疑问。艾儒略则尽可能回避具体的教义争论，而以基督的仁爱精神，进一步阐释了许多问题，最终得到了叶向高的认可和赞赏。

　　这次中西文化大论辩，涉及宗教、哲学、文化、社会等诸方面。如果没有叶向高，自然就不会有这次对话。他既不排外，也不媚外，有足够的文化自信，主张中西文化的相互借鉴与融合。虽然叶向高后来没有

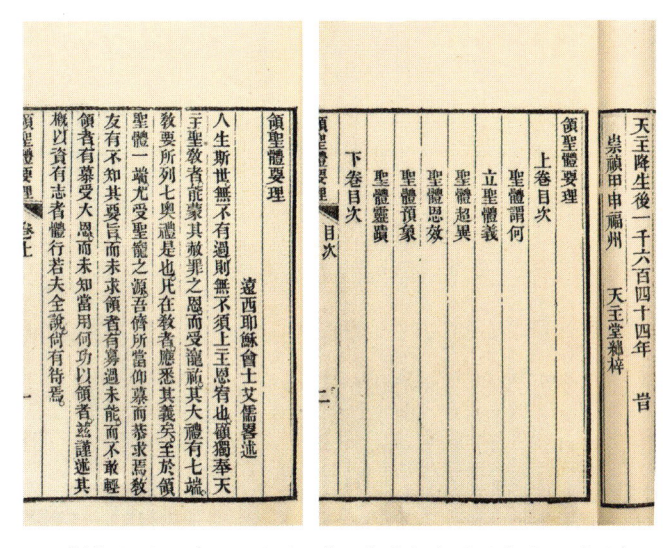

[意]艾儒略《领圣体要理》，清道光重刻明崇祯福州刊本。

加入天主教，但他与艾儒略的"三山论学"，无形中打开了福建士大夫的眼界与胸怀。

以今天的眼光来看，"三山论学"表面上是儒生与传教士的辩论，实际上是中西两种文化的交流与碰撞。天主教来自万里之外，其教义与儒学相去甚远，中外学者思想上的隔阂，并不是一时一刻就能消除的。就中国儒者而言，当时社会面临着深刻的危机，已非传统儒学所能完全解决，亟需寻找新的思想和启迪。而天主教所代表的异质文明，在科学技术、道德规范等方面或有其可取之处，自然容易吸引中国士大夫的注意。一方面，他们对于自己闻所未闻之事毕竟心生好奇；另一方面，也认为"天学"的道德体系或可救治世儒之弊。叶向高正在此列。他表现出来

217

的，就是当时主流派士大夫对外来文化所能表现出的最友好态度——以长者的宽厚姿态，容忍洋人对中国文化的隔膜，同时不去深究具体的教义和观念。

而早期传教士如利玛窦、艾儒略等，也具有足够的智慧和能力来弥合彼此的差异。他们认为，天主教若要在中国取得成功，必须主动适应中国的文化和礼俗，尊重中国人的传统习惯，并与中国上层社会保持良好关系。他们将自己打扮为西方的儒者，强调天主教与儒学的共通之处，并以其人品、学问及科学、地理、艺术等专长，成功获得中国上层人士的理解和支持。他们搁置争议，相互欣赏，平等论交，共同探讨，成就了中西文化交流史上的一段佳话。

（万小英　文）

"共乐无私一义天"：隐元禅师与中日文化交流

南明永历八年（清顺治十一年，1654），厦门码头，旌旗飘扬，几十艘战舰即将起航。

原来，这是"国姓爷"郑成功派往日本借兵的船队。在水手们惊讶的目光中，一行三十多位穿着僧服的和尚迤逦而来，陆续上船。真是奇怪！大家不由得窃窃私语起来。为什么郑将军的船会搭载僧人？他们从哪里来？又要去哪里呢？

风萧萧兮，战舰起航。只见为首一位长脸方颡、龙鼻高颧的老僧兀立船头，目光坚定，神态庄严。

苍茫天地，涛涛海水，此去扶桑，必然经历滔天巨浪、万般险阻。想到这里，他不由合掌向佛祖祈祷。蓦然回首，乡土已远，不仅是人，就算是船，也早已成了天地间的一缕飞蓬，消失在远方的海平线……

一代高僧，阐扬宗风

这位僧人正是来自福州福清黄檗山万佛寺的隐元禅师，船行目的地是日本长崎。不久，他将成为日本皇室的座上宾，轰动整个岛国。一直到数百年后,还有无数人传颂他东渡沧海的禅门故事。

　　福州是海上丝绸之路上的重要港口,自古与东亚、南洋诸国有着密切的航海往来。福州也是一个佛教流行的城市,中外佛教交流十分频繁。南朝梁时,印度高僧拘那罗陀(Gunarata,法名真谛)泛海来华,曾于陈永定二年(558)到过晋安郡,挂锡闽县佛力寺,译《正论释义》五卷。唐贞元二十年(804),日本学问僧空海大师随遣唐使入华求法,因途遇风暴,于八月十日在福州长溪赤岸(今霞浦县赤岸镇)登陆,十月抵福州开元寺安顿修习,十一月北上长安,该寺至今供有空海大师铜像。大中七年(853),日本圆珍和尚附商舶来福州,在开元寺随中天竺(今印度)僧人学习佛法,可知当时福州寺庙住有印度僧人,外国僧人经常到访参学。南宋时,日本僧人庆政、重源等先后来榕,求取福州出版的《大藏经》。

　　来而不往非礼也。数百年后,隐元作为福建僧人的杰出代表,带着弘

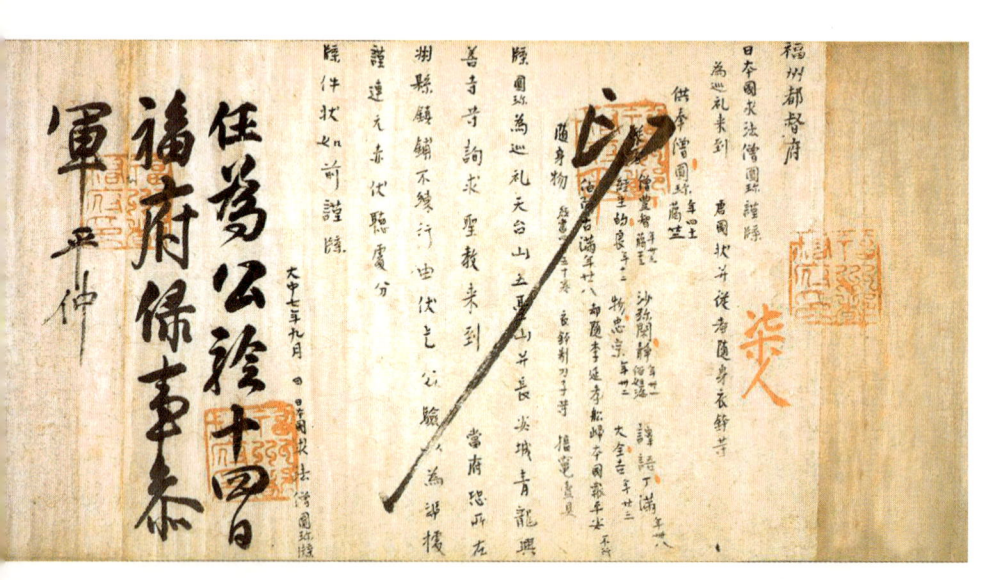

日本藏唐大中七年(853)福州都督府给日僧圆珍的公验(麦小荷　供图)

福清黄檗山万福寺隐元纪念堂（林振寿 摄）

法的志愿，不畏惊涛骇浪，千里迢迢东渡日本，写下了自己的人生传奇。

　　隐元（1592—1673），俗姓林，名隆琦，福州福清人。六岁时，父亲外出谋生，从此杳无音信。成年后的林隆琦，走遍江西、浙江、江苏等地，多次寻父未果，逐渐萌生出家念头。28岁时，母亲去世，福清黄檗山万福寺的鉴源禅师前来为亡母超度，林隆琦表达了出家的愿望，又说黄檗山离俗世太近，浙江普陀山才是他心仪的道场。鉴源说："任俗无妨，心不俗就好。"他听后如醍醐灌顶，当即拜鉴源为师，前往万佛寺剃度出家，法号"隐元"。这句话影响了他一辈子。只要能弘扬佛法，管什么天涯海角，管什么中国外国呢。

　　隐元出家后，周游各地，遍访名师，学问精进，于明崇祯八年（1635）成为临济宗第32代传人。两年后，担任福清黄檗山万福寺住持。任内四出募化，扩建寺院，使万福寺成为中国东南名刹，僧众一度多达数千人。隐元因此被尊为一代高僧，名扬海内外。

明末清初，福建与日本已有密切的贸易关系，赴日经商、定居的闽人不断增多，中日文化交流的途径也越来越广泛。长崎是旅日闽人的聚居地，最早定居长崎的华侨，当地人亲昵地称为"阿茶桑"。当地华侨集资建有三座寺庙，分别是兴福寺（南京寺）、福济寺（漳州寺）、崇福寺（福州寺），号称"唐三寺"。

清顺治八年（1651），隐元的高徒也懒性圭法师应邀赴日担任长崎崇福寺住持，不幸途遇风涛，船毁人亡。日方无奈，作函再三，礼请隐元前往。也许为日方至诚所感，也许是因为菩萨般的慈悲心肠，也许是"徒债师还"的心理，时已年过花甲的隐元，在万分心痛之际，毅然决定亲身蹈海，赴日弘法。

东渡扶桑，开山立宗

这一年七月初五，隐元一行渡尽重重劫波，平安抵达日本长崎，受到当地僧众的热烈欢迎。日本了翁道觉禅师回忆道："当隐老来日本日期确定，日本四方僧众喧动。到七月五日着岸时，肥前、肥后两州的男女老少罗拜路旁，僧俗双迎隐元到东明山兴福寺安坐。"在长崎兴福寺的山门，至今还高悬着隐元初来时题写的"初登宝地"牌匾，字迹笃实浑厚、大气廓然。

七月十八日，隐元首次开堂讲法，立即引起轰动，一举成名。不到一年，隐元的名号就已传遍日本，"似乎有把日本禅海翻倒过来之势"。日人皆以能亲自见到隐元，聆听其教义为无上荣耀。

隐元先后四次赴日，三次开坛，受戒者达两千多人。当时日本佛教界有一条不成文的规定："凡经隐元授戒的，始为国家公认的僧尼。"隐元佛理精深、志节高尚，备受日本朝野推崇，上至皇室、幕府，下至武士、庶民，慕名而来者数不胜数。江户幕府第四位将军德川家纲一再挽留隐元留下来开山立宗，日本皇室也慷慨地将京都宇治醍醐山麓的一万坪皇家土地赐给他建造寺院。

　　清顺治十八年（日本宽文元年，1661），在隐元的一手经营下，一座崭新的寺院在京都醍醐山麓拔地而起。新寺规制悉照中国旧例，其中最具特色的是大雄宝殿旁的妈祖殿，这与福清黄檗山万福寺如出一辙。为不忘故山，仍取名为"黄檗山万福寺"。隐元遂成为日本黄檗宗的开山祖师，也是广受尊崇的日本禅宗中兴之祖。

日本京都黄檗山万福寺大雄宝殿

康熙十二年(1673)，日本后水尾天皇在隐元圆寂的前日颁赐"大光普照国师"尊号，可谓殊荣至极。后世天皇相继追赠"佛慈广鉴国师""径山首出国师""真空大师"等尊号。2022年2月25日，德仁天皇加谥"严统大师"，这是隐元禅师第七次受到日本皇室加封。

发源于福清的黄檗宗东渡扶桑后，开枝散叶，大阐宗风。康熙四十七年(1708)，日本黄檗宗寺院已发展到1010个，蔚为壮观。同治六年(1867)，日本"黄檗宗"衍为八派，嗣法者多达4600余人。如今，日本仍有黄檗宗寺院400多所，僧俗达数百万人，法席已经传到第五十八代，生生不息，佛音不绝。

今天，日本佛教界一般称福清黄檗山万福寺为"古黄檗"或"唐黄檗"，这也道出了福州和日本京都两座同名寺院的渊源传承关系。为了纪念隐元和尚，京都万福寺僧人每日早课的第一遍经文，仍以当年隐元传授的黄檗唐音（明代南京官话）念诵。

弘佛会友，传播文化

清康熙三年（1664，日本宽文四年），隐元73岁，在主持日本黄檗山万福寺三年后，传嗣给弟子木庵，自己退居松隐堂，笔耕不辍，著有《云涛集》《松隐集》《松堂集》《黄檗清规》《传戒法仪》等佛禅论著，留下珍贵的佛学遗产。

隐元知识广博，诗文书法均佳。他赴日之前，就已走遍祖国的名山名寺，与著名学者黄道周，书法家张瑞图、陈贤，雕塑家范爵、范道生等颇有交谊。随隐元赴日的11名弟子，分别擅长土木建筑、书法、绘画、篆刻、文学、音乐、医术、印刷等技艺。因此，隐元东渡不仅给日本带去佛法，也广泛地传播了中华文化。

在隐元的影响下，黄檗僧众都推崇文化，常吟诗作赋，泼墨挥毫，

[日] 喜多道矩《隐元骑狮像》,日本崇福寺藏。(麦小荷 供图)

开创黄檗一派书风。其中，隐元与弟子木庵、即非影响尤大，号称"黄檗三笔"，其"浓墨飞白，万里一条铁"的独特书风，被日本文化界尊为"黄檗书样"。诗文方面，当时有"诗南源，文高泉"之说。南源性派擅诗作，高泉性潋长文章，二人都是黄檗禅僧，深得隐元推崇。黄檗门下还培养出众多汉学造诣深厚的日籍弟子，如月潭道澄、大潮元皓、百拙元养等，对日本近代思想文化产生深远影响。

隐元出生于福建茶乡，早年又在普陀山当过茶头执事，因此精通茶艺。盛行于明代的饮茶方法——煎茶，就是他介绍到日本的；如今日本"煎茶道"联盟的总部，就设在京都万福寺内。此外，隐元把中国画风介绍到日本，形成风格独特的"南宗画"；还给日本带去中华医学理论和福建民间的验方、偏方。今天日本人生活常见的"隐元豆"，据说也是他带过去的，还有西瓜、莲根、孟宗竹、木鱼、馒头、豆腐等等。隐元禅师带去的各种中华文化技艺，日人统称为"黄檗文化"。日本学者柳田圣山评价说："近世日本的社会发展，不论从哪个方面，如果离开黄檗文化的影响，都无从解释。"

康熙十年（1671），隐元禅师80岁，自题诗云："扫却一头净福田，豁开心镜对金仙。圆融行布互宾主，共乐无私一义天。"道出了他一生无私无求、弘扬佛法的广大情怀。

（莫争　文）

慧眼能识天下局:"开眼看世界"的林则徐

1839年6月3日,天刚蒙蒙亮,广州城就沸腾起来了。人们成群结队,敲锣打鼓,起劲地舞动狮子和龙灯;孩子们用竹竿挑着一挂挂鞭炮,劈里啪啦,震耳欲聋。浩浩荡荡的人流,向虎门滩涌去。

海滩上人山人海,水泄不通。民夫们先在池子里灌上海水,倒入一包包海盐,再熟练地把球状的烟土切成四瓣抛入水中。等烟土泡透后,再往池里倒入一担担生石灰。不一会儿,池子像开了锅似的,黑色的鸦片在池子里翻来滚去,一团团白色的烟雾往上蒸腾,弥漫了整个虎门滩。在雷鸣般的欢呼声中,涵洞被打开了,混融着鸦片的海水随着潮汐冲向大海……

这就是小学语文教科书上描述的"虎门销烟"的画面。这个改变历史的大事件的主人公,是我们每个中国人都熟知的民族英雄林则徐。

民族英雄林则徐

林则徐(1785—1850),字元抚,一字少穆,出生于福州一个清寒的知识分子家庭。父亲林宾日,为人耿直,以教读讲学为业。他高度重视子女教育,家教极为严格。他曾经给林则徐留下一副对联:"粗衣淡饭好

林则徐油画像,美国波士顿展览馆藏。(林岷 供图)

些茶,这个福老夫享了;齐家治国平天下,此等事儿曹任之。"此联体现了他的良好家风,使林则徐终身受用不尽。

林则徐天资聪颖又勤奋刻苦,在八九岁时,就在学堂上写出"海到无涯天作岸,山登绝顶我为峰"的诗句,震惊四座。少年时便考入福建最高学府鳌峰书院,拜名儒郑光策、陈寿祺为师,深受他们"经世致用"思想的影响。

嘉庆九年(1804),19岁的林则徐考中举人。十六年(1811),高中二甲第四名进士,从此踏上仕途。几经宦海沉浮,于道光十七年(1837)升任湖广总督。

此时的中国,鸦片泛滥,危机空前严重。尽管清政府早已下令严禁鸦片,却屡禁不止。清廷的统治,面临着深刻的危机。朝野上下,禁烟的呼声日趋高涨。

1838年底,道光帝命禁烟甚力的林则徐入京,在14天内连续召见八次,每次密谈都超过一个半小时,还赐予他紫禁城骑马的殊荣。这一年的最后一天,林则徐受命为钦差大臣,前往广东禁烟。1839年正月,林则徐抵达广州,立即开展雷厉风行的禁烟活动。此后发生的故事,就是我们耳熟能详的了。

1839年6月3日,林则徐在虎门海滩将收缴的200多万斤鸦片当众销毁。这就是震惊中外的"虎门销烟"事件。鸦片战争之后,林则徐被遣戍伊犁。道光二十五年(1845),被重新起用。1850年,再次受命为钦差大臣,赴广西任职。他抱病登程,中途卒于广东普宁行馆。

林则徐是中国近代史上第一位民族英雄,在民族危亡的紧要关头,挺身而出,坚持查禁鸦片,坚决抵抗侵略,显示出力挽狂澜的英雄气概。他曾写下"苟利国家生死以,岂因祸福避趋之"的悲壮诗句,显示出为了国家利益与民族大义而不计个人得失的伟大胸怀。他的另一副名联:"海纳百川,有容乃大;壁立千仞,无欲则刚",也广为传诵,成为当今福州城市精神的点睛之笔。

"开眼看世界"

林则徐是近代中国"开眼看世界"的第一人。他突破中国士大夫妄自尊大的保守心态,提出"师敌之长技以制敌"的主张,在近代史上产生重要影响。

林则徐离京赴粤之前，就已安排熟悉广东贸易的幕僚先行探访"夷情"；他在南下途中，也常与任职广东及通晓外贸事务的人士会谈。在当时中国唯一的对外窗口——广州任职期间，他一面厉行禁烟，积极备战；一面设立译馆，翻译西洋书报，搜集资料。

为了解"夷情"，林则徐亲自接触外国人，向美国商人、传教士、船长询问英国情况，向英国海员了解英国政府对禁烟的看法。他亲自起草一封致维多利亚女王（Queen Victoria）的信函，由汤姆士·葛号船主带往伦敦，但为英国外交部拒收，结果信件刊登于《泰晤士报》上。据外国人描述，林则徐为亲自接触洋人，曾暗自学习英语和葡萄牙语。怡和洋行经理詹姆斯·马地臣（Sir James Matheson）致信其合伙人威廉·渣甸（Dr. William Jardine）时表示，他曾亲耳听到林则徐口吐英、葡两国语言，不禁啧啧称奇。

同时，林则徐招募通晓英文的译员，组织专门的翻译班子，大量翻译外文书报，如：为了解军事、政治、经济情报，编译《澳门新闻纸》《澳门月报》《东印度公司卡片》等；为了解外国人对华评论，摘译《华事夷言》等；为了解世界各国基本情况，翻译《四洲志》；为展开外交斗争，摘译《各国律例》；为改进军事技术，翻译武器制造及应用的书籍，等等。

这些书籍中，影响最大者当属《四洲志》。此书译自英人慕瑞（Hugh Murray）所著《地理百科全书》（*An Encyclopaedia of Geography*，1834年出版于伦敦）。因佛经将大地分为"四洲"，林则徐沿用旧称，采用此名。《四洲志》凡一卷，约10万言，简明扼要介绍世界五大洲30余国的疆域、历史、政治、科技、文化等情况，其中对欧美各国的介绍尤为详备。此书是近代中国第一部比较系统介绍世界地理的著作，梁启超誉之为"新地理之嚆矢"。林则徐被革职后，将大致完成的《四洲志》译稿及

福州林则徐纪念馆俯瞰（林振寿 摄）

多年来搜集的资料托付给好友魏源，希望他完成自己的未竟之功。1842年，魏源以《四洲志》为蓝本，博采古今中外名家著述，编成中国历史上划时代的地理著作《海国图志》，率先为中国人展开了当时整个世界的图卷。

　　林则徐的译事活动，不仅开启了近代中国向西方学习的先声，对拓展晚清士大夫知识空间也有积极意义。虽说林则徐"探访夷情"不过为中国兵法中最基本的"知彼知己"之策，但这个"彼"乃是当时"沿海文武员弁不谙"的"夷情"。即便清朝和英国此前已经有了两次外交经历，但这丝毫没有改变中国朝野将英国视为"蛮夷"的定见。林则徐"探访夷情"并试图以"国际律法"来处理中外关系，说明他已清醒地认识到，自己所要处理的中英矛盾，早已远远超出旧有的朝贡体系。可以说，林则徐突破了以华夏为中心的传统观念，开始对域外知识空间的正视和探索，为近代中国人了解、接受西学并建立世界意识奠定基础。

林则徐对后人影响最大的，还是其"师敌之长技以制敌"的主张。通过对西洋的分析和了解，他认识到列强在科学技术上的领先，是其强大力量的源泉。他希望通过学习西方先进技术，直接增强抵御外国侵略的能力。他引进西式武器，从海外购进火炮二百门，装备虎门要塞；创制"枢机新式炮架"，可以前推后拉，四面旋转，灵活射击；吸收西方技术，研究改制战船，制成新型"车轮战船"；购买"剑桥号"、"甘米力治号"洋船，广泛收集英国战船资料，仿造小型欧式双桅帆船；还尝试按照西法训练军队，力图打造一支"器良、技熟、胆壮、心齐"，能在洋面追歼敌人的新式水师。

虽然林则徐后来因为第一次鸦片战争的失败而被解职，但他在抗英斗

林则徐纪念馆内景（林振寿 摄）

争中提出的"师敌之长技以制敌"主张,揭开了近代中国人向西方学习的序幕。随后,魏源在《海国图志·原叙》中提出"师夷长技以制夷",与林则徐的主张一脉相承。这种观点在当时不啻石破天惊,对弥漫于朝野的"天朝上国"自大思想和"重道轻器"传统观念形成巨大冲击。其重要意义在于,中国人第一次承认海外文明有胜过中华文明之处,中国人有必要向西方学习。因此,林、魏这一主张开启了近代西学之先河。从这一点看,后人称赞林则徐为近代中国"开眼看世界第一人",并非虚誉。

在林则徐"开眼看世界"广阔胸襟的影响下,福州士子忧国忧民的情怀,在世道变迁中愈发强烈。鸦片战争以后,严重的内忧外患,让中国遭遇了"三千年未有之大变局"。地处开放和中外文化交汇前沿的福州,再一次被推到中国历史的风口浪尖上,涌现出众多"开风气之先"的人物。他们中有"船政之父"沈葆桢、启蒙思想家严复、中外文化交流先驱陈季同、西洋小说翻译家林纾,还有"戊戌六君子"之一林旭、辛亥广州起义"福建十杰"等。这些杰出人物,以卓越胆识和献身精神,为近代中国社会的进步作出不可磨灭的贡献,也诠释着"海纳百川,有容乃大;壁立千仞,无欲则刚"的福州城市精神。

(黄益群　卞筱璇　文)

马江宏图育英才：福建船政的兴办

清同治八年（1869）六月十日，福州马尾闽江之滨，一艘天蓝色涂装的木壳轮船，遍插彩旗，由数十根撑木支持，高居木质船台之上。正午时分，天蓝水碧，波澜不惊。只听得一声令下，一群手脚麻利的工人撤去撑柱，斧头敲击之声此起彼伏，垫在船底的木楔应声而落。轮船失去支撑，在重力的作用下，沿着滑轨，"嘎嘎"前行，激起巨浪，冲往江面，瞬间已离岸数十丈。船上员匠乘势下碇，抛泊江心。轮船成功下水，岸边的人们欢声雷动、诧为神助。向来不苟言笑的船政大臣沈葆桢，此时也是意绪难平，激动不已。这是福建船政建造的第一号轮船，也是近代中国建造的第一艘蒸汽动力轮船。沈葆桢多年的心愿和梦想，今日终于得以实现。为纪念这一个历史性的时刻，他亲自将第一号轮船命名为"万年清号"，寄寓着无限的深意。

受命出山

鸦片战争以来，在列强坚船利炮的淫威之下，古老的中国饱受欺凌。近代中国"开眼看世界"第一人林则徐，率先提出"师敌之长技以制敌"

第一号轮船（即"万年清号"）图（麦小荷　供图）

的主张，影响深远。19世纪60年代，"洋务运动"兴起，从中央到地方，清政府兴办一批近代军工企业，组建新式陆海军，以图自强之策。在这样的时代背景下，福建船政应运而生。它的创办人，就是晚清重臣、洋务派领袖、闽浙总督左宗棠。

左宗棠素来仰慕林则徐的事功和为人，深受其"师敌之长技以制敌"思想的影响。清道光三十年（1850），林则徐引疾归里，途经长沙，特邀左宗棠于湘江舟中一叙。两人在江中"宴谈达曙，无所不及"，十分投缘。彼时左宗棠不过是个三试不中、身无半职的举人，但林则徐对他深加推许，诧为"绝世奇才"，并寄予殷切期望。左宗棠感念林则徐的知遇之恩，将林公视为一生的楷模，后来他创办船政，也是继承林则徐的未竟之志，实现晚清先进知识分子自造轮船、强军固防的梦想。

同治五年（1866）6月，时任闽浙总督左宗棠正式奏请设局开厂、试造轮船，迅速得到清廷批准。不论是筹集资金、选择厂址，还是购买机器、聘请洋匠，左宗棠都亲自筹划，反复斟酌，费尽心血。但仅仅四个月后，他就接到调任陕甘总督的谕旨，不得不离闽赴任。

船政事业关系着国家的富强，左宗棠思虑再三，决定推荐沈葆桢接手船政。沈葆桢（1820—1879），字幼丹，福建侯官人，道光二十七年（1847）进士，此前任江西巡抚，因母亲去世在福州家中丁忧守制。沈葆桢幼时家境清贫，其父以教书为业，其母为林则徐的六妹。林则徐十分赏识这位外甥的才学，又将次女普晴许配给他，可谓亲上加亲。林公的精神风范与为官之道对沈葆桢有重大影响。左宗棠将船政重任托付给沈葆桢，当然不仅因为沈是林公女婿，还因为他们早有交谊，十分了解。他素知沈葆桢才学出众、虑事周详，又是福州本地缙绅领袖，"久负清望，为中外所仰"，必能调处好各方面关系，由他执掌船政至为适宜。为敦请沈葆桢出山，左宗棠数次亲自登门恳劝，并奏请朝廷特命沈为总理船政大臣，"凡事涉船政，由其专奏请旨，以防牵制"。为了船政大业，沈葆桢终于答应出山，承担起兴办船政的重任。

海国图强

沈葆桢接任后，决心把自己海国图强的雄心壮志汇入亲手绘制的船厂蓝图之中。他一面命法国人日意格（P. M. Giquel）、德克碑（A. N. D'aiguebelle）赴欧洲购买机器设备，聘请匠师，一面在马尾征购土地，建设工厂、船坞、学堂、营房、宿舍等设施。

1866年12月23日，船政工程正式破土动工。在沈葆桢的精心操持

19世纪70年代，初创时期的造船厂。（郑巧蓬　供图）

及三千多劳工的艰苦努力下，很短的时间内，一座规模宏大、设备齐全的近代化造船厂崛起于马江之滨。至1874年，整个船政局已形成相当规模，拥有造船厂、船政衙门、洋员办公所、学堂、宿舍等，占地600亩，雇有外国匠师52人、本国工人约3000人，其规模在当时远东首屈一指，被誉为亚洲第一大造船厂。中国造船工业和近代海军建设由此揭开了帷幕。

船厂、车间次第落成之后，沈葆桢就着手建造轮船。造船厂内，来自法国的工程师和中国工人热火朝天地忙碌着，中文与法语在船厂内交替回响，犹如美妙的旋律。两种语言、两种文化的交响与碰撞，催生出中国第一本中法字典——《汉法语汇便览》（*Dictionnaire de Poche Francais-Chinois*，[法]日意格编著，1874年出版）。

自第一号轮船"万年清号"下水之后，"湄云号"、"福星号"、"伏波号"相继完工。前4号轮船的核心部件——轮机均购自外洋。当第五号

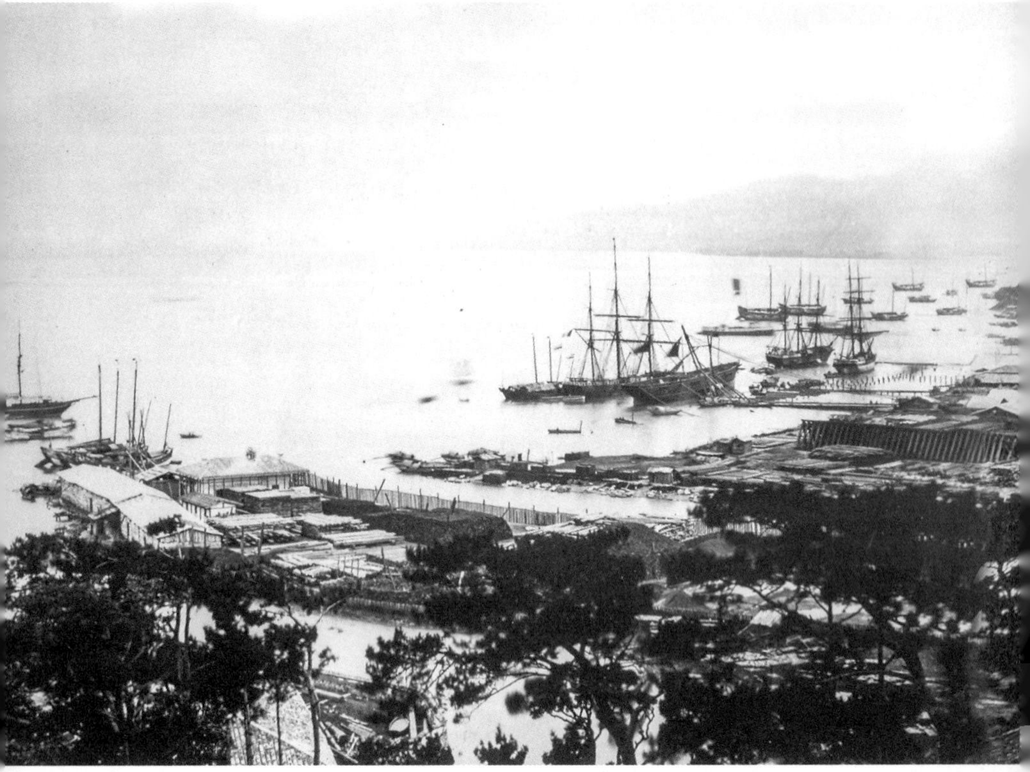

19世纪70年代,初创时期的船政厂区。([法]魏延年 供图)

轮船"安澜"着手建造时，沈葆桢便提出自行生产轮机的计划。1871年6月，经过不断的探索和试验，我国第一台自制的大功率实用蒸汽机研制成功，开启了中国人的蒸汽机时代。该机安装在福建船政自行组装的"安澜"舰上，虽系仿造，从绘图到制造仍由外国技师指导，但由中国工匠操作制成，其质量和工艺水平并不亚于外国同类产品。

1872年4月，中国第一艘自制的近代化战舰"扬武号"在马尾诞生。该舰系木壳三桅炮船，长190尺，宽26尺，排水量1560吨，时速12海里，装配英国惠特沃思前膛炮11尊，无论吨位、航速、功率、火力都远胜前六艘。"扬武号"后来成为福建船政水师的旗舰。

1874年，船政的外国雇员合同到期陆续撤离，已经掌握现代造船技术的福建船政，由初创仿制转为自主造船的阶段，造船水平不断提升。至1879年，船政已造成轮船22艘，其中兵船11艘、商船5艘、武装运输船6艘，加上购自国外的3舰，共有轮船25艘，船政拥有的船队已初具规模。

1879年4月，日本吞并琉球，东南海防形势骤然吃紧。7月4日，为加强台海防务，清政府谕令"闽局轮船先行练成一军"，福建船政水师正式宣告成立。福建船政水师是近代中国第一支列装蒸汽动力军舰的水上武装力量，与后来成立的北洋水师、南洋水师、广东水师，并称为晚清"四大水师"，在中国海军发展史上占有重要地位。

1884年中法马江海战爆发，福建水师全军覆没，造船厂遭到破坏，船政事业一度陷入低潮。经过数年蛰伏，至1888年1月，福建船政建造的中国第一艘钢甲舰"龙威号"下水。该舰后来编入北洋水师，易名"平远号"，并参加甲午海战。此后至1907年清政府饬令船政停止造船，福建船政先后又建造钢甲舰11艘。

福建船政是我国近代造船工业的先驱，在中国造船史上占有重要地

1872年完工的木壳巡洋舰"扬武号"（[法]魏延年 供图）

位。从1868年第一艘轮船开工到1907年停止造船，船政共制造各式舰船40艘，总吨位4.7万吨，占当时全国造船总吨位的82%。福建船政从无到有，从仿制到自造，从木壳船到铁甲舰，造船技术不断进步，在造船数量、技术力量、设备规模、工艺水平等方面均取得出色成绩，奠定了我国近代造船工业的基础。

养育英才

沈葆桢指出："船政根本，在于学堂。"在他看来，创办船政的直接目的固然是制造轮船、建设水师，提高中国的抗敌御侮能力，但其根本目的是培养中国自己的人才，自己掌握现代科学技术，方能"权操在我"，不为外人所制。因此，船政创办伊始，培养人才就被摆到十分重要的位置上。

1866年12月，船厂破土动工的同一天，沈葆桢就亲自主持船政学堂的招生考试，开启了近代中国除科举之外的另一扇取士之门，为一大

1872年，在福州三江口操练的船政水师。日本东洋文库藏。（郑巧蓬　供图）

批精英人才铺就了成长之路。这次招生共录取严复、魏瀚、罗丰禄、林泰曾、刘步蟾、方伯谦、叶祖珪等数十人，后来皆为一时之选。

1867年6月，学堂迁往马尾正式办学，采用西方教育模式，分前、后两学堂。前学堂学制造，采用法国军港士官学校的训练科目，修法语，设轮船制造、轮机设计两个专业。后学堂学驾驶，采用英国海军的培养方法，修英语，设驾驶、管轮两个专业。法国人日意格被聘为学堂正监督，并签订5年包教包会的合同。

船政学堂突破传统，大胆革新，引进外教，采用造船工厂与海军学校一体办学模式，形成融普通教育、职业教育、成人教育于一体的办学体系，实行科学知识与人文素养相结合的教学理念，创造了一套与传统教育完全不同的教育制度，开中国近代教育之先河，为各地办学提供了榜样，输送了人才，被李鸿章誉为"开山之祖"。

船政学堂还建立了中国最早的留学制度，打破了传统教育的封闭结构，形成了近代开放式教育的格局。光绪三年（1877），沈葆桢聘请日意格为洋监督,率领第一届留学生出国学习。至1911年,船政学堂共选派4批、111位留学生出洋。他们分赴法、英、德、美、比、西、日等国,学习造船、航海、飞机、潜艇、枪炮、鱼雷、矿冶、机械等专业。这些优秀青年被送到国外,开阔了眼界,增长了知识,改变了思维,成长为社会改革建设的中坚力量。

据统计,晚清40余年,船政学堂共毕业学生510名(连同民国初年毕业的共有629名)。从今天看,船政学堂的育才数量似乎微不足道,但在晚清特定的历史时期,这些受过系统科学教育的毕业生,释放出巨大的能量,取得了杰出的成就。这些富有创新精神和开拓能力的新型人才,包括"中国西学第一人"严复、"中国近代造船业之父"魏瀚、"中国铁路之父"詹天佑、民国海军总长萨镇冰、外交家罗丰禄和陈季同,以及众多的高级海军将领。他们活跃在海军、工业、交通、电讯、地矿、外交、教育、文化等各个领域,对中国社会的近代化转型产生重要影响。

特别要说明的是,由于船政的影响,福州成为中国近代海军将领的摇篮。民国海军部上将共16名,其中福州籍有12名;13任海军最高长官(总长、部长、总司令)由福州人担任;海军部次长、副司令、司级主管及舰队司令等高级职位也多由福州人占据。福州人在近代海军界影响如此之大,以至于被称为"闽系海军"。福州由此产生众多海军世家,构成了近代福州独特的人文景观。据不完全统计,福州三代以上皆为海军军官的家族有200多个。如造船专家魏瀚的家族,四代出海军上将1人、中将1人、少将2人,另有海军学校科班出身的军官11人;台江杨氏一门,先后有50余人投身海军,其中海军上将1人、中将3人、少将12人、准将1人;螺江陈氏家族,五代共有50余人投身海军;海军总长萨镇冰的家族,则有近百人参加海军,等等。而三代以上皆为水兵的"水兵世家",福州则多达700多个,如长乐琴江村,家家户户都是水

19世纪80年代,由船政学堂学生组成的少年洋枪队。(包华 供图)

兵世家。福州城内朱紫坊街区，有萨家大院、方伯谦故居、陈兆锵故居、张日章宅院等海军将领住宅，号称"海军一条街"。至于官宦集中的三坊七巷，船政名人更层出不穷，如沈葆桢、严复、罗丰禄、叶祖珪、刘冠雄、蓝建枢等均出于此。这些杰出的人物给古老的街区留下众多文物古迹和传奇故事，留给后人无限遐思。

  福建船政不仅在制造轮船、发展水师、培养人才等方面首开先河，还在其艰辛的创业历程中，不断创新发展理念，引进、吸收、消化先进科学技术，取得近代中国学习西方的重要成就。同时，船舶制造、学堂教育及抗敌御侮等实践活动，也催生了科学实践精神、敬业求实精神、改革创新精神、开拓进取精神、独立自主精神和团结爱国精神。这些精神内涵丰富、昂扬向上，是船政留给福州的宝贵文化遗产，也为今日塑造福州城市精神提供了不竭的动力和源泉。

（黄益群　卞筱璇　文）

"笔醒天下"第一人：严复的救国之路

清光绪四年（1878）正月初一，大清国驻英公使郭嵩焘在伦敦使馆迎来 61 岁生日，就读于伦敦南郊格林尼茨皇家海军学院的 6 位中国留学生前来拜年祝寿。他们纷纷讲述在英国的所思所感，其中一位面容清秀、双目炯炯有神的后生侃侃而谈，引起了公使关注。当晚，郭嵩焘在日记中落笔评价道："严又陵谈最畅……其言多可听者。"这位严又陵，就是日后名震华夏的严复，一位近代史上极具影响力的启蒙思想家、翻译家、教育家。

求学中外，探寻新知

严复（1854—1921），原名宗光，字又陵，后改名复，字几道，福建侯官人。出生于儒医世家，从小研习四书五经。1866 年 8 月，严父不幸身故，家中失去顶梁柱，母亲不得不带着严复兄妹离开福州，回乡下老家（今福州市仓山区阳岐村）艰难度日。同年 12 月，福建船政在福州马尾正式破土动工，其附设的学堂——"求是堂艺局"（后改称船政学堂）也开始招生，困顿中的严复立即前去投考。笔试考题是《大孝终身慕父

严复（福州市博物馆　供图）

母论》。严复因父亲初丧，触景生情，文章写得情深意切，引起在家丁忧的考官沈葆桢的共鸣，以第一名的优异成绩被录取。

　　船政学堂是洋务运动中清政府创办的中国近代第一所海军学校。学堂聘请日意格、嘉尔乐等洋教习，采取严格的教学管理和淘汰机制。严复在船政学堂学习驾驶和航海，主要课程有英文、算术、几何、代数、三角、航海理论、天文气象、地理、驾驶及枪炮、水雷演放等。1871年5月，严复以最优等成绩毕业，翌年登上"建威"练船实习。5年的理论学习、6年的航海实践，为他打下坚实的西学基础。

1877年3月，严复、萨镇冰、林永升等6人作为船政第一批留学生，启程前往英国格林尼茨皇家海军学院学习，接受更为系统、更加先进的专业知识教育和实践锻炼。他们身历其境，逐渐体会到中国和西方的巨大差距，决心努力学习，报效国家，结果都以优异成绩完成学业。

留学期间，严复大量涉猎西方学术思想，并经常走出校园，深入英国的社区、教堂、法庭，观察了解西洋社会。有一次，严复去法庭旁听审判，看见法官、律师、原告与被告坐在一起，程序严谨规范，全不似清国审判的落后模式，思想受到极大的冲击。他决心进一步研习西洋社会科学，"探本溯源"，追求新知。驻英公使郭嵩焘十分欣赏严复，在日记里评价严复的议论"深切著明"，称赞其"文笔亦跌宕，其才气横出一世"。虽然严复与郭嵩焘年龄相差36岁，但两人相见恨晚，很快成为忘年之交。

启蒙图存，以译警世

1894年，甲午海战失败，清政府苦心经营的北洋水师全军覆没。参加海战的将士，或是严复在船政学堂的同窗好友，或是他在北洋水师学堂的学生，大半捐躯海疆。严复痛心疾首，胸中积存多年的愤懑再也无法按捺，他的思绪终于像火山一样爆发了。在短短数月间，他就在天津《直报》上发表《论世变之亟》《原强》《救亡决论》等5篇政论文章，猛烈抨击时政，疾呼救国图强。

几番愁索，严复深刻地认识到军事上的惨败，暴露出的是政治、经济、文化、教育等诸多方面的问题，所以要想改造中国，仅靠学习西方造船制炮等技术是远远不够的，更要辩证吸纳西方的先进思想，于是下定决心以他的如椽巨笔，择要译述西学，警醒国人。

1897年，严译《天演论》在天津《国闻报》上发表，是为严复最

严复译《赫胥黎天演论》，清光绪二十四年（1898）石印本。

早、最著名的译作。此书译自英国博物学家赫胥黎（Thomas Huxley）的名著——《进化论与伦理学》（*Evolution and Ethics and other Essays*）。严复在书中阐述了"物竞天择，适者生存"的道理，并联系甲午战败后国家危亡的窘状，向国人发出了与天争胜、保种图存的呐喊。他指出，中国若再不变法维新，将循优胜劣汰、适者生存之公例而亡国灭种。《天演论》的问世，很快在国人中产生振聋发聩的影响，给近代中国思想界带来了革命性的变化。著名学者胡适后来回忆阅读此书所感：书中"优胜劣汰，适者生存"的公式，"像野火一般，延烧着许多少年人的心和血"。此书同时也奠定了严复作为近代中国著名启蒙思想家、翻译家的地位。维新派巨擘康有为称他为"中国西学第一人"。维新派领袖、国学大师梁启超评价："严氏于中学、西学，皆为我国第一流人物。"

此后，严复相继翻译出版了亚当·斯密《原富》、斯宾塞《群学肄言》、穆勒《群己权界论》、孟德斯鸠《法意》、穆勒《名学》、甄克思《社会通诠》、耶方斯《名学浅说》等西学名著，涉及哲学、社会学、经济学、政治学、法学、逻辑学等诸多领域。此前中国翻译的西书，多为采矿造船之术，严复则第一个通过译书，向国人系统介绍西方的学术思想和文化理念，引领中国思想界的近代转型。严复的系列译著，史称"严译八大名著"，至今依然是国人心目中的经典著作。

作为"近代翻译第一人"，严复在《天演论》例言里旗帜鲜明地提出"信、达、雅"的翻译三原则，奠定了近代中国翻译理论的基础。"信"指忠实准确地传达原文的内容，"达"指译文通顺流畅，"雅"为文辞典雅。在翻译实践中，要同时达到这三个标准，是极不容易的。这要求翻译者既要有深厚的西学造诣，又要有扎实的中华文化功底。严复的译作，篇篇都是音韵铿锵的典雅古文，深得读者喜爱。当时声望极高的桐城派

1917年，严复英文信札。

古文大家吴汝纶亲自为《天演论》作序，对严复的译笔给予高度评价，说此书"骎骎与晚周诸子相上下"，还称赞"自吾国之译西书，未有能及严子者也"。鲁迅先生也评价道："最好懂的自然是《天演论》，桐城派气息十足，连字的平仄也都留心。摇头晃脑地读起来，真是音节铿锵，使人不自觉其头晕。"严复的译著及其首创的"信、达、雅"翻译理论，在近代中国知识界产生了广泛而深刻的影响。

兼收并蓄，教育救国

严复认识到，中国之所以落后，深层次的原因是国民愚昧无知、素质低劣。因此，必须从教育入手，通过"鼓民力、开民智、新民德"，逐步改变国民的内在气质和外在精神面貌，进而实现国家富强的目标。他大半生都致力于教育事业，始终为教育发展而四处奔走、大声疾呼，终身践行着"教育救国"的理念。

严复的教育思想贯穿着一种会通中西的文化观。他对西方文化，并不盲目崇拜；对中国传统文化，也不是全盘否定。他清醒地认识到，中西文化各有其长，"实未敢遽分其优绌"，只要有利于国富民强，"不暇问其中若西也，不必计其新若故也"。

针对中国传统教育的弊端，严复率先提出了"体育、智育、德育"的"三育"思想。直到今天，德、智、体三育并举依然是我们发展教育的重要准则。他又提出学校教育"三段建制"的设想，即小学堂、中学堂和大学堂。小学堂以国学为主，初步学习西方自然科学知识；中学堂"洋务功课居十之七，中文功课居十之三"，主张用西文授课；大学堂分高等学堂和专门学堂，高等学堂毕业后再升入专门学堂研修专长。他还大力提倡女子教育，对学生吕碧城、外甥女何纫兰等进步女性多有提携。

严复一生曾在船政学堂、北洋水师学堂、复旦公学、安徽高等学堂、

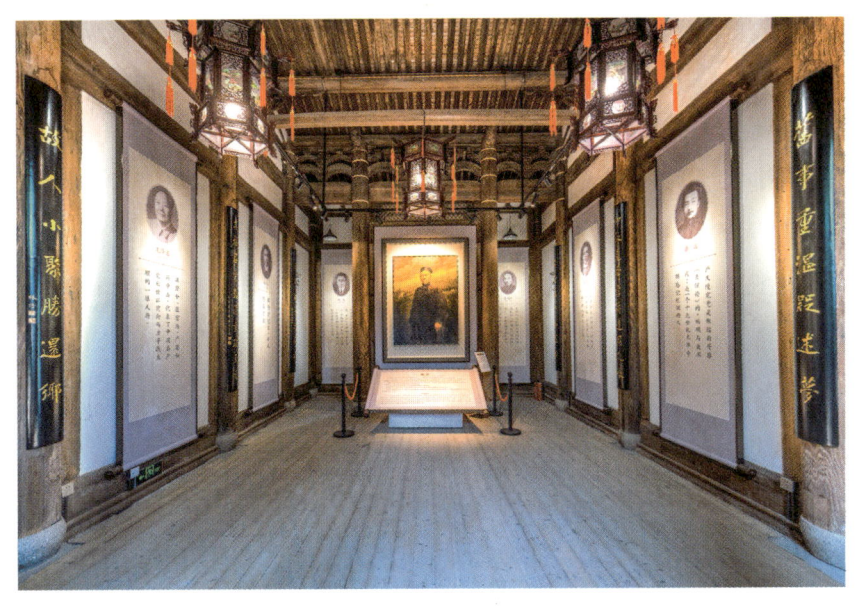

严复祖居厅堂（林振寿　摄）

北京大学等多所高等学府任教或主持工作。1879年，严复回国，任福建船政学堂教习。1880年，他北上天津，辅佐李鸿章创办北洋水师学堂，历任总教习兼洋文正教习、会办（副校长）、总办（校长）等职，20年间培养了众多人才，如民国大总统黎元洪、南开大学校长张伯苓、翻译家伍光建等。北洋水师学堂由此被时人誉为"开北方风气之先，立中国兵船之本"。

1896年，严复以北洋水师学堂总教习兼任天津俄文馆总办的身份，在北京协助张元济创办"通艺学堂"，讲授西学，培养维新人才。1905年，近代教育家马相伯创办复旦公学，严复应邀出任校董，并为公学制定《章程》。次年，严复接任监督（校长），至1908年去职。在此期间，后来成为著名学者的竺可桢、陈寅恪、梅光迪等人都在复旦公学求学。

1906年，严复还担任安徽高等学堂监督（校长）一职。

1912年3月，严复就任京师大学堂总监督。5月，京师大学堂更名为"北京大学校"，总监督改称为校长，严复由此成为北京大学第一任校长。至同年10月辞职，严复执掌北大虽仅8个月，但为北大的发展作出不可磨灭的贡献。他整顿校务、调整师资、改革课程、开设西学，合并经、文二科为国学科，力邀学界名流加入大学堂。由于他的声望和努力，北大呈现一派新气象，开始步入现代大学的轨道。后来蔡元培主政北大，受严复"兼收并蓄、广纳众流"办学思想的启发，把"思想自由、兼容并包"作为北大精神。

百年之间，探索中国前行之路的几代人，都不同程度受到严复思想的影响。追寻大师在故乡的足迹，我们来到坐落于福州三坊七巷里的严复故居。正厅悬挂着的正是严复自拟的书房联语："有王者兴，必来取法；虽圣人起，不易吾言。"这位"近代思想文化史上里程碑式的人物"的强大自信和魄力，仍给今天的我们留下十分深刻的印象。

（江榕　文）

一腔孤勇化藩篱：陈季同与"中学西渐"

19世纪80年代的某一天,阳光清朗,带着薄薄暖意,一位身着长衫、黑发褐肤、眉眼细长的中国男子行走在热闹的巴黎街头,在金发碧眼的人流中格外显眼。行至大歌剧院广场时,一辆大马车冲将过来,险些将他撞倒。膀大腰圆的车夫看清是东方人,不仅没道歉,反而恶言侮辱。男子站稳身躯,不卑不亢,用纯正法语回敬道:"滚开,哼!苟狸侬!"

"苟狸侬"(collignon)一词,是巴黎当地俚语,是对车夫的蔑称。彼时,西方人对积弱贫瘠的中国充满歧视,而此中国男子竟然深谙法国俚语,简简单单一句话就将白人车夫怼得哑口无言,完全颠覆了当地人对中国的认知。此事迅速发酵,成为人们饭后谈资。东方那个神秘国度,被悄悄打开了一个缺口,勾起许多人的好奇心。

引发这个"蝴蝶效应"的中国男子,名叫陈季同。而这只是他凭着一腔孤勇破除西方对中国偏见的一个小小插曲。

重洋外交争国格

陈季同(1852—1907),字敬如,号三乘槎客,福建侯官人。清同

外交官陈季同，法国巴黎图书馆藏。

治六年（1867），考入船政前学堂，学习舰船制造。前学堂又称"法文学堂"，教员基本都是法国人，以法语授课，使用的教材也多为法文原版。法语课每日早晨一个小时，晚上一个半小时，这为陈季同卓越的法语素养打下扎实基础。

1875年初，陈季同毕业后以"西学最优""历经甄别，皆冠其曹"被船政局录用，任办公所翻译。同年3月，船政局派陈季同等人赴欧洲采购机器。他以此为契机游历英、法、德、奥四国，归国后撰述《西行日记》四卷，呈于总理衙门。此书笔力老到、声情并茂，深得洋务派领袖李鸿章赏识。

1876年冬，船政大臣沈葆桢会同直隶总督李鸿章，奏请朝廷派遣洋员日意格带领随员马建忠、文案陈季同、翻译罗丰禄以及学习制造和驾驶的学生分赴英、法等国留学。李鸿章有意将陈季同培养成精通多国语言的外交家，安排其进入巴黎政治学堂（Ecole des Sciences Politiques），"专习交涉律例等事"。陈氏还兼习英、德、罗马、拉丁各种文字，尤精熟于法国政治和法律，"虽其国之律师学士号称老宿者莫能难"。此后，他作为外交使节，出任驻德、驻法参赞，代理驻法公使兼比、奥、丹、荷四国参赞。

作为清朝外交官兼翻译，陈季同经常获邀出席各种庆典、舞会、演讲等活动。渊博的学识、流利的外语和睿智的言谈，让他在社交界广受欢迎。德意志皇帝腓特烈三世（Friedrich III）曾邀请他一同骑马散步，对其锐利见解击节称赏，誉其为"值得尊敬的挚友"。"铁血宰相"俾斯麦（Otto von Bismarck）也与他交好。法国政界人物甘必大（Léon Gambetta）、贝尔当（Joseph Bertrand）、特那尔（Le Baron Thénard），经济学家勒普莱（Frédéric Le Play），文学家拉比什（Eugène Labiche）等名流都与他建立了深厚的友谊。鉴于其在欧洲广泛的人脉，陈季同在处理中俄伊犁问题与中法战争交涉中，皆发挥了积极作用。难怪有人说："正是因为有了这个年轻翻译的活动，中国才开始在外交上引起欧洲的注意。"

"中学西渐"第一人

19世纪晚期，自命不凡的欧洲人对中国充满了鄙夷与偏见。在与洋人打交道的过程中，陈季同时常被问及一些荒谬可笑、愚不可及的问题，这深深伤害了他那强烈的民族自尊心。陈季同虽然在欧洲生活了十几年，深受西方文化的熏陶，但他血脉里中国人的风骨始终坚如磐石。他说："面对专横的欧洲人对我们古老制度和习俗的蔑视，难道我还不能自卫吗？难道我还不能试图破除偏见吗？事实上，这正是我努力实现的目标。"

他毅然拿起笔，以西方人的思维方式与写作风格进行创作，开启了"中学西渐"之路，成为中国文化"走出去"的先行者。陈季同一生出版8部法文书，分别为《中国人自画像》《中国戏剧》《中国故事集》《中国人的快乐》《黄衫客传奇》《一个中国人笔下的巴黎人》《吾国》《英勇的爱》。除了最后一部是在上海出版外，其余皆在巴黎刊行，亦有英、德、意、西、丹麦等多种文字版本。在他的笔下，一个生意盎然、充满诗情画意的中国被介绍给世界。

《中国人自画像》（*Les Chinois Peints par Eux-Memes*）是一部散文集，1884年出版于巴黎，内容涉及中国的家庭生活、宗教、哲学、民俗、文字、诗词、娱乐、教育等方方面面，可谓一部通俗的"百科全书"。书中描绘出一幅男耕女织、家庭幸福、社会谐和的美好画面，洋溢着热烈的民族自豪感。此外，书中选译不少《诗经》和唐诗作品，还原了中国作为"诗的国度"的文化形象，展现了中国传统文化的博大精深和韵律美。此书出版后引起巨大轰动，法兰西第三共和国政府因此授予陈季同"一级国民教育勋章"，以表彰其杰出的文化成就。

《中国人的快乐》（*Les Plaisirs en Chine*）也是一部散文集，1890年出版于巴黎，主要介绍中国的娱乐活动，包括"宗教节日和民众节日""乡野之乐""公共娱乐"等专题，比如记述岁时节庆、神话故事、餐饮、园艺、狩猎、垂钓等内容。值得一提的是，书中重点展现了其故乡福州的文娱百事，文藻华丽且富有诗意，俏皮中又带着深沉的思考。温泉、诗钟、龙舟、游神等充满福州地域特色的文娱活动被描绘得绘声绘色、活灵活现，令人身临其境。

《中国故事集》（*Les Contes Chinois*）是一部翻译作品，1884年出版于巴黎，选录《聊斋志异》中26个脍炙人口的佳作。为适应法国读者的阅读习惯，陈季同将原有篇目名进行西式改编，如将《婴宁》改为《巧笑女郎》，《辛十四娘》改为《女律师》。这些篇目的女主人公蕙心兰质、纯洁善良又敢于反抗礼教和不公，展现出活泼丰富的精神世界和动人的情感。这些有血有肉、至情至性的女性形象，完全消解了西方人认为"中国妇女只是一种弱小的没有主见和欲望的生物"的荒诞论断。

《黄衫客传奇》（*Le Roman de L'Homme Jaune*）是第一部由中国人以西方语言创作的长篇小说，1890年出版于巴黎。此书以唐传奇《霍小玉传》为蓝本，对原作的情节、人物、主题、手法等皆有重大调整。主人公李益由负心汉变成痴情种，逆转了原作"负心复仇"的主题，揭露出包办婚姻导致

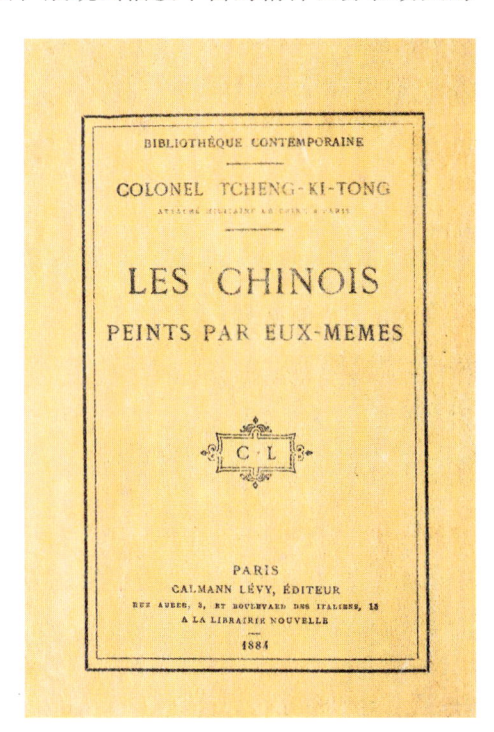

陈季同法文著作《中国人自画像》，1884年巴黎出版。

有情人终不成眷属的悲剧。全文有意穿插许多中国风情民俗,让读者感受到浪漫的东方情调和浓郁的文化气息。法国《图书年鉴》(*Les Livres en 1890*)评论:"这是一本既充满想象力,又具有独特文学色彩的小说。通过阅读这本新书,我们会以为自己来到了中国。"

《中国戏剧》(*Le Theatre des Chinois*)出版于1886年,通过比较中国和欧洲的戏剧,评述两种文化的差异,是中国人以西方方式论述中国戏剧的第一部著作。《英勇的爱》(*L'amour héroïque*)是陈季同回国后创作的法文剧本,为独幕轻喜剧。他全盘打破中国传统戏剧以演唱为主的表演模式,代之以西方话剧的对白形式,开近代中国话剧创作之先河。

陈季同用西方语言介绍中国文化,扭转了世人对中国诸多的恶意和误解,赢得了欧洲社会的善意接纳和尊重。其作品文风轻快幽默,文字优美通畅,富有敏锐的洞察力,使"西国文学之士,无不折服",他也由此在西方文坛名噪一时,成为"中学西渐"的代表人物。

法国文豪罗曼·罗兰(Romain Rolland)曾在巴黎索邦大学(Sorbonne University)听过陈季同的演讲,在日记中描述:"他身着漂亮的紫色长袍,高贵地坐在椅子上。饱满的面容,年轻而快活,面带微笑,露出漂亮的牙齿,声音低沉有力又清晰明快。风趣幽默的精彩演讲,高贵又非常法国化,但更有中国味。在笑容和客气的外表下,他把法国公众视作小孩……听众情绪热烈,喝下了全部的迷魂汤,疯狂地鼓掌!"

陈季同正是以这种骄傲自信的姿态,一腔孤勇化藩篱,向全世界描绘了如诗如画、祥和宁静、桃花源式的"东方乐土",让西方人沉醉其间,从而开出西方视野里的中华文明之花。

(王春燕 文)

"译界之王"林琴南:林纾与《茶花女》

清光绪二十三年(1897)初夏,在闽江下游岸边的一座小楼里,一位面容清癯的中年男人,正倚窗叹喟,看来情绪消沉。他叫林纾,字琴南,号畏庐,闽县(今属福州)人,光绪八年(1882)举人。因夫人新丧,憔悴寡欢,正在好友魏瀚家中散心解闷。魏瀚是福建船政的造船专家,他的家就在船政局不远的马江边上。面对怡人的风景,林纾非但没能解颐,更增添了些许惆怅。魏瀚见他闷闷不乐,有些不知所措。此时,一位气质儒雅的书生排闼而入。正是他的到来,成就了中国近代翻译史上的一段佳话。

一卷《茶花女》,断尽荡子肠

来人叫王寿昌,字子仁,号晓斋,闽县人,船政学堂毕业,曾留学法国。他是林、魏二人的好友,这天,也是应魏瀚之邀,前来为林纾排忧解闷。

王寿昌显然是有备而来。他拿出一本洋书,对林纾说:"弟与魏兄当年求学船政,粗通法文。后负笈巴黎,读了不少小说,颇能解人烦

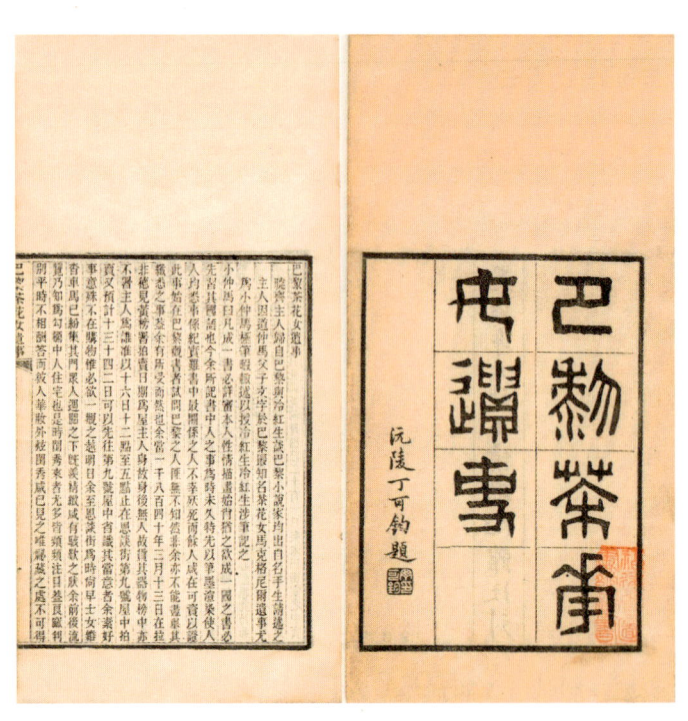

林纾译《巴黎茶花女遗事》,清光绪刻本。

忧。法国小说多出自名手,其中以仲马父子最为知名。这本《茶花女遗事》,是小仲马的极笔,而中国却无人知晓。琴南兄才思敏捷,文章为时所重,不如你我合作,把此书译介给国人,兄也可一遣烦闷与岑寂,岂不美哉?"

林纾听罢,犹豫不决,当王寿昌把《茶花女》小说梗概略叙一遍,缠绵悲切的情节一下子就打动了他,便欣然同意。两人临窗面水,看莲叶田田,游鱼嬉戏。王寿昌动情地诵读原著,把女主人公的不幸遭遇与内心世界描述得委婉尽致,林纾因夫人新丧,深感共情,不觉泣下数行。

在合译期间,林纾和王寿昌常住魏瀚家中,每译到哀婉动人处,则相对而哭。为了给他俩创造愉悦舒适的创作环境，魏瀚买舟载酒，邀他们一同游历石鼓名山。每天王寿昌口译一小时，林纾笔录三千字。从莲叶被水的初夏到绿竹摇曳的深秋，王寿昌逐字逐句、绘声绘色地口译，林纾铺纸于几，全神贯注地倾听，如飞的笔下，倾注着对亡妻的无尽思念。

不到半年光阴，翻译便大功告成，书名定为《巴黎茶花女遗事》。此时国人尚不知西洋小说为何物，林纾不知会有怎样的结局，于是署名"冷红生"。译稿经过王寿昌、魏瀚校对后，由魏出资，在福州城内南后街吴玉田书坊木刻刊印。光绪二十五年（1889）二月，新书100本印成，毛边纸本，字迹清晰，分赠亲友传阅。同年五月，杭州报人汪康年在上海用原刻版重刊。这次公开发售，让《巴黎茶花女遗事》风靡一时，"不胫走万本"，可用"洛阳纸贵"来形容。从此，《茶花女》风行全国，短时间内便有20多种版本出现。少年胡适看完此书后感叹说："此则吾国数千年来小说界未曾有之大观也。"

成功的喜悦浸润着林纾的身心，驱散了他心中的愁云。时人有诗赞曰："晓斋说向冷红生，异域风华儿女情。画艇接窗莲出水，此时此地喜书成。"这本文辞清丽的译本，不知倾注了他多少泪水。林纾后来回忆译述《茶花女》的情景，写道："余既译《茶花女》，掷笔哭者三数。"

"译才并世数严林"

巨大的成功，点燃了林纾的译书热情。这位"不懂外语的翻译家"，从此一发不可收拾，与翻译事业结下不解之缘。此后20余年间，林纾分别与魏瀚、魏易、陈家麟等通晓外语的友人合作，陆续翻译域外小说共计180余种（其中英国作品占100种，另有18种译作未刊印）。其译作数量之多，影响之大，时人望尘莫及，誉之为"译界之王"。

林纾像,民国杨鹏秋摹绘。(麦小荷 供图)

虽因生计所迫，林纾翻译了不少言情、侦探、冒险等畅销书，但也不乏充满英雄主义、爱国主义和浪漫情怀的西洋文学经典。其中影响较大的除前述《巴黎茶花女遗事》外，尚有《黑奴吁天录》（即斯陀夫人的《汤姆叔叔的小屋》）、《块肉余生述》（即狄更斯的《大卫·科波菲尔》）、《撒克逊劫后英雄略》（即司各特的《艾凡赫》）、《鲁滨孙漂流记》（英国作家迪福的名著）等。

在传统士大夫的眼中，小说不过是人们茶余饭后消遣的"小道"，向来难登大雅之堂。但小说明白晓畅，易于传播，社会影响大，故开始在晚清时受到有识之士的重视，作为批判现实、开启民智、改良社会风气的重要工具。林纾翻译域外小说，也是着意于此。他特别重视译著的救世功能，试图通过译述西洋文学名著，让人们了解西方社会生活和人群百态，以开拓国人眼界，启迪民众智慧。

林纾通过译述域外小说，还证明了西方文学也自有其长处，改变了国人对外国文化的无知和偏见。他认为英国文豪狄更斯的文学修养，即便与《史记》的作者司马迁相比，也是毫不逊色的。

林纾的译笔传神入妙、幽默诙谐，极富语言魅力，深为时人所重。康有为赋诗云："译才并世数严林"，将林纾与严复并称为当世译界巨擘。近代文化名流如鲁迅、郭沫若、老舍、冰心、郑振铎等人也爱读林译小说，且都在不同程度上受其影响。因此，林纾翻译大量雅俗共赏的西洋文学作品，不仅为晚清社会开启了一个"开眼看世界"的窗口，而且在主题内容和表现形式两个方面推进了中国小说传统的变革，在客观上促进了中国现代文学的产生。

林纾是一位优秀的古文家。他追慕韩愈，师法桐城派古文，生平著有《畏庐文集》《春觉斋论文》等典雅的文章。扎实深厚的传统文学功底，是他在翻译事业上能够取得巨大成就的关键所在。

求新知于异域

中国翻译的历史，可以追溯至汉唐时期佛经的传译，而较有规模地翻译西方书籍，则始自晚清时期。福州在近代中国翻译史上占有重要地位，不仅译家数量多，而且译作涵盖广、种类全、影响大，为开拓中外文化交流，推动我国翻译事业发展作出重要贡献。

福州在翻译领域，曾产生过好几个"第一"：如最早组织翻译"夷书"的林则徐，最早引进西学、提出"信达雅"翻译标准的严复，最早翻译西方小说的林纾，还有"中学西渐第一人"陈季同、中国第一位女翻译家薛绍徽等。民国时期，福州还涌现出郑振铎、冰心、许地山、林同济、许孟雄等一大批译界前辈。

福州之所以能成为近代中国翻译家的故乡，这不是一个偶然现象，而是渊源有自。历史上，福州长期是海上丝绸之路上的重要港口，中外文化在此交流碰撞，形成了开放包容的社会风气。福州也是近代中国率先"开风气"之地，鸦片战争后，有识之士开始接触西方的思想文化，并积极向国人推介。1848年，福建巡抚徐继畬在福州出版了近代中国系统介绍世界史地知识的名著——《瀛寰志略》。福州开埠后，西方教会在福州办学，出现了一批接受系统外文教育的人才。

1866年船政学堂的创立，正式拉开福州教育近代化的序幕。船政学堂以英文、法文直接授课，并派出留学生赴西欧留学，造就了许多学贯中西的文化精英。可以说，船政学堂不仅是近代海军的摇篮，也是近代翻译家的摇篮。翻译家严复、陈季同、陈寿彭及前述与林纾合译《茶花女》的王寿昌、魏瀚等皆出于船政，引领着近代中国人求新知于异域的的思想大潮。

这些翻译家都具有救国救民的责任感和使命感，有着明确的"为什么翻译""怎样翻译"的问题意识。林纾秉持儒家"文以载道"理念，努力译介域外小说，以为"振作志气、爱国保种之一助"。严复翻译出版"严译八种"，引进西学，振聋发聩，启蒙国人。陈寿彭翻译《中国江海险要图志》，提倡增强海防意识，提高海防武备，保家卫国。凡此种种，近代福州籍翻译家以自己特殊的方式积极投身于救国救民的潮流，谱写了一个时代的精神气质与人文传统。

（黄益群　卞筱璇　文）

敢为天下谋永福：辛亥革命的福州之光

1911年4月24日深夜，香港临江的一幢小楼上。夜阑人静，万籁俱寂，同室的战友皆已熟睡，24岁的林觉民望着窗外的月光，勾起了千里相思：家中老父谆谆教诲言犹在耳，娇妻稚子携手天伦情意绵长，而自己明天就要奔赴战场，生死未卜……既已决心"为国牺牲百死而不辞"，自然义无反顾，于是林觉民提笔在一方素帕上写下："意映卿卿如晤……"

杨桥路17号

朱门灰瓦，曲线山墙，一座古朴的旧式建筑，静静伫立在福州三坊七巷北隅。这里是杨桥路17号——黄花岗烈士林觉民的故居，也是他出生、成长之地，以及他与爱妻陈意映的爱巢——"后街之屋"所在。故居外，车水马龙；院落里，清静幽雅。翠竹掩映下，林觉民的半身塑像目光炯炯，直视远方。《与妻书》的片段在耳旁响起，让人仿佛置身于百年前那个风云激荡的年代。

林觉民（1887—1911），字意洞，号抖飞，又号天外生，福州人，

林觉民故居（杨建峰 摄）

出生于南后街的书香门第。嗣父林孝颖是位饱学多才的廪生，工诗文。林觉民天性聪慧，读书过目不忘，自幼由嗣父亲自教导读书。13岁时，林觉民应父命参加科举考试，在试卷上写下"少年不望万户侯"七个大字，便掷笔扬长而去。15岁时，林觉民以优异成绩考入由末代帝师陈宝琛兴办的新式学堂——全闽大学堂。数年间，接连目睹国势的衰颓，戊戌政变中同乡林旭的惨死，《辛丑条约》的丧权辱国……凡此种种，都在精神上极大地刺激着林觉民。彼时，少年的志向，早已不在功名而在救国。

18岁时，林觉民遵父命与举人陈元凯之女陈意映成婚。书香世家的翩翩少年，与世代簪缨的大家闺秀，虽说是传统的媒妁之婚，因着性情、喜好、学养的相近，倒也情投意合。"初婚三四月，适冬之望日前后，窗外疏梅筛月影、依稀掩映，吾与汝并肩携手，低低切切。何事不语，何情不诉？"婚后，两人住进杨桥路17号的二层小楼里，陈意映称其为"双栖楼"，写信给丈夫时自称"双栖楼主"，林觉民称爱妻"天真烂漫，真女子也"。彼此琴瑟和谐、息息相通。

时局的刺激、进步书刊的熏陶，使林觉民渐渐树立了革命的志向。距杨桥路不远处的锦巷，原有一座七星庙，青年学生组织的爱国社常在此活动。林觉民以满腔的爱国激情发表题为《挽救垂亡之中国》的演说，强调只有革命才是中国的唯一出路，舍此别无他途。讲到动情处，他捶胸拍案，声泪俱下，听者无不动容。全闽大学堂监督叶在琦亦在其中，深有感触地对人说："亡大清者，必此辈也。"

在杨桥路17号家中，林觉民还办起了别具一格的"女校"。他动员妻子、堂嫂、堂姐妹、弟媳等十余名女眷参加他自办的女学。他编选教材，亲自授课，除教授国学以外，还传授科学知识，介绍世界大势，抨击封建礼教。在林觉民的影响下，她们纷纷放足，投考由陈宝琛夫人王眉寿创办的"女子师范传习所"，成为女师第一届学生。

林觉民（麦小荷 供图）

碧血染黄花

1907年,林觉民告别爱妻,东渡日本留学,此后加入孙中山先生领导的同盟会。1910年广州新军起义失败后,孙中山、黄兴等筹划在广州再次发动大规模起义。1911年1月,统筹部在香港成立,留日闽籍同盟会会员林觉民、林文、方声洞等是其中的积极分子。当林觉民抵达香港跑马地统筹部机关时,黄兴喜不自禁地说道:"意洞来,天助我也!运筹帷幄,何可一日无君。"当即命林觉民回闽布置响应起义事宜,并嘱:"快去快回,多带闽籍人来广州聚义。"

1911年4月,林觉民回到福州,组织一批仁人志士奔赴广州。起义前夕,他对友人说:"此举若败,死者必多,定能感动同胞……使吾同胞一旦尽奋而起,克复神州,重兴祖国,则吾辈虽死之日,犹生之年也,宁有憾哉!"4月27日清晨,林觉民与林文、方声洞等加入黄兴统率的敢死队。黄昏时,革命党人"怀夹枪弹,佩白带为号",从小东营指挥部出发,前往攻打两广总督署。林觉民冲锋在前,后在巷战中身负重伤,仍坚持战斗,直至力竭被俘。

面对两广总督张鸣岐和水师提督李准的审讯,林觉民拒绝下跪,坐地侃侃而谈,纵论世界形势和革命道理,气宇轩昂,尽显英雄本色。水师提督李准为之动容,下令去掉镣铐,搬来椅子让他坐下讲,始终未曾打断。后来林觉民虚弱难撑,无法言语,就要了纸笔,以书代语,"书至激烈处,解衣磅礴,以手捶胸"。张鸣岐不禁感叹:"惜哉!此人面貌如玉,肝肠如铁,心地如雪,真奇男子也。"

数日之后,年仅24岁的林觉民英勇就义。而此前香港滨江楼上"泪珠与笔墨齐下"写就的《与妻书》与《禀父书》,成了他与家人诀别的最后告白。

在辛亥广州起义中，死难烈士无法得知确数。后人检收遗骸七十二具，葬于白云山麓黄花岗，史称"黄花岗七十二烈士"。其中，闽籍英烈方声洞、林觉民、林尹民、林文、陈与燊、陈更新、陈可钧、冯超骧、刘元栋、刘六符等十人均为福州人，合称"福州十杰"。

广州起义失败半年后，武昌起义成功，各省纷纷响应，福州也于当年11月9日光复。其时，福州上空升起了一面象征全国十八省光复之义、缀有十八颗星的旗帜。这面胜利的旗帜就是冯超骧、林觉民、刘元栋三位烈士的夫人于起义前夕秘密赶制出来的。

辛亥福州记忆

距离三坊七巷杨桥路不远处的文儒坊36号，原来是卢氏祠堂。1899年，中国新闻界的先驱、福州籍革命宣传家林白水与他的表兄弟黄展云、黄翼云在这里创办了福建第一所具有革命色彩的新式学堂——"福州蒙学堂"。少年的林觉民即求学于此，并埋下了追求民主共和的种子。"蒙学堂"既教授汉学，又传播西学，还专门设置时务课，讲解国家形势和救国途径。几位老师都是当时思想进步、要求革命的青年人，后来他们都加入了同盟会，成为辛亥革命的骨干力量。师生们秘密组织"励志社""十汉团"等革命组织，宣传救国思想。广州起义"福州十杰"多为"蒙学堂"的学生。

吉庇巷的谢家祠堂，当年也是福州进步青年聚集之地。林觉民与几个志同道合的友人在这里创办"阅报社"，宣传革命思想。这里也是"共和山堂""汉族独立会"等革命团体聚会的地点。社内陈列各种新刊新报，由各组织的会员为民众"说书"，传播社会新闻和新思想。《苏报》《警世钟》《醒狮》等进步书刊，启迪鼓舞了一批又一批热血青年。

烟台山梅坞路9号，为桥南公益社。1906年，中国同盟会福建支会

1912年孙中山（前左九）访闽时与福建军政人员合影。（麦小荷　供图）

总部即设于此。该社以办理地方公益为名，实则秘密从事反清救国活动。1911年4月，林觉民回闽，便是在这里与林斯琛、刘通等人密商赴粤起义之事。该社设立体育会，组织英华、福音、培元等书院的学生进行军事操练。1911年11月9日福州光复之役中，桥南公益社会员和青年学生组成的洋枪队和炸弹队，成为反清起义的生力军。1912年4月20日，孙中山先生莅闽考察，亲笔题写"独立厅"三个大字，悬于社所门厅，以彰殊荣。

在风云激荡的辛亥革命中，福州志士的表现可圈可点。史称福州"君子外鲁内文，小人谨事畏法"，福州人素来以温文尔雅、谨慎规矩著称，为什么会在辛亥革命中涌现出这么一大批慷慨悲歌、赴死如归的血性之士？

实际上，福州人温文儒雅的背后，是崇文好学、追求新知的传统。福州素号"文儒之乡"，人们崇尚儒学，凡事讲"理"。而"理"有新旧、大小、高下之分，福州人好学，一旦掌握高新的知识和道理，就会按"新道理"行事。

辛亥革命不是传统意义上的扯旗造反，而是有着崇高理想和时代精神的民主革命运动，从革命领袖到革命志士，都有着"天下为公""以天下为己任"的精神境界。晚清福州因缘际会，孕育出一大批有识、有志之士，在革命理想的感召之下，激发出为"公理大义"而不惧流血牺牲的精神，为推动中国社会变革和进步作出彪炳史册的贡献。比如辛亥"福州十杰"，何尝不是热爱生命、热爱家人的阳光青年？他们之所以慷慨赴死，是觉得成仁取义、死得其所。林觉民对妻子说，自己的死，是"助天下人爱其所爱"，也是"为天下人谋永福"；方声洞对父亲说，自己是"为祖国而死"，"使同胞享幸福"。

百年光阴，飞逝而过，这些壮怀激烈的革命志士，以其开风气之先、谋天下永福的家国情怀，永远活在人们心中。这正是福州这座历史文化名城的城市精神和灵魂所在。

（麦小荷　文）

FUZHOU
THE BIOGRAPHY

福州 传

闽都风物

第五章

福州城的雅号，叫作榕城，原因是为了在城内外的数千年老榕树之多得无以复加；福州的别号，又叫作三山，就因为在福州城里有许多大大小小的山。

——郁达夫　现代作家

清荫翠影共烟浮：福州的榕树

福州，别称"榕城"，盖因盛植榕树且以树龄长、历史久、数量多而著称。那一棵棵高大的榕树，远远望去就是一座座绿色的山丘，一道道绿色的风景。当你走近时，就被那飘飘洒洒、婆娑多姿的气根所吸引。阳光穿过茂密的树叶，形成斑驳的光影，投射在一条条柔美的褐色气根上，发出幽亮的光泽，让人仿佛置身于一个迷幻的宫殿之中。

福州植榕的历史十分久远。据清郭柏苍《闽产录异》记载："冶山旧有古榕，传为汉时物，其干淡白，枝多亦萧疏。道光初，风折而枯，其木焚不生焰。"自汉高祖五年（前202）闽越王无诸建立冶城开始推算，这棵古榕已有2200多岁的高龄。汉唐以降，榕树在福州已经繁衍生长得十分繁茂，唐代诗人陈翊在登福州城楼曾时发出"孤径回榕岸，层峦破积关"的感慨。

而福州"榕城"之名起于何时？最早的记载，见诸晚唐五代福州官员翁承赞的诗句。唐天复四年（904），户部员外郎翁承赞受命回故乡册封王审知为琅琊郡王。当翁承赞离开福州时，王审知为他饯行。席间，翁承赞感慨颇多，写下留别诗句，题曰《甲子岁，衔命到家，至榕城册封，次日，闽王降旌旗于新丰市堤饯别》。榕城之名，就这么一叫千年。

于山榕寿岩（林振寿　摄）

北宋庆历四年（1044），蔡襄任福州太守，大力倡导植榕。据《三山志》记载，"蔡密学襄知州日，令诸邑道旁皆植之。又，自大义渡夹道达于泉、漳，人称颂之。诗云：'夹道松，夹道松，问谁栽之我蔡公。行人六月不知暑，千古万古摇清风。'"这里所记载的松树，应该是榕树，至今福州、莆仙和闽南一带仍然把榕树叫松树。

北宋治平二年（1065），张伯玉任福州知州。他到任时，正值夏天，酷热难耐，病患者颇多。如何解民之困？张伯玉深思熟虑，采取"编户植榕"并辅以激励的政策，效果十分明显。他自己也身体力行，在衙门前种植榕树，致使福州"绿荫满城，暑不张盖"。这浓墨重彩的一笔，为后人所津津乐道。

熙宁元年（1068），程师孟接任福州太守。他继承前任的好传统，继续倡导植榕，并题诗颂扬张伯玉："三楼相望枕城隅，临去重栽木万株。试问国人行往处，不知曾忆使君无。"随后，黄裳、梁克家等人先后就任福州知州，继续倡导民众植榕。

福州人工植榕，自汉唐到当今，蔚成薪火相传的政风民俗。据估计，现今福州全城拥有榕树16万棵，树龄在百年以上的就有一千多棵，城市行道树也多为榕树。走在福州的大街小巷，随处可见郁郁葱葱、高大苍劲的榕树，不经意间还会遇到那些"明星"榕树。

要说最大最有名的榕树，当属福州国家森林公园内的"榕树王"。相传此树为张伯玉倡导植榕时所栽，至今已近千年，树干围径8米多，树高20多米，其冠幅达1300多平方米，可纳千人于树下，可谓"榕荫遮半天"，人称"榕树王"。奇特的是，两边树冠会轮流落叶，也许是当年种下的两棵树苗，日久年深，相互缠绕而成的结果。如今，这棵榕树已成为榕城的象征。

而最有"胸径"的榕树，当属肃威路裴仙宫里的"第一古榕"。这棵

森林公园的榕树王（吴爱兰 摄）

小叶榕树干围径14.4米，8个人方可合抱，虽"蜗居"在宫内，却长年香火鼎盛，这里还有一段神话故事。相传当年闽浙总督署的师爷姓裴，平素勤政爱民，行善乡里。后来弃官修道，在这棵古榕旁羽化成仙，号"督署裴真人"。众人感其功德，在榕树旁建造"仙爷楼"，这棵古榕也被认为是裴仙君的化身。无巧不成书，抗日战争时期，日军投下一枚炸弹，曾被这棵古榕茂密的枝桠截托而未炸，周边群众的生命得以保全，似乎再次印证了榕树的神话。每年金秋时节，裴仙宫都要为这棵榕树过"古榕节"。古树上披着大红"寿"字，主祭身披鹤氅，表演"三献"仪式，善男信女纷纷前来祝寿，场面隆重热烈。

在人潮涌动的杨桥路上，有座"双抛桥"。据清施鸿保《闽杂记》记述，"相传昔有王氏子与陶氏女相好，父母夺其志，月夜同投此桥下，故名。"传说王、陶二人殉情后化身为两棵榕树,分别从桥的两侧发芽,并在桥中结为连理,再续前缘。虽然只是传说,但"合抱榕"的奇特景观使它们成为最会"秀恩爱"的古榕。不论世事如何变迁,双抛桥上的这两棵合抱榕始终紧紧相拥,成为青年男女见证爱情的打卡地。

安泰河边的朱紫坊内,有一棵奇特的古榕。从前朱紫坊沿河有土墙围挡,榕树籽落在围墙上,生根发芽,长成骑墙榕。后来风吹雨打土墙坍塌,这棵榕树的根系便完全裸露出来。蜿蜒的裸根,像一道天然的屏障,立于安泰河沿,铁干虬枝,盘根错节,宛如蟠龙绕墙,所以被称为"龙墙榕"。

俗话说"独木不成林",可这句话在榕城却不适用。在马尾的罗星塔公园内,有一片占地上千平方米的独木成林榕。只见三四十棵大小不一的榕树拔地而起,须根丛生,既相互独立,又相互依存,这些榕树都是由一棵被台风摧倒的古榕繁衍的。这卧地的榕树,将气根一条条地扎入地下,顽强地生长着,当长成粗壮的枝干后,又生出气根扎入地下,变成支柱根,活脱脱的像一根根柱子支撑在枝干下。就这样,一根接着一根,向四面八方伸展开来,形成一片榕树林。

传说还有一棵榕树因为奇特的造型曾引起慈禧太后的关注,这就是位于五一中路的三树合一奇榕,名曰"双龙(榕)戏凤(枫)"。"双龙"是一棵小叶榕和一棵笔管榕,"凤"是一棵枫树,榕树寄生在枫树的主干上,三树合抱共生,不同季节的树叶呈现出深绿、浅绿、淡红等不同颜色,别有一番情趣。相传,最初只有一棵榕树寄生在枫树上,百姓戏称"龙戏凤",慈禧太后闻言不悦,硬是将枫树移到榕树上,改为"凤骑龙"。一位叫胡孟的隐士得知后,便在枫树上种了一棵小叶榕,便成了"双龙戏凤"。实际上,这是鸟儿或风儿的杰作,无意中让这棵榕树挤进"十大奇榕"之列。

榕树的气根（林振寿　摄）

　　福州民间视榕树为长寿、吉祥的象征，每逢盛大的节庆，人们会采撷榕枝，扎成彩楼，用以烘托节日喜庆气氛。端午节这天，人们用榕枝蘸雄黄酒喷洒庭院以驱"五毒"。举凡红白喜事也都要用到榕枝，如向亲友贺婚时，传统的贺礼上要放一桠箍着红纸条的榕枝，红绿相间，分外耀眼，以此寄寓爱情像榕树般万古长青。旧时嫁娶，在花轿后面，总有一青年后生拖着一把枝繁叶茂的榕枝跟随，谓之"拖青"，寓意新娘进门后子孙繁衍、家业兴旺。新娘进洞房后，要把榕枝放置床顶上，表示新娘从此要在这里长住下来。老人寿终，也习惯摆放榕树盆景，表示老人如老榕树一样活在人间。

　　说来有趣，福州民间还有个禁忌，烧火做饭不能烧榕树的枝叶，当地俗称"烧榕万年穷"。还有人认为榕树与人类一样有着灵魂和灵气，所以在村庄入口处种植榕树以庇荫村民。在有数百年树龄的榕树上,往往设有"榕树公"神位。逢年过节,人们常常带小孩到树下拜祀,然后取一片榕叶,用红线贯穿起来,挂在小孩脖颈以求吉利。善男信女也在榕树上披挂红布条,顶礼膜拜,或求子赐福,或祈求平安。台湾同胞到福州寻根认祖或挂香分灵时,经常将榕树枝叶缚在高高的旗杆顶端带回台湾。

千百年来,福州人世世代代在榕荫之下繁衍生息。榕树与榕城同生共长,演绎出底蕴深厚的崇榕文化。绿影婆娑、仪态万千的榕树,始终是福州最具特色的城市景观之一;不屈不挠、顽强进取的榕树性格,也成为榕城人最出色、最卓越的性格体现。有福之州,因榕精彩!

(黄河清　文)

"兰汤三尺即蓬瀛"：福州温泉文化漫谈

在福州学习、生活、工作了多年，这里给我印象最深的，除了榕树，就是温泉了。亿万年来，这汩汩涌出的泉水，将福州拥入怀中，温暖着她，滋润着她。可以说，福州就是一座漂浮在温泉上的城市，没有泡过温泉就不算是真正的福州人，没有温泉的生活就不是福州人的生活。

泉涌千年仍时尚

说起福州温泉沐浴的历史，有文字记载的就已超过1700年。西晋太康三年（282），晋安（今福州）郡守严高建子城，在东门外开河取土，工人发现了涌出地面的温泉水，于是用石子垒成池，供人沐浴。唐代，福州已出现"温泉乡"的地名。唐咸通二年（861），发现地下涌出热水，乃以石砌成汤池三口，建茅屋三椽于其上，后人称为"古三座"（今福州地名）。

后梁龙德年间，在城东温泉坊（今汤井巷）建龙德汤院。北宋时，福州城的"官汤"和"民汤"多达40余处，利用温泉沐浴、养生、疗疾成为时尚。宣和六年（1124），侍郎陆藻建浴室四所、振衣亭一座，堂宇

福州源脉温泉"八角井"（陈暖　摄）

亭榭俱全，俨然如别墅。

明代，福州城区共有4处温泉，即温泉坊的内汤井、汤门处的外汤井、石槽汤泉和城东的崇贤里汤房，澡堂业更是一片兴旺。今汤门、东门、水部及王庄一带，澡堂遍布，茶座等设施一应俱全。

清代，私营"汤堂"兴起，服务极为精致。清施鸿保《闽杂记》记之甚详："闽县井楼门外有温泉焉，居民于其处开设浴室，谓之汤堂。夏日尤多有。日新室、一清居、万安泉、六一泉等名，重轩覆榭，华丽相尚。客至，任其择室，髹盆、棐几，巾拂新洁；水之浅深，唯命。浴后，茗碗啜香，菰筒漱润，亦闽游一乐事也。"

民国年间，福州汤堂最为兴盛，中心城区内建有温泉澡堂数十家，像福龙泉、百合明园、南星澡堂、沂春亭澡堂等，都是老福州耳熟能详的澡堂，福州温泉沐浴形成了特有的文化氛围。这时候，还出现了第一家汤商公会组织——闽侯县澡堂业公会。

中华人民共和国成立后，福州市大力加强温泉资源的勘探、管理、保护和开发工作。至 20 世纪 80 年代，福州澡堂业再度呈现繁荣昌盛景象，每年接待浴客达 1000 多万人次。温泉也开始作为一种新兴的能源——地热能，除了继续用于沐浴外，被广泛应用于医疗保健、水产养殖、工业生产、科学研究以及花卉栽培等方面。2010 年 12 月，福州荣获"中国温泉之都"称号，成为全国第一个获此殊荣的省会城市。

福州温泉甲东南

福州温泉得天独厚，历史悠久，质量优良，蕴藏丰富，自古就有"福州温泉甲东南"的美誉。福州与陕西西安、广东从化并称"中国三大温泉城市"，唯有福州温泉位于城市中心地带。这个温泉带南北长 5 公里，东西宽 1 公里，面积约 5 平方公里。除中心城区的温泉带外，仓山区的螺州、淮安，晋安区的桂湖，郊县的永泰、连江、闽侯、闽清、长乐、福清等县（市）也有天然温泉出露。

相比其他地方，福州温泉还有这么几个特点：一是储量大，日可开采量超过 3 万吨；二是埋藏浅，温泉出涌口离地面大多只有 40—65 米；三是温度高，一般为 40—60 摄氏度，最高可达 98 摄氏度，《三山志》记福州温泉"能熟蹲鸱（芋头）"；四是水压大，涌水量达每秒 0.5—1 升；五是水质好，富含硫、氯、钠、氟、氢等 10 余种有益人体健康的矿物质和微量元素，能提高人的机体代谢和免疫力，对皮肤病有较好疗效。

关于福州温泉的治疗功能，《三山志》记载："天德二年（944），占城（今越南）遣其国相金氏婆罗来，遍体疮疥，访而沐之，数日即瘳。"金氏通过泡温泉治愈疥疮，解除了痛苦，特捐钱 5000 缗，在温泉旁建亭，立

福州贵安温泉的露天浴池（林振寿 摄）

番书（越南文）石碑二通于亭中。宋庆历二年（1042），官府重修碑亭。至淳熙九年（1182）梁克家编纂《三山志》时，碑亭还在，以后便不知下落。这是外国人来福州利用温泉治疗皮肤病的最早记载。明嘉靖年间，戚继光率军入闽平倭，因福州气候潮湿，外加蚊虫叮咬，大批士兵染上皮肤病。军医治疗无效的顽疾，却在泡了温泉之后得以治愈。神奇的功效，让福州温泉的声名不胫而走，遂有"神泉"之称。

  洗温泉澡是福州人的一种享受。扯一条龙头布，跂一双木屐，到澡堂去泡澡，上50岁的老福州人有这种习惯的不在少数。福州话里有个词叫"透脚"，就是专门用来形容洗温泉后的畅快感觉，如果非要译成普通话，"透脚"就是从头到脚都泡得红通通、热乎乎的意思，是从上到下都能体会到的幸福感。爬出汤池，全身酥软地往结实的竹卧椅上一躺，饮热茶、抽水烟，简直飘然若仙；再与老汤友"攀讲"摆龙门阵，什么奇闻趣事、街谈巷议，海阔天空，无所不聊，十分惬意。

许多在外谋生的福州人，往往一回福州，就先要去澡堂一泡为快。客居福州的人士，也对"汤池"怀有特殊的感情。20世纪30年代，著名作家郁达夫曾在福州任职，泡温泉成了他生活的一大内容。在《闽游滴沥》一书中，他绘声绘色地描述了泡温泉的感受。除了洗浴，澡堂也是他饮酒会友的场所。一次，他在福龙泉洗浴，诗兴大发，向账房要了笔墨，挥笔写下"曾因酒醉鞭名马，但恐情多累美人"的名句，其风流洒脱可见一斑。作家施蛰存任教于福建协和大学时，对温泉也是情有独钟，写下"百合池塘旧有名，兰汤三尺即蓬瀛。老夫浴罢浑如梦，直觉肤坚肠胃轻"。

汤池泡出翰墨香

在水雾缭绕中，福州温泉文化也在不断地积淀与升腾，给来到这个城市的人留下"温暖的记忆"。

从北宋到民国，题咏福州温泉的诗文不下百篇。宋熙宁元年（1068），光禄卿程师孟知福州，在"龙德院官汤"洗浴时写下《题汤院》诗："曾看华清旧浴池，此泉何时落天涯。徘徊却想开元事，不见莲花见荔枝。"将福州温泉与陕西旧华清池相媲美，赞叹"荔枝之乡"福州的物华天宝。抗金名臣李纲曾作《咏福州温泉》诗二首："温冷泉源各自流，天教赐浴雪峰陬。众生尘垢何时尽，日日人间几度秋。""玉池金屋浴兰芳，千古华清第一汤。何似此泉浇病叟，不妨更入荔枝乡。"借吟福州温泉，表达自己希望朝廷能够除恶去害，听信忠言，收复失地，让众生都能洗净"尘垢"的意愿。

福州的温泉澡堂大多挂有名人字画或楹联，为温泉注入丰富的文化气息。在诸多言近旨远、趣味盎然的名联佳对中，以唐代龙德汤院的佚名对联"五凤朝阳生丽水，九龙经脉出金汤"以及清代学者陈寿祺为福龙泉撰写的对联"非福人不能来福地，有龙脉才会有龙泉"最具代表性。

还有众多摩崖题刻，堪称福州温泉文化的精华。如宋代高僧释可遵《题汤泉壁》云："禅庭谁立石龙头，龙口汤泉沸不休。直待众生尘垢尽，我方清泠混常流。"大文豪苏轼曾有诗和之："石龙有口口无根，自在流泉谁吐吞。若信众生本无垢，此泉何处觅寒温。"

福州温泉澡堂的命名，也颇具文化色彩。以"沂"字命名的澡堂，有沂春亭、善沂泉、浴同沂、仙沂泉、清于沂、仙于沂、新沂泉和又一沂等。"沂"字在儒家经典中大有来头。《论语》记载，孔子让弟子说自己的志向。曾皙说："暮春者，春服既成，冠者五六人，童子六七人，浴乎沂，风乎舞雩，咏而归。"他这种安然自适的情怀，受到孔子的肯定和赞赏。民国二十四年（1935）清明节前夕，国民政府主席林森从南京回榕扫墓，曾为南星澡堂题写"南台沂泉"。把澡堂比作孔圣人沐浴的沂水，可谓寓意深刻。20世纪60年代，福州东门外有日新居、日日新、又日新3家澡堂，其店名就直接来自儒家经典《大学》的："苟日新，日日新，又日新。"将身体上涤荡尘垢，与思想上的革故鼎新、品德上的自我完善，巧妙契合在一起。又如八仙居、一清泉、醒春居、太清泉、南华泉、松有泉、天一泉等等，充满仙风道骨和诗情画意。"天一"语出《易经》"天生一，一生水"。水能克火，旧时澡堂多为木构，取名天一泉，借水克火。

一双木拖鞋、一把竹躺椅、一杯茉莉花茶、一池汤泉水，伴随着福州人度过漫长而又温馨的岁月。汤涌三山，福泽榕乡，氤氲在温泉里的城市，"有福之州"实至名归。多泡泡这流淌了千万年的金汤，将温暖的时光印记，都付与这吐艳的暖流。

（黄河清 文）

天生瑰宝孕闽中：寿山石雕刻艺术

清嘉庆元年（1796）正月初一，乾隆皇帝举行大典，正式禅位给儿子嘉庆，当上了太上皇。在位时间长达60年的他，一下子不当皇帝，心里未免有些失落。

一天晚上，乾隆做了一个梦，梦到玉皇大帝送给他一块黄色的石头，上面还刻着字。他还没有来得及询问，忽然就从梦中醒来。几天之后，果然有人进贡了一块石头，竟然与梦中的一模一样。乾隆感觉受到神灵的启示，决定将这块石头打造成自己的私人玉玺。众多能工巧匠被召到宫里来，经过精心构思、雕琢，终于制成一组环环相扣的三链章。三枚印章，边上二枚为正方形，中间一枚椭圆形；整个链条一气呵成，自然闭合，没有任何黏连的痕迹，极尽精巧之能事。

乾隆大喜过望，立即找来篆刻高手，分别为三枚印章刻上"乾隆宸翰""乐天""惟精惟一"，正是他梦中所见的字样。从此，这三链章成了太上皇的至爱，几乎是片刻不离身，就连睡觉的时候，也要放在枕头边上。

这就是故宫至宝——"田黄三链章"的故事。而田黄，就是闽中瑰宝寿山石中的极品。

闽中瑰宝寿山石

寿山石是福州特有的名贵石材,因产于寿山乡而得名。寿山乡位于福州北郊,一水环绕,群山连绵,寿山石较集中地产于周边的群山、水田、溪流之中。寿山石的品种多达百数十种,按传统习惯,主要分田坑、水坑、山坑三大类,分别指在田底、水涧、山洞采掘的矿石。其中产于田底、溪边的独石,多呈黄色,故称"田黄"。田黄石是中国特有的软宝石,材质温润凝腻,是印章石中的极品。上佳的田黄石在明清时多被列为贡品,雕刻成御用玺印及艺术摆件,备受历代帝王青睐,其身价无与伦比,有研究者称:"黄金有价,田黄无价。"田黄石中有称田黄冻者,色如蛋黄,极为罕见,更是一种通灵澄澈的奇石。

(清)杨玉璇款寿山田黄石兽钮方章(麦小荷 供图)

寿山石晶莹剔透、斑斓多彩、质地脂润、柔而易攻，是中国传统"四大印章石"之一，备受文人雅士的喜爱。寿山石雕，系以寿山石为材料，经独特的构思、精湛的技艺雕刻而成的工艺品。其表现题材十分广泛，有仙佛、古兽、山水、花鸟、虫鱼、果蔬等，无不精巧细腻。寿山石雕刻注重依石造型、巧色应用，讲究整体构思。雕刻前，艺人要仔细观察、认真揣摩石材的形状、颜色、纹理等，俗称"相石"。在雕刻过程中，要充分利用石料的天然色泽，循着石材的纹理走向安排雕刻内容，即业内常说的"因势造型""因材施艺""掩瑕显瑜""巧色利用""变废为宝"等，这个过程最能体现艺人的雕刻功力与艺术想象力。

寿山石的雕刻技法丰富多样、精湛圆熟，又在发展过程中博采广纳，融合中国画和各种民间雕刻的艺术技巧。其技法主要有圆雕、镂雕、透雕、链雕、微雕、"薄意"等，其中"薄意"是寿山石雕特有的表现技法。所谓"薄意"，即极浅薄的浮雕，浅刻如画，耗材甚微，特别适合雕琢田黄之类珍品原石。在艺术上，"薄意"融雕刻与绘画于一石，巧妙利用石材的色彩、裂纹甚至瑕疵，往往产生令人意想不到的艺术效果。寿山石的印钮雕刻也独具特色。寿山石印钮吸收中国古代印玺、玉雕等传统装饰之长，显得古朴而庄重。可以说，一件成功的寿山石雕作品，不仅是作者雕刻技艺与实践经验的体现，还是其文化水平与艺术修养的反映，更是天然造化与艺人智慧的结晶。

寿山石雕刻艺术

寿山石雕是福州特有的雕刻艺术品。考古证明，早在南朝时，福州就有寿山石雕刻，迄今至少有1500年的历史。1954年，在福州一座南朝墓葬中出土了寿山石雕"卧猪"实物。该石雕采用寿山乡的"老岭石"

民国林清卿刻寿山石山水人物方章,福建博物院藏。(卢金钊 摄)

刻成，线条简洁，刀法洗练，造型粗犷，具有相当的艺术水准。

隋唐时期，随着佛教的传播，寺僧以寿山石雕刻佛像、香炉、念珠等物品馈赠香客，寿山石雕开始流传于世。宋代，福州已出现官府专营的雕刻作坊，石雕的品种逐渐增加，内容不断丰富。有关寿山石的最早文字记载，见于淳熙《三山志》："寿山石，洁净如玉，大者可一二尺。柔而易攻，盖珉类也。"从福州、建瓯、邵武等地宋墓中出土的大量寿山石俑可见，当时福州寿山石雕刻已颇具规模，其雕刻艺术也趋于成熟。

元明以降，文人书画兴起，石质印章雕刻艺术应运而生。由于石章钮饰的出现，寿山石的雕刻技法有了很大的变革与发展。艺人们在继承我国古代玉、铜印钮装饰艺术的基础上，创造出造诣高超、风格独特的寿山石印钮装饰艺术。这时的寿山石雕刻精品，造型生动活泼、婀娜多姿、刀法刚柔相济、婉转流畅，寿山石章遂成为文人墨客的心爱之物、珍赏之宝。

清代是寿山石雕的鼎盛时期，艺人在选石、创意、雕工等方面，都更加精致而丰富多彩。其中最令人称绝的是，清代艺人可在一块石材中雕刻出不需粘接的活动链条，著名的"田黄三链章"就是其最具代表性的作品。康熙年间，还出现寿山石研究的专著——《观石录》与《后观石录》，其作者分别是福州学者高兆与浙江文人毛奇龄。

清代，还是寿山石雕名手辈出的时代。康熙年间，杨璇、周彬以冠绝群伦的技法享誉艺坛。杨璇，字玉璇，漳浦人，康熙间客居福州，擅雕工，尤精人物、兽钮，作品构思巧妙、刀法古朴。时人称，杨璇所雕印钮，可以与古代名画家的作品相提并论。周彬，字尚均，漳州人，技艺超凡，善刻印钮、古兽、博古等，印钮尤受人称道，时称"尚均钮"。

尚均钮雕风精细，手法出众，颇具青铜、汉玉韵味，常被地方官吏进贡朝廷，成为皇家秘藏之珍。杨、周二人均为寿山石雕的一代宗师，北京故宫博物院至今珍藏他们的作品。其后，又有董沧门、魏开通、奕天、妙巷鉴等人，均为寿山石雕刻艺术史上的名师巨匠。

同治、光绪年间，林谦培、潘玉贸继承杨璇、周彬的优秀传统，不断创新，自成体系，开创出近代寿山石雕的"东门派"和"西门派"两大派系，被后人尊为"开山鼻祖"。林谦培与其弟子林元珠家住福州东门外，擅长雕刻仙佛人物、鸟兽花果，善取巧色，刀法矫健，作品玲珑剔透、精巧华丽，大部分通过古董商出口销往日本、东南亚及欧美各地。潘玉茂与其堂弟潘玉泉、潘玉进在福州西郊凤尾乡一带收徒传艺，以刻制印章、文玩为主，刀法圆顺，作品淳厚古拙、富有内涵。两派技法都对寿山石雕刻艺术产生很大影响，林元珠高徒郑仁蛟、潘玉进弟子林文宝、林文宝徒弟林清卿等，都是深受后世推崇的寿山石雕名艺人。

自近代福州通商开放以后，寿山石雕成为深受海内外人士喜爱的工艺品。福州作为寿山石的故乡，也是寿山石雕刻和贸易的中心。清末，福州"总督后"一带，聚集了许多专门经营寿山石图章与雕刻品的商店，其中以明嘉靖年间开设的"青芝田"最为著名。

20世纪80年代以后，寿山石文化迎来蓬勃发展的黄金时期。借着改革开放的春风，福州寿山石雕艺术大步走向海外，风靡全球。2003年，寿山石被认定为"国石"候选石。2006年，寿山石雕被列入国家级非物质文化遗产保护名录。

2021年，第44届世界文化遗产大会在福州召开。著名寿山石雕刻艺术家刘爱珠的团队融汇各种雕刻技法，打造"吴哥之美"巨型寿山石雕，向世界展示中国寿山石雕刻艺术的魅力与风采。

刘爱珠刻"吴哥之美"巨型寿山石雕（黄益群　供图）

天生瑰宝孕闽中。寿山石，是福州的，也是中国的，更是世界的。

（黄益群　卞筱璇　文）

"佛闻弃禅跳墙来"：从佛跳墙说福州菜特色

二十余种山珍海味码入酒坛，封盖后文火煨上四五个小时，揭开荷叶，奇香四溢。循此诱人荤香，曾经斩断尘缘的高僧垂涎难当，抛却多年的佛门修行，急急翻墙寻味，亟欲享受这凡俗至味……在中国八大菜系里，能演绎出如此的精彩，本身就是一幕舌尖上的传奇。

"闽菜之王"

菜肴名叫"佛跳墙"，是福州名菜，号称"闽菜之王"，曾被中国烹饪协会授予"中国名宴"称誉，进而跻身钓鱼台国宴名菜之列。如今，作为闽都传统手工制作技艺，已经被列入国家非物质文化遗产名录。

也可以这么说，佛跳墙是闽菜成为中国八大菜系后起之秀的初始胚胎。据百年名菜馆聚春园的老厨师回忆，大约在19世纪70年代，清光绪年间，有官员宴请酷爱美食的闽都按察使。为了新奇出彩，主人让绍兴籍内眷主厨。内眷别出心裁，把几种畜禽肉和海产品统统装入绍兴酒坛煨制成菜，客人品尝后赞不绝口，赐名"福寿全"。之后，其衙厨郑春发学会烹制这道菜肴，且加以调整改进：以猪蹄、羊肘垫底，依次放进猪肚尖、

"闽菜之王"佛跳墙(杨婉娜 摄)

鸡鸭肉、香菇、冬笋、目鱼、鲍鱼、海参等水陆八珍,再加入香料,兑以骨汤及绍兴酒提鲜增香,置于炭火上慢慢煨制。后来,成为闽都菜式开山鼻祖的郑春发入股三友斋菜馆。有那么一天,一群文人墨客于三友斋聚会,郑春发把刚改进创制的"福寿全"端上桌。坛盖启荷叶开,扑面而来的荤香里裹挟着丝丝缕缕的酒香,举座击节赞赏,有人脱口吟出"坛启荤香飘四邻,佛闻弃禅跳墙来"的诗句,"佛跳墙"之名遂不胫而走。进入20世纪,在菜馆和手工业作坊聚集的福州东街口,当郑春发把三友斋改成独家经营的聚春园时,佛跳墙的美名早已传遍闽都街巷。

20世纪90年代以后,中国人的餐桌逐渐丰盛了起来,闽都的酒席上经常端出"坛烧八味"这道菜。坛里有色彩浓重的鸡鸭块、鸭胗、猪肚、猪蹄尖、鹌鹑蛋、目鱼、干贝、香菇等，最上面少不了一撮人造鱼翅。随着时间推移，有人回避高脂高油，或接受不了浓郁酒味，这道菜便渐渐少见了。很多人似懂非懂地将坛烧八味和佛跳墙画等号。其实，坛烧八味只是佛跳墙的一种雏形，说白了就像佛跳墙乡下拐弯抹角的穷亲戚、远房表亲之类。

佛跳墙烹饪艺术

一百多年来，佛跳墙的烹饪艺术与时俱进，累积了一代又一代人的智慧和灵性。在选材、预制、煨制沿袭传统的同时，民间巧手们一遍遍调整食材比例，修正制法，在不同时代的口味和饮食习惯中寻找平衡点。珍贵海产品食材一次次加盟，使得这道人间美味成为紧跟时代变化最成功的传统菜肴，历久弥新，始终稳坐闽菜的头把交椅。

佛跳墙做工复杂、营养丰富，自然价格不菲，不仅在于选材高端，还在于制作耗时费神，没有充裕的时间根本炮制不出来。你一时心血来潮狠狠心欲饕餮一顿时，没有；挨过七八天后，往往又失了兴致。

通过长期比对，厨师们对佛跳墙的食材在品种、产地和体态上均有严格要求，或形色好，或口感佳，或无腥味异味。天下食材众多，何以为佳，何以为次？在时光流淌中，我们感动于历代能工巧匠的执着与坚守，大浪淘沙，汇集无以计数的成功和失败经验后，时下的选择是：日本关东刺参、日本瑶柱、越南深海鳐肚、大洋洲干鲍、农家猪蹄与鸡鸭、特级花菇和陈年绍兴花雕酒……

其中那些脱水后的海陆干货珍品，吸取了太阳的能量，当它们被水或油慢慢从沉睡中唤醒，仿佛涅槃了一个轮回，新生命呈现出另一番美妙。相比之下，鲜货的滋味与口感反倒逊色了一筹。

二十余种山珍海味融汇于一坛，剩下的并非时间的简单叠加。曾经，这众多食材也有过一起入坛的时候，鱼翅腥味遮蔽了鸡鸭荤香，目鱼鲜香又盖过了鱼翅。海参惧油，和荤味食材一起煨，最后蚀化找不着影。鱼翅、鳐肚遇盐收缩变形，口感骤降。改进后的制法是各自为政，依照食材属性的不同，将二十多种原料与辅料通过煎、炒、烹、炸、烧、煲、煸等烹调手法，以最合适的火候，分别上色和熬制底汤，炮制出丰富的滋味。食材的制作，统统被安排到距离煨熟倒数四五个小时的各个节点上。尔后，一切归零，头从开始；最终，你中有我，我中有你。东方的烹饪密码也许就深藏于此：厨师对整个过程的掌控，从来不靠书面的标准答案。这样的时候，时间和火苗俨然一对杰出的雕塑家，它们的联手，成就了闻名天下的珍馐美味。

特制坛子从酒坛变化而来，腹大口小，不易散热，大火烧滚，小火慢煨，只需微小火苗，就能保持坛子里天翻地覆的山交海汇。食材貌似静止不动，汤汁穿针引线，合纵连横，最终进入海纳百川的境界。

佛跳墙讲究储香保味，整个煨制过程尽可能不让香气溢出。煨成开坛，揭开荷叶，酒香与各种食材香气交织，让人口舌生津，想入非非。

佛跳墙传统的上菜方式，是用一把小推车推出大坛，厨师当众开坛，把包扎着的高档海鲜逐一打开，与作为辅料的鸡块、猪蹄尖、猪尾骨等禽畜肉一起倾倒而出，俨然一盆大杂烩，场面有碍观瞻。20世纪80年代，聚春园的闽菜大师们改进了上菜方式，在后厨启封大坛，将煨好的珍贵食材取出，依序码入拳头大的小坛，兑入原汁，合上盅盖，上笼蒸沸后再端上桌。如此一来，既保留了原汁原味，又避免了高档食材和辅料的鱼龙杂混，还有上菜时的不雅。这些都为佛跳墙后来被端上国宴铺平了道路。

一味就菜论菜，流于纸上谈兵。美食，要的是身心感受。没有淡，哪来浓？没有甜，哪来苦？没有鲜，哪来涩？优秀厨师总是精于把握各种味道的二律背反。一百多年前，已经有食家提出佛跳墙过于荤腻，于

鸡汤氽海蚌（杨婉娜 摄）

是一代名厨郑春发改进菜式：主菜上桌时，跟上八碟小菜、两道点心、一道甜汤和应时水果，组成佛跳墙席，原料上荤素搭配，口味上有酸有甜，佐食解腻，尽显闽菜特色。

品过佛跳墙的行家说，首先食材要剔透有光泽，其次汤汁要丰盈有胶质，最后食材入口要软嫩滑润，味道丰厚而有层次感。就像老物件一样，没有丝毫火气，外表包有一层浆。还有各种流传于世的版本说辞：荤香醇厚，厚而不腻，酒香扑鼻，汤稠色褐，酥软味腴，软而不烂，味中有味，让人满嘴生津……

福州菜的特色

佛跳墙被烹饪界公推为闽菜头牌，是闽都地域集山珍海味之大全的传统名菜。它的煨汁汤色如茶，是一个让人无法回避的存在，为作为闽菜主体的闽都菜锚定了自己的调性。

闽地依山傍海，苍茫的山区，盛产菇、笋、银耳、莲子和石鳞、河鳗、甲鱼等山珍野味；漫长的浅海滩涂，鱼、虾、蚌等海鲜佳品常年不绝。因为食材来源丰富，闽都菜以烹制山珍海味著称，在色香味形俱佳的基础上，尤其以香和味见长，形成清鲜、醇和以及汤路广泛的独特风味。有些人把吃到嘴里不正宗的闽都菜概括为"汤汤水水、酸酸甜甜、黏黏糊糊"，殊不知福州菜之短正是其所长。

福州人请客布菜素有"喝汤重情"的说法，以为喝汤的人才有情义。传统闽都宴席有"六炒四汤"菜谱，汤菜数量占到四成。汤菜在闽都菜里占有重要地位，品种多而考究，是区别于其他菜系的显著标志。

汤菜是闽菜的精髓，闽厨尤其讲究调汤，追求口感清鲜、滋味丰富。但凡需要加水烹制的菜肴，都以有滋有味的汤替之，什么菜用什么汤，一菜一汤，百汤百味。上汤、三茸汤、高汤、奶汤如果没有备好，厨师站在热鼎前都不淡定。

福州的经典汤菜，起先是佛跳墙、鸡汤氽海蚌这一类或醇厚或清鲜的招牌汤品。大约出菜三分之一后，什锦太平宴上桌，鞭炮齐鸣，主人开始起身敬酒。吃喝过半，轮到鱼唇汤、海葵汤这类酸辣味出场，口味突变，唤醒昏昏欲睡的味蕾。最后是各式各样的甜汤，挑一款清口离席。

这种烹饪喜好和闽地海产资源有关，在众多烹调方法中，汤最能保持原汁原味；其次八闽地貌多样，主粮不突出，食材种类多，有条件分门别类烹煮款式繁多的鲜汤；最后，八闽靠近北回归线，夏日湿热，喝汤便是补水的一个渠道。

闽都的酸甜名菜很多：油爆肚尖、荔枝肉、爆炒墨鱼、爆炒双脆、酸辣鱿鱼卷、糖醋松子鱼、酸辣海葵汤、酸辣鱼唇汤……酸中带甜，嫩里有脆，这种复合口味令人齿颊生津。

爆炒双脆（杨婀娜 摄）

　　闽都人为何喜食酸甜菜？福建属于甘蔗产地，糖在人们生活里无处不在，自然偏好酸甜口味。另外，福州地处河口盆地，在蒸笼似的湿热天气里，无精打采是胃口常态。偏偏闽都食材多为海鲜，本性腥膻。酸解腥腻，甜醒脾胃，胡椒辛香可振食欲。老一辈厨师介绍，闽都糖醋菜做得最多最好首推台江。它地处闽江边，旧时进城走亲戚、喝喜酒，来回坐轿翻山，乘船颠浪，酸甜和胡椒微辣既能开胃也能锁胃。这也许是闽都糖醋菜得以盛行的另一个缘由。

　　长期以来，福州人把酸甜味控制得恰到好处，酸中带甜，甜里有酸，酸甜就是打开闽都人胃口的独家钥匙。据业内人士说，福州考厨师职业资格证书，每一回都少不了"爆炒双脆"这道题。做法上它讲究刀工、火候，还有调制酸甜芡汁，简直就是一道综合题。正应了一句俗语："厨艺好不好，酸甜菜中找。"

俗话说："半年薯芋半年粮。"福州地理气候环境适合主杂粮兼种，主粮自然是稻米，而番薯、芋仔等淀粉类根茎作物都是主粮候补。松子瓜鱼、白炒竹蛏、葱爆鱿鱼等菜肴，风味小吃里的鱼丸、肉燕、炒肉糕，都离不开能黏黏糊糊的番薯粉。高档海鲜成菜，什么荷包鱼翅、翡翠珍珠鲍、八宝开乌参等菜品，缺了番薯粉芡汁更是寸步难行。

番薯粉黏性大，上浆挂糊，就像加了一层保护膜，使食材形体饱满而不散碎，容易锁住鲜香，令肉质滑润并受热均匀。淀粉糊化后，形成透明的胶体光泽，使菜肴色泽晶莹透亮。它就是一种万能的烹饪食材。

海味珍稀，因时因地而食。闽都人吃海鲜，最常见的方法就是生灯白灼，捞一捞拌一拌，讲究原汁原味。但必须味美和变化，这时就断然少不了番薯粉。煸炒各种辅料，加入高汤和湿番薯粉，制成黏度不同的芡汁，或薄或浓，或酸甜或荤鲜，或酱色或透明，依附于白灼或焯水后稍稍颠炒即熟的食材表面，在刀功制造的间隙，芡汁深入挺进，均匀包裹增味，使得肉质更为滑腴、鲜嫩和可口。

常言道：厨以切为先。食材切得好不好，决定烹饪难易程度。福州菜在食材表面的刀工处理，都是围绕味道和口感来做文章的。不仅刻纹深浅距离、整体块型均匀一致，不同质地的食材还要区别施刀，什么十字花刀、佛手花刀、蝴蝶花刀、梳子花刀、柳条花刀，这就形成"片薄如纸，切丝如发，刻花如荔"的精湛技艺，令菜肴造型赏心悦目。

在百年来的时光流变中，地理环境、气候状况、食材来源等客观条件，在兼收并蓄中形成了闽都菜独特的文化，并绽放出异叶奇葩，在中国烹坛独居一席。

（沉洲 文）

面向沧海寻滋味：福州小吃的"海味"

中国东南沿海水产富饶之地，都有鱼丸这样的食品，做法大同小异，叫法却不尽相同，水丸、鱼圆、鱼蛋、鱼丸等，不一而足。有报纸曾经介绍鱼丸，把它夸张成一种"一不小心落地，弹起来会重新回到桌上"的美食，这与福州连江鱼丸的故事如出一辙。

连江濒海，素以鱼丸口味地道著称。宴请客人时，若想强调食材品质好、来路正，挑明此乃连江鱼丸，肯定会多收获一份青睐。听过这样一个故事，连江海边，家家户户打制鱼丸，每个村都说自己的最好，彼此不服气。什么做工精巧，什么味道鲜美，统统一边去。把鱼丸当乒乓球来拍，就比谁的弹得高、谁的拍得久——因为弹性足和有嚼头正是鱼丸的招牌特征之一。这里说的一定是实心鱼丸，它比乒乓球大的包馅鱼丸要小一圈，还可切成条状热炒或氽汤。

福州号称"中国鱼丸之都"。在一代代的传承之中，鱼丸选料之精细、制作之考究被发挥到了极致，最终闻名遐迩。古往今来，鱼丸早已深深融入福州人的日常生活中，它不仅是一种极富地方特色的风味小吃，也是宴席上必不可少的佳肴。迄今，福州坊间仍有"无鱼丸不成席"的说法。

在这个世上，假如你曾经吃过某道菜，不管它的制作工艺多么复杂，只要食材摆在面前，多少都可能通过首尾两端去拆解、拼凑和还原。但很难想象的是，给一条鱼、一碗番薯粉，你如何捏出丸子来？况且，还有那美味的肉馅，又是如何天衣无缝地塞了进去。

目睹这魔术般的手艺，是在连江。

打鱼丸，首选鱼味浓、脂肪低、蛋白质含量高的海鳗——后来知道，这是因为脂肪会阻碍蛋白质分子生成网状结构，从而降低鱼丸弹性。小参鲨也不错，刺少肉嫩，做出的鱼丸品相极好。故坊间有一说法："鲨鱼丸细嫩松软，鳗鱼丸脆韧筋翘。"

把鳗鱼砍头去尾，摘除内脏，横刀剖开脊椎骨取下两片肉，斜刀就着纤维纹理，把鱼肉一丝丝削刮下来。然后捡剔碎鱼肉的残刺、筋膜和红肉，以提高鱼肉的黏度和白净度。接下来，把砧板上的碎鱼肉，用刀背舂成泥糊状，让鱼肉松散的同时保留纤维，增加弹性。最后，将鱼肉泥放进面盆，加清水、盐巴和碾细的番薯粉，搅成浆状，拌匀后用手搅打。

福州话有"打鱼丸"一说。所谓打，就是用手撞击鱼浆，像打蛋花那样，顺一个方向用力。充分搅打后，鱼肉中的蛋白质形成黏性溶胶，行话叫"出胶"。这时的鱼浆膨松，呈半透明状，表面光滑发亮，含有不少小气泡，有点像发酵的样子。打浆是制作鱼丸的核心工序，是鱼丸富于弹性和嚼劲的关键。

把捏制好的鱼丸移入滚水锅中，铁勺翻动，防止粘锅。鱼丸在热水中一粒粒膨大。大约十来分钟，舀起一粒鱼丸，待稍凉用手轻压，弹性好不变形，这鱼丸就算熟透了。

20世纪30年代初，在福州南后街塔巷开张的永和鱼丸店，是有名的中华老字号。许多年以后，在永和鱼丸三坊七巷店里，一位中年师傅捏制鱼丸的手法让食客看得眼花缭乱，极富观赏性。他身边摆着大小三个盆。悬于鱼浆盆上的左手，握浆于掌，顺势一挤，虎口处探出半个球。右手挖一勺肉馅埋入，调羹抽出之际，左手拇指随后上滑封口，手掌跟着一捏，拇指与食指上一粒光滑完整的圆球脱颖而出。收紧虎口同时，调羹接住成形鱼丸放入大水盆，然后再握浆于掌……整

福州鱼丸（陈鹤 摄）

个过程像机器一样几秒钟重复一次，干净利落。据说，通过手指拿捏，他能把肉馅调整到最中心位置，做出福州鱼丸另一个特点——皮薄且均匀。

　　鱼丸的制作，重点在食材的配比和时间的掌控。通常的道理是，鱼肉不新鲜，制作的鱼丸不易成形，也缺乏弹性和口感。因鱼肉极易腐败变质，打鱼丸时要用碎冰块当水，使鱼浆保鲜。还有盐，促使鱼肉里的蛋白质溶出，形成富有弹性的凝胶体。鱼肉、盐巴和碎冰，三者比例很重要，盐巴、碎冰什么时候加，加多少，分几次加，鱼的种类不同，鱼

鼎边糊（杨婀娜 摄）

肉的蛋白质也不尽相同，所有都是变数。有的向来凭感觉和经验，只可意会不可言传；有的属于不传之秘法，外人根本就无由知晓。

不能确定鱼丸就是福州首创，但福州人酷爱海的鲜香，却是毋庸置疑的。也许有人垂涎于鱼的鲜美，却厌倦天天看到鱼的面孔，于是创制鱼丸，既闻鱼香又无鱼腥还不见鱼刺，这不能不说是福州人的一种巧思吧。

福州临海，浅海滩涂螺蚌蛏蛤，江河港湾鳞介鱼鳖，水产资源极为丰富，闽都人的餐桌上总是不缺大海的滋味。

鼎边糊是另一种闽都妇孺皆知的风味小吃，人人爱吃也能做。福州人有句常挂在嘴边的歇后语："鼎边糊，一炫就熟。"旧时，福州南台岛上的人家，每到立夏日，家家户户都磨米浆炫鼎边糊"做夏"（过立夏节）。鼎边糊不光自家人吃，乡亲邻里间还会相互赠送，共同品尝。大家像一炊就熟的鼎边糊那样，越炊越熟，彼此间的情感得以联络与修复，体现了闽都人"金厝边，银乡里"的传统美德。

和北方人对待面粉一样，南方人可以把大米做出各种花样来，鼎边糊便是用米浆制作的一款风味小吃。闽地保留有许多中原古语，"鼎"是煮饭炒菜用的铁锅。望文生义，鼎边糊便是在铁锅边缘烹熟的糊状食物。"炊"也属于古语，用微火焖煮之义，与"烧"类似，烹调界有"南炊北烧"之说。鼎边糊最早是用隔年海蛏来炊，后来底汤换成了壳黄肉肥的蟟团（一种闽江河蚬），如今也有用花蛤的，横直离不开水里的物产。这汤汁里还会加入剥鳞去骨的鳁鱼干、撕碎的紫菜和虾米。汤水鱼蛤鲜味浓郁，吃起来清鲜爽口。

鼎边糊作为早餐和点心，最默契的搭档始终是烰蛎饼、芋粿和虾酥。这三样都是福州传统的风味小吃，外观金黄，均以米浆为主，油烹而成。

先说烰蛎饼。用籼米和黄豆磨成浆，加盐搅匀。舀一调羹米浆在微凹铁勺上铺底，搁上炒熟的包菜、虾米、紫菜馅料，压上几只牡蛎，再盖上一层米浆，把馅料包裹严实，置油锅里炸黄。成品呈扁圆形，手掌心大小。入口壳酥馅松，不经意咬到软软的蛎仔，那突如其来的鲜美劲呀，俨然炸开一朵白浪花。

再说芋粿。白芋捣碎，籼米磨浆，加入泡散的紫菜和盐，反复搅拌后，倒入垫着纱布的蒸笼，旺火炊透，冷却后切成约十厘米长的三角形，下锅油炸成双面金黄。

最后讲虾酥。也是籼米、黄豆磨浆，黄豆的比例要比蛎饼、芋粿多占两成。韭菜切丁，加入米浆搅匀，然后沿凹铁勺浇一圈，中间留出个约莫一元钱硬币大小的空洞。米浆浇到过半时，嵌入几只剪去须脚的虾，再盖上米浆，放入油锅中炸熟。虾酥因为黄豆浆多，咬在嘴里有点糙糙的感觉，齿舌一旦遇着了虾，脆爽中的鲜味立马被提起，味蕾捕捉到的

炸蛎饼（林振寿 摄）

那种痛快感觉很是奇妙。

如今，这些草根小吃被"吃货"们吆喝着，已经开始在大雅之堂抛头露脸。酒席上，有人为了展现闽都地域特色，主食常常专点这一套组合。三样香酥脆爽的小吃与鼎边糊配着吃，一酥一软，一干一湿，除了味美可口外，是不是让人的肚子有厚实感哩？

物美价廉的鼎边糊，承载着一种童年生活的古早味，镶嵌在远处他乡的游子心里，变成一种思乡的风味小吃。20世纪改革开放初期，许多榕籍华侨首次返回故里，火急火燎首要解决的事情，便是吃上一碗鼎边糊，再配上几块蛎饼、芋粿和虾酥。

这样的家常菜还有很多，譬如海蛎煎、红糟鳗鱼、鲲鱼干煮粉干等等。还有值得一说的是蟛蜞酥。把河滩上依潮水出入的蟛蜞捉来洗净，

310

摘掉尾脐，装入陶钵后，加盐、生姜丝和高粱酒，盖好上下颠摇，再添白砂糖、红糟搅拌妥，腌制三五天后便成。蟛蜞酥贵在酥，因其肉少壳薄，拦腰咬下去，酥脆里汤汁四溅，满口大海的鲜香。

蟛蜞酥往下说还有戏。在石臼里将其杵烂，拌入红糟磨成酱，紫红色的，细软如泥。装入玻璃瓶密封严实，搁阳光下暴晒一两天，发酵后鲜香加倍浓郁。作为一种蘸料，蟛蜞酱的酒糟香气与蟛蜞鲜味纠缠一体，那是绝配，散发出一种奇特且浓郁的异香，鲜味十分狂野。面对这奇鲜之物，外人避之不及，但在福州人心里，它就是大海的风味。在那些个食物匮乏的年月里，它肆意妄为的味道，曾经激活了多少福州人的味蕾，填充了人们对明天生活的憧憬。

游子在异乡待久了，一旦闻及这种气味，便会两眼放光，神情立马兴奋起来。你是不是福州人，或在福州这座城市待过多长时间，餐桌上用蟛蜞酱一试，保管"验明正身"。十几年前，福州人的酒席上，蘸海蜇皮、九层黄粿的佐料非蟛蜞酱莫属，它比名扬四方的虾油还能彰显地域色彩，堪称闽都乡土味道的终极识别。

大海的鲜美，成就了福州小吃的清鲜风味。品着如此滋味，福州人面向大海讨生活，甚至漂洋过海下南洋。大海塑造了福州这座城市的气质，"海纳百川、有容乃大"的精神在福州人的血液里流淌。

（沈洲　文）

茉莉茶香溢四海：茉莉花茶小史

盛夏的午后，福州城南的闽江两岸，茉莉花开遍了田野，宛若一片白色的海洋。江上轻风微澜，一艘艘轻盈的小船，装满新采的茉莉花，慢悠悠地驶向岸边的码头。采茶少女轻轻地摇着船桨，卷起淡淡花香，欢乐的小调，回荡在波光粼粼的江面上。在城郊通往市区的路上，各乡花农或肩挑，或手推，将茉莉花一担担、一车车地往城里运去。茉莉清香填塞道路，醉倒了多少过往的行人。

这是晚近时期福州城市的一道独特风景。

闽江两岸茉莉香

茉莉花并非福州土生土长的，而是从外地嫁来的"姑娘"。茉莉花自海上而来，后来又制成花茶行销全球，可以称得上是海上丝绸之路的见证者。那么，茉莉是在何时引进福州的呢？

茉莉原产于印度，本名来自梵语 Mallika，与瑞香、忍冬、石榴花合称印度佛教的"四大圣花"。从前，茉莉的名称有"抹丽""末利""苜

1745年，福州茶叶制作工序之捡茶图。（池志海　收藏）

莉"等。在中国文献中，茉莉一名，最早见于西晋嵇含《南方草木状》："耶悉茗花、末利花，皆胡人自西国移植于南海。"此文另引述陆贾《南越行纪》云："此二花特芳香者，缘自胡国移至。"陆贾是汉初人，曾两次出使南越国，所言当不虚。可见，至迟在汉朝初年，茉莉就已传到岭南一带。东汉时，"交趾七郡贡献转运，皆从东冶泛海而至"，东冶就是当时福州的名称，茉莉便有可能在"贡献转运"之中留在福州，迄今已有2000余年的历史。

唐朝的时候，茉莉频频出现在唐诗里。"茉莉香篱落，榕阴浃里闽。雪霜偏避地，风景独推闽。"作者丁儒，于唐高宗时随陈元光入闽。可见在初唐时期，茉莉就已融入闽人的生活，与榕树一样，成为福建的标志物了。

北宋时，福州已是茉莉香满城。乌山一带，尤以广种茉莉闻名。元

茉莉天香（王瑞忠　摄）

祐五年（1091），知州柯述游览乌山神光寺，榜书"天香台"三字，镌于山南石壁上，为"乌山三十六奇"之一。"天香"既指神光寺的佛香，又指茉莉。古人认为"国色牡丹无香，天香茉莉无色"，二者合称"国色天香"。

自古以来，福州茉莉花种植区域大多数分布在闽江和乌龙江两岸及其下游的沙洲盆地。这一带气候温暖、阳光充足、雨量充沛，加上沙壤

拣花（林琦墅　摄）

土肥力高、水分足，特别适宜优质的茉莉花生长。福州名谚"闽江两岸茉莉香，白鹭秋水立沙洲"，就生动描绘了茉莉沿江栽种的旖旎风光。清末，福州城外遍种茉莉花，时人诗称："山塘日日花成市，园客家家雪满田"。仓山凤冈三十六乡和闽侯上街分别被称为"花乡"和"花屿"。法国驻福州领事保罗·克洛代尔（Paul Claudel）见此盛景，将福州誉为"一座花与蜜的城市"。

茶叶贸易图，约 1770 年。荷兰国立博物馆藏。（麦小荷　供图）

"中国春天的味道"

在福州谈茉莉花，必然离不开茶。来自异邦的茉莉与福州本土的茶叶的相遇，便催生出驰名中外的茉莉花茶。当年闽江畔采茉莉花的女子，一边采花一边唱着歌谣："闽边江口是奴家，君若闲时来吃茶。土墙木扇青瓦屋，门前一田茉莉花。"这民谣表明了福州人世代种花、制花茶的传统。

福州茶文化历史悠久。早在唐代，福州就已成为著名的贡茶产地。著名的品种有方山露芽、腊面茶、正黄茶等。这时，福州饮茶之风已颇为流行。茶圣陆羽在《茶经》中称赞福州茶"其味极佳"。《三山志》还记载当时福州与产茶有关的地名，如"茶山馆""茶园山"等。但这时候还没有茉莉花茶。

宋代，随着人们对香料的认识不断深入，开始出现茉莉花茶的萌芽。当时的中医将龙脑等香料加入团茶以助茶香，并尝试将茉莉花香与龙凤团茶结合。北宋名臣、茶学家蔡襄在《茶录》中记载了以茶吸取各种香气的制茶方法。曾两次担任福州知州的柯述，在蔡襄贡茶基础上，亲自监制福州茶，经过多方尝试，研制出数十种香茶，其中包括茉莉花茶。南宋时，茉莉花茶的制法已相当成熟，较早的加工中心就在福州。福州作为茉莉花茶的发源地，已有近千年历史。

明代，优质烘青绿散茶的出现，为福州茉莉花茶制作工艺的发展奠定基础。经过千年的积淀，沿袭宋代香茶制作的思路，福州茶人反复尝试用各种鲜花与绿茶结合，栀子花、玳玳花、玉兰花等都曾被试验过，结果以茉莉花与绿茶结合制作的花茶品质最为优异，以茉莉花茶为主的花香茶工艺遂被确定下来并日渐完善。明人徐兴公《茗谭》云："闽人多以茉莉之属浸水瀹茶。"《福州府志》亦记载，万历年间，福州产茉莉

19世纪中期，同珍洋行茉莉花茶交易通草画。（池志海　收藏）

19世纪法国茶商关于福州茶叶的广告单贴，其上注明通过苏伊士运河。（池志海　收藏）

花茶。

清代，茉莉花茶制作工艺臻于完善，并形成产业，成为产销量最大的茶类。咸丰年间，北京汪正大茶庄利用茉莉花熏制鼻烟，备受京城达官贵人推崇，生意大好。福州的生盛、大生福、李祥春等茶号受到启发，也大规模制作茉莉花茶，果然大受北京旗人欢迎，销路大开。慈禧太后极爱茉莉花，她最喜欢喝的茶——"茉莉双熏"，就是来自福州的茉莉花茶。由于皇室的喜爱，福州茉莉花茶成为贡品，常被慈禧太后赏赐给重臣贵戚和外国使节，于是京津的上层圈子兴起茉莉花茶热，茶客络绎不绝。

福州开埠后，成为全国三大茶市之一，茶叶出口量飙升。外国商人争先恐后来福州开设洋行，花茶由此畅销欧美、南洋各地。1867年，福州茉莉花茶参加巴黎世博会，引起轰动。1872年，俄国人在泛船浦开办阜昌茶厂，福州成为中国最早的机械制茶地区之一。1903年，在日本大阪博览会上，福州茉莉花茶声名鹊起，被誉为"中国春天的味道"。1915年，福州茉莉花茶"第一峰"荣获巴拿马万国博览会银奖。

民国时期，福州是闻名中外的茉莉花茶生产中心。1933年，福州制茶业达到全盛时期，花茶产量高达7500吨。福州各地广泛种植茉莉花，尤以城郊白湖、城门的茉莉花品质最优。这里与市区茶厂距离最近，午后采摘的鲜花送到茶厂时，花朵正含苞，制成花茶后，香气浓郁、品质极优，故价格较贵。抗日战争爆发后，福州沦陷，口岸封锁，交通阻隔，花茶销路受限，产销量锐减，至1949年仅剩350吨。

中华人民共和国成立后，茉莉花茶仍是全国饮用量最大的茶，福州产的茉莉花茶还一直被列为国家的外事礼茶。改革开放以前，我国出口的茉莉花茶95%以上为福州出产。20世纪80年代以后，福州茉莉花茶产业重新兴起，全市有茶厂近千家，产量达8万吨，占全国产量的60%

19世纪70年代的福州茶女,美国哈佛大学图书馆藏。(郑巧蓬 供图)

以上,出口量亦居全国之冠,产品远销40多个国家和地区。2011年,国际茶叶委员会授予福州"世界茉莉花茶发源地"称号,一年后又授予福州茉莉花茶"世界名茶"称号。2014年,福州茉莉花茶传统窨制技艺被列入国家非物质文化遗产保护名录。2022年,"中国传统制茶技艺及其相关习俗"被联合国教科文组织正式纳入《人类非物质文化遗产代表作名录》,福州茉莉花窨制工艺名列其中。

天香茉莉是乡愁

"窨得茉莉无上味,列作人间第一香。"由于茉莉花茶的盛行,全国各地都将茶叶运到福州窨制花茶,福州便成为花茶窨制的集中地。各地为方便制作茉莉花茶,纷纷引种福州茉莉花,学习福州花茶制作工艺,由此产生了台湾花茶、四川花茶、苏州花茶、广西花茶等。

清同治年间，台湾乌龙茶发展不景气，台湾茶商迫不得已，将台北一带滞销的乌龙茶改制成"包种"茶，运往福州窨制成茉莉花茶出售。1882年，为降低运输成本，台湾将茉莉花苗引种至彰化，大面积种植，并学习福州茉莉花茶窨制技术，在台湾自制茉莉花茶。

1884年，福州茉莉花被引种至成都华阳，四川茉莉花茶由此产生，雅称"飘雪"，有峨顶飘雪、茉莉香雪、龙都香茗诸名品。1938年，日本侵华战争阻断了南北交通，福州茉莉花茶难以北上，苏徽茶商就将福州窨花技术传入苏州，生产苏州茉莉花茶。苏州位于长江以北，冬季气温低，茉莉花只能盆栽，产量很小，制作成本甚高，因此江浙人十分珍惜和爱护茉莉花，著名歌谣《好一朵美丽的茉莉花》便诞生于此，成为中国文化的经典符号之一。

茉莉花清芬素洁、淡泊高雅，是福州城市的一张名片。1986年，茉莉花被定为福州市花。

福州人爱茉莉的形式很丰富。茉莉谐音"莫离"，象征着忠贞的爱情。传统的七夕之夜，福州少女会乘坐满载茉莉的游船出行，沿河抛撒茉莉，祈祷能够收获美好的爱情。

茉莉"莫离"，也象征着故土难以忘怀。当代福州作家冰心在《还乡杂记》中说："我所到过的亚、非、欧、美各国，都见到辛苦创业的福建侨民，握手之余，情溢言表。在他们家里、店里，吃着福州菜，喝着茉莉花茶，使我觉得作为一个福建人是四海都有家的。"老福州人都有一份乡愁，那就是茉莉。

（孟丰敏　文）

石仓名园蕴新声：曹学佺与闽剧

明万历三十一年（1603）中秋之夜，月华如水，福州乌石山邻霄台上列炬熏天，丝竹殷地，宾客云集，观者如堵。原来是著名才子、戏曲家屠隆寻山问道来到福州，福州推官阮自华为他接风洗尘，邀集名士七十余人，在此台赏月饮酒。闽中名士曹学佺也在席间，带着家班前来演出助兴。酒过三巡，曹家班款款登台，演唱曹学佺自编的新曲《荔枝红》，声调悠扬，曲词清妙，四座喝彩连连，气氛热烈。屠大才子心情大悦，兴之所至，卷袖擂鼓助兴，"鼓声一作，广场无人，山云怒飞，海水起立"。座下观众无不共情沉醉，同悲同喜。

这便是戏曲史上颇负盛名的"邻霄台梨园大会"。后人言及此景，不禁慨叹："此夕千古矣。"这可能也是历史上闽剧最早公开亮相的场景。严格地说，那还只能叫闽剧的前身，而组建家班的曹学佺，确属当之无愧的"闽剧鼻祖"。

名儒雅园

曹学佺（1575—1646），字能始，号雁泽，又号石仓居士、西峰居士，福州侯官洪塘人。他仪容俊秀，少有文名，19岁中举，23岁中进士，官至礼部尚书。他不仅是官员，还是学者、诗人、藏书家，多才多艺，著作等身，执晚明闽中文坛之牛耳。

明朝末年，宦官专权、党争激烈，国家风雨飘摇。曹学佺作为典型的文人士大夫，狷介绝俗、刚正不阿，屡屡得罪权贵，历经三贬三谪而始终不改书生本色，直至以身殉国。柳暗不抚花明，虽然曹学佺一生在仕途上曲折坎坷，却在文坛曲苑中如鱼得水、硕果累累，同时期的汤显祖、黄汝亨及后世的王士禛、谢章铤都对他有很高评价。

万历四十一年（1613），曹学佺罢职归里。无官一身轻的他，或临流垂钓，或著书立说，或挥毫遣兴，或诗酒唱和，继续"主闽中词盟"。同时，开始在家乡洪塘精心营建私家园林——石仓园。

受隐逸文化影响，晚明文人士大夫热衷修建园林，追求宁静恬淡、闲云野鹤般的逍遥自在。曹学佺修石仓园，其亭台楼阁、小桥流水、假山雪洞与花草树木等景致，皆亲自布置和命名。历经十余年苦心经营，逐渐形成夜光堂、春草亭、长至台、听泉阁、梅花馆、碧泉庵、琴书社等二十景，"平池乔木，奇花异草，怪石珍禽，靡所不有"。

石仓园建成后，不仅成为闽中文人雅集宴谈的重要场所，也吸引着外地文士慕名来访。江南名士钱谦益曾云"今天下文士入闽，无不谒曹能始"，并记载石仓园"水木佳胜，宾友禽集，声伎杂进，享诗酒谈宴之乐，近世所罕有也"。曹公在园内载酒濡翰、以文会友，进则诗酒文章、谈笑晏晏，出则大江舟楫、渔歌樵唱，好一个快意人生。

石仓园既为曹氏私家园林，也是其著述、藏书之所。他著书千卷，藏书万卷，曾欲修"儒藏"，与道、释鼎立。曾说："释、老二氏，俱有藏板，而儒书独无，愚甚愤之，妄意欲辑为'儒藏'，以补阙典。"于是广搜诸书，分类编纂，历时十余年，惜未完稿而卒。然而，借由石仓雅园，曹学佺组织儒林家班，却在冥冥之中迈出"闽剧"发展的重要一步。

儒林有戏

明中晚期，享乐之风盛行，戏曲活动得到社会各阶层的广泛认可，成为文人雅士生活中一种充满情趣的娱乐方式。作为烟柳繁华地的南京，昆曲流行，演出盛炽，一时名家辈出，名作迭现，曲风之盛，前所未有。曹学佺客居金陵之际，常与臧晋叔、屠隆、吴兆等曲坛风流人物酬答喝和，更与同乡故友陈泰始、林古度等人谈词论曲。

对于由衷热爱戏曲的曹学佺来说，仅仅欣赏演出，或者唱上几段、客串几出都不过瘾，他更倾心于置办家班、训练家伶、改编剧本、组织

演出，更何况还可以带着家班云游天下、以戏会友。游宦南京的六年间，曹学佺数次往返福州，筑楼馆、蓄童婢、养歌伎，办起家班。罢官回籍后，就在石仓园内夜光堂组织演出。福州城内的官宦名流，时常策马肩舆入园观赏。每当家伶排演新剧，曹学佺必令歌童扫喉而待，闽中词人墨客无不为之倾倒。

曹氏家班艺人多为府内家僮、侍女或青楼歌伎。他们年纪尚小，天性聪慧，面貌娟好，由曹学佺亲自调教。因为多数只在家中自娱待客，艺童不开脸、不穿靴，也没有跳加官、演八仙这些民间戏班的习俗，出入则肩舆接送，以示士大夫家班身份。因曹氏家班为儒士所办，出入者皆儒林之流，故当地人称为"儒林班"，开创了闽剧最初的艺术形式。

明代文人雅集聚会场景。见（明）吕纪、吕文英《竹园寿集图卷》（局部），故宫博物院藏。

曹学佺精通音律，擅长度曲。当时最为流行的昆曲，是高度文人化的艺术，只能在文人雅士、官宦人家的有限范围内流传，不可能在福州民间广泛传播。其原因就是难以用福州方言演唱。所以，曹学佺研精覃思，融合昆曲、徽调诸腔精华，结合福州本地音乐元素，创造出适合福州方言音韵演唱的新腔——"逗腔"，既保留了昆曲委婉缠绵、一唱三叹的风格特点，又兼具福州地方风韵特色，后来形成闽剧核心唱腔之一。

曹学佺经常带着家班外出漫游，以戏会友。万历三十年（1602）中秋，曹学佺、冯梦桢、屠隆各自携带家伶大会于杭州西湖，表演《昙花

20世纪30年代，闽剧《长坂坡》剧照。（徐鹤苹　供图）

三坊七巷的闽剧表演（吴爱兰 摄）

记》等剧；万历三十一年（1603）中秋之夜，曹学佺携家班赴乌山邻霄台梨园盛会，风靡一时；万历三十二年（1604），曹学佺率儒林班参加洪塘乡金山寺普度演出，传颂闽都。

曹学佺为家班认真挑选剧本，指导艺童排戏。曹家班常演的剧目有《蔡襄》《子都》《卓文君》等，皆为士大夫怡养性情的文人戏。崇祯七年（1634），年过花甲的曹学佺倾注心血编写剧目《紫玉钗》，这是他的得意之作，也是闽剧的经典剧目，几百年来传唱不衰。

闽剧鼻祖

崇祯十七年（1644），崇祯帝自缢煤山，明亡。曹学佺闻讯投池自尽，幸而获救。翌年，唐王朱聿键即位福州，改元隆武，曹学佺复出，进礼部尚书，加太子太保，变卖家产以助军资，力图恢复中原。隆武二年（1646），清兵陷福州，唐王被俘，曹学佺自缢殉国。

素节心无改，红颜事已非。从此，石仓园物去人非，亭园荒芜，歌伎星散，但洪塘乡人每逢曹氏忌日，仍召集艺人为之普度演唱。清乾隆十一年（1746），曹学佺殉节一百年之际，清政府追谥他"忠节"，沉寂已久的"儒林班"重整锣鼓，活跃于乡间。咸丰年间，"儒林戏"重现江湖，首演的节目叫《水漫金山》，戏台搭在闽江畔的金山寺，情景交融的艺术效果，让"儒林班"大放异彩，一举成名。光绪年间，儒林班走到鼎盛时期，跃居闽都剧苑榜首。清末，儒林班与江湖戏、平讲戏互相融合，俗称"三合响"，形成了今日闽剧的雏形。民国初年，闽剧进入成熟期，先后出现"旧赛乐""新赛乐""三赛乐""庆乐然"等班社，涌现出郑奕奏、曾元官、薛良官、马秋官等"四大名旦"，可谓盛极一时。

20世纪五六十年代，闽剧迎来新的发展。1952年，闽剧《钗头凤》赴北京中南海怀仁堂汇报演出，毛泽东、刘少奇、周恩来、朱德等领导人亲临现场观看。1959年，闽剧表演艺术家郑奕奏率团赴印度尼西亚、新加坡、日本及台湾等地巡演，屡获好评，轰动一时。20世纪八九十年代以后，新剧团陆续成立，新剧目不断涌现。据统计，闽剧的传统剧目有1500多个，大多取材于民间传说、历史演义或古代传奇杂剧，代表性剧目有《荔枝换绛桃》《紫玉钗》《红裙记》《珍珠塔》《贻顺哥烛蒂》等。

因使用福州方言演唱，闽剧又名"福州戏"，至今仍广泛流行于福州及所属县市，以及宁德、南平、三明等市的福州方言区，并远播至台湾、东南亚等地，成为海内外福州乡亲传递乡音、乡情、乡恋的重要艺术载体。

今天的闽剧，经历无数艺人的薪火传承，与当年曹府的"儒林戏"

1872年,闽江中的金山寺,曹学佺家乡洪塘就在附近。日本东洋文库藏。
（郑巧蓬　供图）

早已不可同日而语。曹学佺是一位纯粹的文化人,"修、齐、治、平"也许才是他真正的理想和追求,只因仕途险恶、宦海沉浮,令他心灰意冷,万般无奈之下,寄情于填词度曲,却不料插柳成荫,福及后人,成就了"闽剧鼻祖"的令名。曹公若九泉有知,会不会哂然一笑?

（黄益群　卞筱璇　文）

护产保赤陈太后：临水夫人陈靖姑

话说清道光年间，北京紫禁城里，皇帝眉头紧锁，闷闷不乐。原来是皇后难产，三天三夜胎儿生不下来，被折腾得筋疲力尽，痛苦不堪。众太医束手无策，不知如何是好。

眼看母子二人的性命难保，这时，来自福州的老臣陈若霖（字宗觐，号望坡）进宫面奏皇上："臣家乡临水夫人善于扶胎救产，乡人求子，无不立应。请陛下一试。"皇帝当即下令在大殿前摆设香案，亲自手持香火，朝着东南方向跪拜，心中默念："祈请夫人降临搭救……"

不一会儿，内侍报告："启禀皇上，娘娘顺产皇儿，母子平安。"皇帝大喜，大步奔入后宫，只见皇后面带笑容，神态安然地躺在床上，身边是刚生下的小皇子。皇后说道："臣妾临盆，正疼痛难忍，恍惚之中，只见一白衣仙女，披发仗剑而来，精神为之一振，皇儿便呱呱降生了。定睛看时，仙人早已不知去向。"皇帝心知是临水夫人显灵，不禁泪流满面，连声高呼："夫人真乃朕之再生母亲！"

这便是民间流传的"临水夫人清宫救产"故事。

陈靖姑信俗的由来

临水夫人,原名陈靖姑,福州下渡人,唐大历二年(767)出生于巫祝世家。自幼聪慧,谙熟通灵法术。15岁时,拜闾山许真人为师,学习剑术和各种法术。18岁,嫁给古田人刘杞为妻,常为乡人禳灾祈雨、驱邪捍患。贞元六年(790),福州大旱,陈靖姑不顾怀有身孕,毅然登坛祈雨,不幸流产亡故,年仅24岁。临终立誓:"吾死后,不救世人产难,不神也。"当地百姓崇敬为神,立庙祭祀,凡祷雨旸、驱疠疫、求子嗣,常大显灵异。

临水夫人故事彩绘

旧时，福建的民间神灵不仅数量多，来源也是五花八门，既有闽越土著遗存的自然崇拜，也有从中原移民带来的各种神灵，还有从印度、中东等地传入的异域神灵，至于土生土长的神灵，更是数不胜数。临水夫人，便是源自福州本地且影响最大的民间神灵。

历时千年的神话传播，为陈靖姑的故事增添了许多民俗文化的内容，扩展了她的传奇事迹。先有《晋安逸志》《十国春秋》《退庵随笔》《古田县志》等文献记载她的生平故事，后又被收入有全国影响的《三教搜神大全》，最后又出现了以陈靖姑为主角的长篇章回小说和话本，如《海游记》《临水平妖传》《陈靖姑传》《闽都别记》等，特别是篇幅长达401回的《闽都别记》，经晚清举人董执谊梳理刊行之后，成为闽都乡土文化的百科全书，在福州可谓妇孺皆知、家喻户晓，大大丰富了陈靖姑故事的情节、内涵，加速了陈靖姑信俗的传播。

在民间传说中，陈靖姑有降妖伏魔、驱邪治病、祈雨捍患、护国安邦等各种职能，但主要还是"扶胎救产、保赤佑童"，故而被奉为妇女儿童的守护神。随着陈靖姑影响的扩大，历代朝廷不断加以褒封。北宋时，封为"崇福昭惠临水夫人"，正式列入国家祀典；南宋淳祐年间，封为"崇福昭惠慈济夫人"，赐庙额为"顺懿"。元明清的封号更多，有"天仙圣母""护国太后元君""顺天圣母"等。民间习惯称她为临水夫人、临水娘娘、奶娘、娘奶、夫人奶、陈十四娘娘等。

陈靖姑信俗的特色

千百年来，在临水夫人的信仰圈中，逐渐衍生出一些特殊的民俗活动，构成人们文化生活的一部分。临水夫人主要司职救产扶胎，其民俗活动更多与妇女儿童有关。

婚嫁。福州十邑（包括现在属宁德管辖的古田、屏南）一带的女孩子，结婚往往要避开18岁和24岁这两个年龄。相传陈靖姑18岁成婚后屡遭磨难，称"十八难"，24岁去世，称"二十四坐化"，故民间认为这两个年龄成婚不太吉利。

请花。花是临水夫人向人间传送婴儿的象征。每逢正月十五临水夫人诞辰，当地新婚未孕的女子便前往庙中采一朵供奉于香案上的花，称为"请花"，意为"带子回家"，或祈求"开花结果"。若想要男孩，就请白花，想要女孩，就请红花。若久请不孕，便取一只供于殿前的绣花鞋回家供奉，俗称"请鞋"。怀孕生子后，须到庙里还愿，以谢夫人赐子之恩。

保胎助产。旧时，妇女难产、婴儿夭折之事颇为常见，因此女子在怀孕期间常往临水宫烧香，请求保胎符。孕妇临产时，家人要在房中供奉陈靖姑神位，每逢初一、十五焚香礼敬，以求平安顺产。

洗三旦。婴儿出生后三日，称为"三旦"，例由接生婆为新生儿洗第一次澡，称为"洗三旦"。这一天，需用糯米饭供奉临水夫人。第十四天，家人要前往临水宫烧纸钱，称为"开冲"。

请奶、出幼。为保佑孩子健康成长，家人便请陈靖姑作为孩子的干妈（当地称为"谊奶"），谓之"请奶"。孩子16岁时，择一黄道吉日举行成人礼，谓之"出幼"。

过关。旧时婴儿死亡率极高，乡民认为是邪煞所致，须由道士作法"过关"，以免灾祸。据说人生有36个关煞。每逢正月十五临水夫人诞辰，各地临水宫都会举行"请奶过关"仪式。以竹为支架，作城门形，用纸糊好，象征关煞，道士身披法衣，口吹号角，引护小孩过关。

此外，还有收惊、灿斗、巡安等各种民俗活动，内容丰富。

小儿过关仪式（魏高鹏　摄）

陈靖姑信俗的影响

　　神明的世界，是现实世界的倒影。中国古代是男权社会，因此神明世界中女神数量较少且神阶较低。不过在福建的神灵体系中，有名有姓大大小小的女神超过百人，其中影响较大的有莆田和闽南的妈祖、闽东和闽北的马仙、闽东的临水夫人和游氏仙姑、闽西的惠利夫人、闽北的练氏夫人等等。这是福建地域文化的一大特色。

　　在福建众多的女神之中，妈祖是影响最大的海上保护神，临水夫人则是东南沿海地区影响最大的妇女儿童保护神。早在明清时期，临水夫人的影响就已遍及福建全省和浙江南部。明代学者谢肇淛说："罗源、长乐皆有临水夫人庙。"晚清施鸿保《闽杂记》记载："陈夫人，亦称临水

古田临水宫祖殿（林振寿 摄）

夫人，闽中各郡县皆有庙，妇人奉祀尤谨。"据统计，清代福州城内有临水夫人庙13座，连江县5座，古田仅城关就有6座。

自明清始，尤其在晚清、民国时期，伴随着福州移民的脚步，临水夫人信仰漂洋过海，传播到台湾、东南亚等地，并不断地丰富和发展，成为世界各地华人社区颇具影响的文化现象。据不完全统计，全球祀奉陈靖姑的庙宇有4000余座，信众逾亿人，遍及26个国家和地区。

古田临水宫是临水夫人的祖庙，始建于唐贞元八年（792），历史悠久，规模宏大。每逢正月十五陈靖姑诞辰，各地信众络绎不绝前来进香，虔诚礼拜。《闽都别记》称："各处之人家或患邪或得病，皆去临水宫请香火。即无事之家，亦去请香灰装入小袋内供奉，以保平安，路上来往不绝。龙源庙内日夜喧腾，拥挤不开。"

福州下渡陈靖姑出生地，也留下她的许多遗迹。如陈靖姑故居，位于仓山区工农路，现存正殿、拜亭、牌坊、龙泉古井等建筑，常年百花争妍、翠竹繁茂。其中龙泉古井为唐代古迹，井水与白龙江的龙潭角相通，常年活水丰盈。龙潭角，为陈靖姑祈雨处，位于闽江畔南台望北台岭下。祈雨处的对面山上，建有闾山法门、祈雨宝殿等建筑。附近还有其师父许真君的祖殿。

在台湾地区，奉祀临水夫人的庙宇数以百计。比较著名的有台南的临水夫人庙、伍德宫、开隆宫，高雄的注生宫，屏东的永福堂等，都是以祭祀临水夫人为主的宫庙，香火十分兴旺。台湾多座临水夫人庙皆请福州师傅精心设计建造，其宫庙形制、建筑风格与福州的一模一样。

民间信俗是一种活态、具有顽强生命力且至今仍有广泛社会影响的大众文化。经历千百年的传承发展，临水夫人信俗从福州走向八闽大地，再沿着海上丝绸之路，渡过海峡走向世界，落地生根，成为全世界福州乡亲共同的文化标识，以及连接海内外华人华侨的重要文化纽带。

（孟丰敏　文）

忠魂护航尚书公：陈文龙的海神传奇

八闽大地，背山而居、向海而生，"以海为田"的沿海渔民在数千年的渔业生产和航海贸易中，逐渐形成具有一定地域特色的海神信仰体系。航海行船，危险重重，人们便供奉海神，祈求顺风顺水、满载而归。福建沿海的渔船不仅供奉天妃妈祖，还有王爷、龙王、关公、拿公及其他护境神。

福州地区也有着众多的海神，比如临水夫人、白马王都被加上护佑海上航行的职司，其中颇具地方特色的是陈文龙信仰。福州民间有"官船拜尚书，民船拜妈祖"的说法。"尚书公"的原型，就是南宋抗元英雄陈文龙。陈文龙生前事迹极为悲壮，走上海神之路亦充满传奇。

"惟有丹衷天地知"

陈文龙（1232—1276），福建兴化（今莆田）人，初名子龙，字德刚，号洞真，先祖陈俊卿为宋孝宗时名相。他早年随父定居福州长乐，自幼聪颖好学，以"能文章、负气节"闻名乡里，并以民族英雄岳飞为楷模，立志"忠君报国"。

南宋咸淳四年（1268），陈文龙参加殿试对策，宋度宗十分满意，钦定为状元，御笔改其名为文龙，赐字君贲，意谓"股肱之臣"，可知皇帝对他的宠信与厚望。这一年，陈文龙已37岁，对仕途充满无限的期待，希望有所作为，以报君恩。他历任镇东军节度判官、秘书省校书郎、监察御史、知枢密院事、兴化知军等职，为官清廉，深得民心。但因为他不肯依附权贵，甚至与权相贾似道多次发生激烈矛盾，以致仕途坎坷。

陈文龙才华横溢，可惜生不逢时。他所处的南宋末年，国难深重、内外交困。元军大举南下逼近临安，穷途末路的南宋朝廷处于风雨飘摇之中。为了勤王，他倾尽家产，最终以身殉国，而且弟弟、弟媳自缢殉难，母亲绝食而死，满门忠节，悲惨壮烈，正如他的诗《元兵俘至合沙，诗寄仲子》所描述："一门百指沦胥尽，惟有丹衷天地知"。

德祐二年（1276），陈文龙驻守兴化，城破被俘，被押至福州。元朝右丞相唆都劝降陈文龙，说他家有老母和幼子，不要顽抗。陈文龙毅然不屈，以手指腹，正色道："此皆节义文章也，可相逼邪？"宁死不屈，誓不降元。后押送至杭州，拜谒岳飞庙时，哀恸而逝。陈文龙赤心报国、满门忠烈的事迹家喻户晓，这正是明清两朝皇帝加封不断、百姓崇祀不绝的重要原因。

敕封水部尚书公

明太祖朱元璋统一中国后，令人访求应祀的神祇，"凡有功国家及惠爱在民者，著于祀典，令有司岁时到祭"。他特别重视宋末抗元的忠臣义士，如文天祥、陈文龙、陆秀夫等，令全国各地建城隍庙，奉他们为主神。永乐六年（1409），朝廷为护航需要，封陈文龙为"水部尚书"；弘治年间，陈文龙被正式列入官方祀典。清乾隆四十六年（1782），加封陈文龙为镇海王。福州民间习惯尊称陈文龙为"尚书公"，神祠为"尚书

尚书祖庙的碑亭（林振寿　摄）

庙"。每年农历二月十七陈文龙诞辰日、四月二十五陈文龙殉国日和八月十四陈文龙羽化成神日，民间都会举行隆重而热烈的庙会活动，从而形成独特的尚书公信俗。

　　明清时期，陈文龙主要是作为海上保护神而受到人们的崇敬。相传，郑和下西洋从福州出发前，曾到尚书庙行香，祈求远航安渡。此外，陈文龙还是琉球册封使的守护神。琉球是明清王朝的藩属国，每逢琉球国王登基，朝廷均派遣使团从福州出发，前往册封。册封使团出发前，必先去尚书庙祭祀之后才启程，或将陈文龙神像请上册封舟护航，从而扩大了陈文龙在福州及琉球的影响。由此，陈文龙作为水上航行安全的庇护神，受到闽江下游水上居民的崇拜和景仰，福州民间也就有了"官船拜陈文龙、民船拜妈祖"之说。

闽江支流乌龙江北岸有个叫阳岐的村庄，是福州最早祭祀陈文龙的地点。传说，陈文龙就义前，曾脱下官服，咬破手指，血书"效死勿去"。一夜，官服从杭州岳飞庙被大风吹到钱塘江里，顺水漂流到福州阳岐。当地百姓敬佩陈文龙，遂集资建庙祭祀。

旧时，人们从福州出城经常要走水路，而阳岐是福州往闽南水路的必经渡口。莆仙一带客商出入福州，都要在阳岐坐船，为祈求生意兴隆，平安往返，就于明洪武年间在兴化道旁建妈祖亭，奉祀海上女神妈祖。明末，聚集在阳岐的莆仙客商，出于对乡贤陈文龙忠贞气节的景仰，便在妈祖亭内并祀陈文龙。后来，"大水冲了龙王庙"，百姓遂将尚书庙从江边迁往凤鸣山南麓，称为尚书祖庙。庙建成后，历经沧桑，几度重修。现存的祖庙建筑是民国九年(1920)修建的。当时，大思想家严复回乡养病，见尚书庙破败不堪，便带头捐资重修。祖庙门额上的"水部尚书"四个遒劲的楷书大字，正出自严复的手笔。

庙前烟火今胜昔

为纪念这位爱国护民、忠贞勇毅的民族英雄，从明洪武至清光绪年间，福州先后建有阳岐、万寿、新亭、龙潭、竹林等5座尚书庙，此外，莆田、长乐、连江等地也建有尚书庙。其中，以万寿尚书庙建筑最为恢弘精美，民俗活动最具特色。

万寿尚书庙位于福州市台江区，始建于明初，传为陈文龙担任闽广宣抚使及参知政事时的官邸，前临商业闹市，其后原有河道环绕流入闽江，故有"玉带环腰尚书庙"之美誉。庙占地约1000平方米，保存有清嘉庆、道光皇帝御赐"朝宗利济""保国佑民"匾额，以及民族英雄林则徐手书楹联，其辞曰："节镇守乡邦，纵景炎残局难支，一代忠贞垂史传；英灵昭海港，与信国隆名并峙，十洲清晏仗神庥"。

万寿尚书庙的"尚书公出海送官船"活动（陈鑫贤　摄）

　　万寿尚书庙的民俗活动，如除夕夜演出"躲债戏"、正月十八日"尚书公官船出海"等颇具特色。尚书公在世时忧国忧民，成神后依然关心百姓，所以万寿尚书庙自古是穷人避难处，以及落魄商人除夕躲债的场所。据说，有一生意人因生意失败，无钱还债，除夕夜藏身于尚书庙内，祈求尚书公助他发财还债，许愿将来每年出资在庙里通宵达旦演戏酬神。他的许愿应验后，就践行诺言，久而久之，相沿成俗。讨债者也十分识趣，不会追到庙里讨债闹事。正如福州民谣所唱："富家过年喜笑开，穷人年关最难挨。灯笼数簿觅无处，尚书庙里躲债来。"

正月十八日，万寿尚书庙要举行"尚书公出海送官船"活动。官船由福州商界捐资建造，大者长约20米，通身彩绘，设计精巧，装饰华美。是日，万寿尚书庙广场张灯结彩、热闹非凡，庙内依照传统仪轨依次举办"祈风、开启、净秽、进仓、安船"诸仪式。午夜，众董事焚香，恭请"尚书公"起驾、登船。人们将商号、信众奉送的礼物运到码头，装入官船内。随后，在众董事和信众的簇拥下，"尚书公"的令旗和神像被抬出大殿。众"部将"护送官船，边走边模仿划船的姿势，口中齐喊"尚书顺风顺水，一路平安"，徐徐抵达码头。一路鞭炮齐鸣、锣鼓喧天、场面热烈。待闽江潮满，人们顺水焚化官船，出海仪式遂告结束。"尚书公出海送官船"的寓意，一为尚书公回莆田省亲，二为尚书公巡安四海。当天，还举行庙会、太平法会、游神踩街等活动，热闹至极。

陈文龙祖籍莆田，生前主要活动地在福建莆田、长乐和浙江杭州等地，最后殉难在杭州，而福州竟成为陈文龙神缘的发源地和主信仰地，足见福州人对陈文龙忠义精神的景仰。福州可以说是陈文龙名副其实的精神故乡。伴随着福州人移民海外的脚步，陈文龙信仰亦传播到海外。如今，闽台及东南亚等地都将陈文龙奉为"海上保护神"。

（孟丰敏　文）

烧船仪式(陈鑫贤 摄)

"闽山庙里夜人繁"：闽都民俗文化剪影

在漫长的历史进程中，福州人创造了多姿多彩的民俗文化。就总体而言，福州传承中原文化习俗，其民俗文化具有中国传统民俗的一般特征，同时又具有浓郁的地方特色。其中，传承千年的闽山庙会文化，规模盛大、内容丰富、特色鲜明，可以说是福州民俗文化的缩影，体现了福州人的思想、生活与性格，也表现了特有的榕城民风民情与城市精神。

更说闽山香火胜

闽山庙会起源于宋，盛行于明清乃至民国，因千百年来始终在三坊七巷之文儒坊闽山巷卓公祠（俗称闽山庙）前举行，故称闽山庙会。闽山卓公祠地处古闽山境，南接光禄坊闽山（玉尺山），祀宋进士卓祐之。卓公祠来历甚古，闽山庙声名极盛。

据《三山志》记载，卓祐之，字长吉，闽县（今福州）人，仁宗景祐元年（1034）进士，历官秀州判官，志节高尚，清廉正直，殁后百姓奉为神灵，改其故居为祠庙，岁时祭祀，屡祷辄应。闽山庙坐北朝南，规模宏大，庙貌庄严。门前有《重修闽山庙记》石碑，乃明隆庆元年

南后街灯会（陈建新 摄）

（1567）所立，叙该庙兴修及庙会活动甚详。庙前古井一方，水质清冽，市民奉为神水。相传井底有"三山看不见"的闽山，其下有暗洞，可直通至乌石山脚下。

闽山庙深得民间崇拜，香火鼎盛、灯烛通明。该庙不仅仅是平时烧香祭拜之所，还承载着丰富的民俗活动，形成源远流长的庙会文化。闽山庙会举行的时间一般在元宵、上巳等传统节日，或在仙佛神明的生辰、坐化等特定纪念日；其项目众多、内容丰富，包括灯会、鳌山、烟火，舞龙、舞狮、高跷、祭祀、祝祷、游神、杂剧、百戏、曲艺、十番、台阁、阵仗、中秋摆塔、烧塔、斗宝、展珍、鉴赏、女子元宵夜"转三桥"等，荟萃闽都岁时节庆的民俗文化，集中反映本地非遗的传承与发展。

闽山庙里看灯来

闽山庙会每年始于春节的元宵灯会。元夕之夜，南后街一带到处张灯结彩，灯火灿然，"箫鼓喧腾，煎沸道路"。明人谢肇淛称，"天下上元灯烛之盛，无逾闽中者"。而闽山庙会为灯火集中展示之地，吸引众多市民进庙观看赏玩。庙中架设"鳌山"（象征福州于山的灯景），搭建彩棚，制作"为蚌、为象、为鱼龙"各色象生灯具。谢肇淛《五夜元宵》诗云："彩棚高结彩霞标，火树银花第二宵"，极写灯树彩棚光彩耀眼，煞是好看。在灯海之中，还有文人制作的灯联、灯诗、灯谜，悬挂庙中及街头巷尾，供市民观赏、竞猜，为庙会增添浓厚的喜庆气氛。

庙会还表演"百戏""十番"等娱乐节目，营造了欢乐祥和的节日氛围。"百戏"一词出于汉代，古代各种乐舞杂技表演的总称，尤以杂技为主。谢肇淛《五夜元宵》诗云："更说闽山香火胜，鱼龙百戏列斋筵。"这里所说的"鱼龙百戏"，即指各种杂耍节目。"十番"，又称"十番伬""十欢"，是福州的地方音乐，其乐器有笛、管、笙、锣、铙、木

上巳节福州游神活动（林振寿 摄）

鱼、檀板、清鼓等。清乾隆初年，侯官郑洛英《榕城元夕竹枝词》诗云："闽山庙里夜人繁，闽山庙外月当门。槟榔牙齿生烟袋，子弟场中较十番。"描绘出一幅人山人海、乐声如潮的盛景。另据闽县诗人邓原岳《闽中元夕曲》"街头宝炬夜初开，一曲新词怨落梅。怪底佳人好妆束，闽山庙里看灯来"可知，闽山庙会上亦有戏曲表演。

上巳节是中国传统节日之一，俗称"三月三"。《闽都记》记载，闽山庙在上巳节举行迎神活动，"里人迎神，金鼓喧沸"。迎神，也称作"游神""游菩萨""抬神像""神像出巡"等，是一种古老的"娱神"活动，也是民众喜闻乐见的祈福方式。明正德《福州府志》记载："三月三日，迎赛闽山庙神，妆扮神前仪从，裂彩为台阁，以小儿妆铁枝，罗绮珠翠，极其侈丽，费用不赀。"

福州元宵游神场景(黄乐婷 摄)

　　每当举行"迎神"活动,闽山巷内人山人海,热闹异常。庞大的游神队伍,以杂剧、乐舞为前导,锣鼓开道,鞭炮震天,信众抬出灵应、灵慧两大夫金身塑像,出游福州大小坊巷。队伍中有化装为八仙表演杂剧《八仙过海》的队伍,有舞龙、舞狮、高跷阵队,有活泼生动的旱地船和海蚌戏渔夫队伍,有铿锵悦耳的"十番",更具特色的是由儿童表演的铁枝台阁戏。只见童子数位,身着戏服,扮作古代人物,或立于台阁,或以铁枝固定由壮汉肩扛,前呼后拥,引人注目。

　　闽山庙还有"斗宝"之俗,元宵、上巳均有举办。富家巨室各出所藏奇珍异宝,包括古董珍玩与鲜果特产,到庙内展示,让众人观览品评,以饱眼福而长知识,主人也借此夸耀富有与博雅。明徐熥《元夕词》云:"闽山庙里赛灵神,水陆珍馐满案陈。最爱鲜红盘上果,荔枝如锦色犹新。"可见，有人拿出盛夏摘取的红荔枝，在寒冬的元宵展陈。

庙会活动不仅娱神也娱民，上至达官显贵，下至黎民百姓，都会参与其中，共享这欢乐时光。

游人士女转三桥

元宵庙会后的"转三桥"活动，可以说是福州女性特有的节目。"转三桥"也称"走三桥""绕三桥""走桥""走百病"等，起源于宋代，明清两朝盛行。旧时，妇女受礼教束缚，抛头露面的机会不多，而元宵之夜例外，此时无论贵贱，皆可出门游观。是夜，福州女子梳妆打扮，于闽山庙内焚香拜神后，三五结伴，八九成群，穿行于三坊七巷、朱紫坊等市井繁华之地，游走于内河上的数座古桥之间，据说可祛病致福、避邪除祟。清黄绍芳《转三桥》诗云："十万红灯三五月，衣香吹满绿榕街。"描绘的正是万灯竞放、火树银花的街巷中，一群群姿容秀美的女子衣袂飘飘、香风四溢的情景。

清翁时农诗称："踏歌小队转三桥，灯事翻新看不足。"说的是平民女子踏歌步行，观赏着灯市上那层出不穷、花样新颖的灯笼，流连忘返。而富家女子则乘轿过桥，她们半揭帘幕，看灯市繁华如昼、人潮如织，身上的金玉佩饰轻触，发出清脆的韵调。正所谓："艳觅三桥转，香车趁夜游。"

众多女子盛妆出行，平时难得一见，因此吸引了大批青年男子驻足围观。明徐𤊹《闽中元夕曲》云"年少路傍虚送目，良家女伴转三桥"，描述的正是这一场景。明邓原岳诗云："邀来女伴转三桥，歌舞丛中落翠翘。"讲述女子结伴"转三桥"，在拥挤的人群中不慎掉落头饰，或是浑然不知，或是无暇寻觅。这发饰最终落入谁手？宋方孝能的诗句给出了答案："少年心绪如飞絮，争逐遗香拾坠钿。"原来，是被那些青年小伙拾去了呢。

"转三桥"除寄托"辟邪祛病"的愿望外，也寄寓着"求子添丁"的愿望。福州方言"三""生"谐音，蕴涵有"生育"的含义。据说，那些欲"生育添丁"的妇女过桥，许多孩童尾随高呼"求饶灯"（谐音"求到丁"）。清人陈世程在《闽中摭闻》中，就描绘了这样的一幅"福州元夜风情图"："三山元夕，灯火最盛。游人士女，车马喧阗，至二十里外。薄暮，市上儿童，连臂相呼，谓之'求饶灯'。"

闽山庙会承载着福州人欢乐的记忆，是人们情感的依托。如今，闽山庙建筑本体早已不存，仅留下"闽山卓公祠"碑石及近百米长的宋代山墙遗物。幽静的巷道，古朴的高墙，映照着历史的流转，倾诉着闽山庙会的似水流年。

（江榕　文）

结束语
闽都新颜

2021年7月，第44届世界遗产大会在福州召开。这座文脉绵长、山水独秀的历史文化名城，迎来一场举世瞩目的国际盛会。作为迄今为止会期最长、议题最多的世界遗产大会，这次会议持续了整整半个月，让众多海内外嘉宾有足够的时间来观察、了解福州。福州，这座拥有2200余年历史的古老城市，此时又以何种面貌展示于世人面前？

"风物长宜放眼量"，新中国成立之后，经历了70多年的建设、发展，福州已经从东南沿海一座不太起眼的中等城市，发展为一座拥有800多万人口的现代化大都市，"闽都韵"与"国际范"交相辉映，一幅幅生动隽永的实践图景，正勾勒出新时代宜业宜居的"有福之州""人民之城"。

纵观福州多年的城市发展与变迁，尤其是在近年以来，城市综合实力极大提升，城市建设取得巨大进展，而对文脉的珍视和持守让千年古城新时代展新颜。

70年前，福州经济发展主要靠农业，几乎没有工业，可以说是"一穷二白"。当时，人们曾形象地调侃说，福州"四个烟囱"只有两个会冒烟，冒烟的是发电厂、造纸厂，不冒烟的是乌塔、白塔。改革开放以来，福州这座千年古城焕发新生，生产力得到了大解放、大发展，经济文化

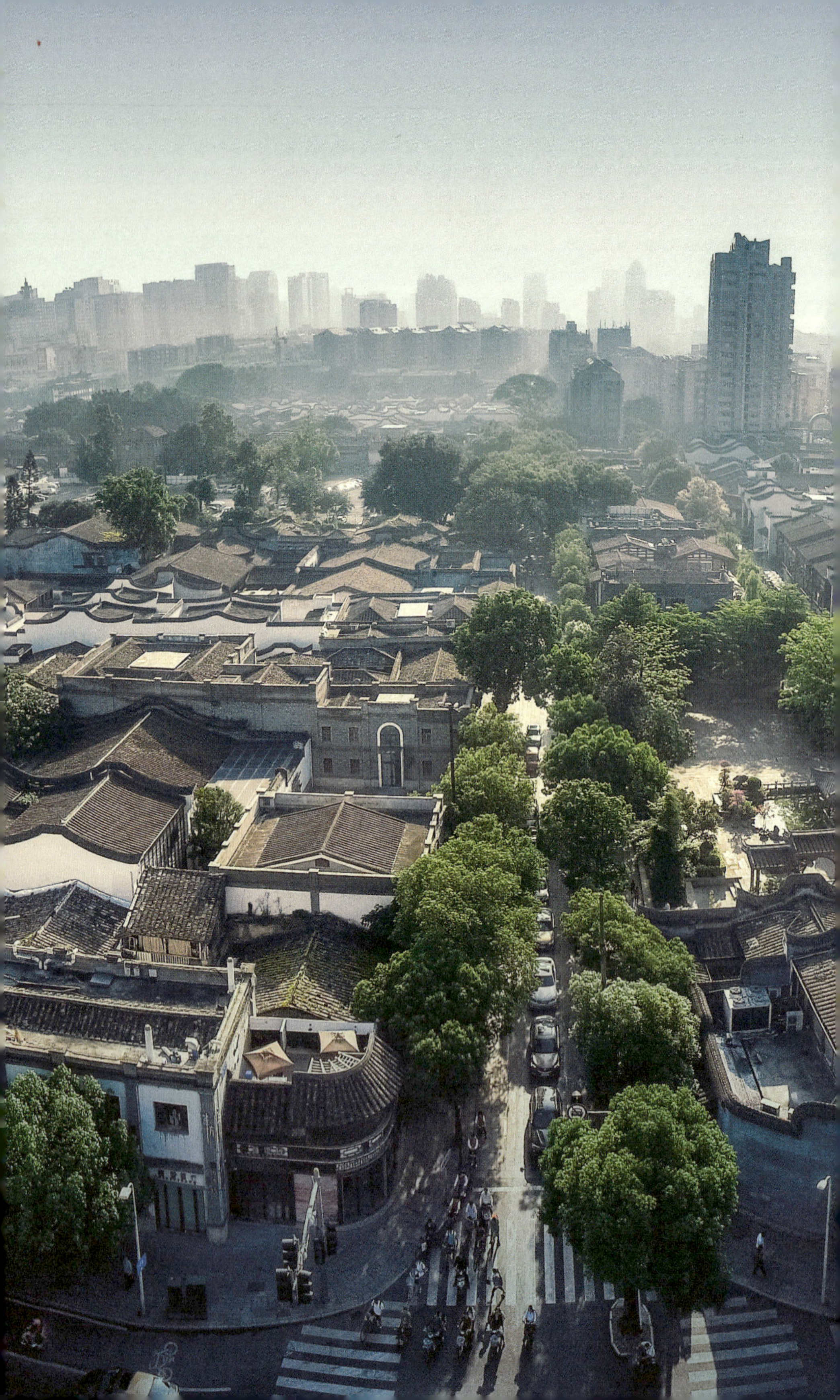

古城新韵(梁志斌 摄)

等各项建设事业取得长足进步。特别是1993年，政府颁布了《福州市20年经济社会发展战略设想》（简称"3820"战略工程），系统谋划了福州3年、8年、20年经济社会发展的目标、步骤、布局、重点等，明确了"建设现代化国际城市"的宏伟目标，为福州发展擘画了蓝图，确立了总纲领、总方略。"3820"战略工程实施的20年，是福州综合实力增长最快、城乡面貌变化最大、人民群众得到实惠最多的时期之一，为建设现代化国际城市奠定坚实基础。据统计，从1992年到2010年近20年间，福州地区生产总值年均增长率高达15.42%。至世界遗产大会召开的2021年，福州市GDP从1949年的1.26亿元增长到1.13万亿元，财政总收入从1950年的188万元增长到1250亿元；产业结构也明显优化，第三产业比重已经达到56.5%。昔日的"海防前哨"谱写了改革开放的宏壮乐章，跻身于当今中国发展水平较高的先进城市之一。

70多年前，福州民生凋敝，市民大多居住于低矮的棚屋木房，设施简陋、生活艰辛，福州因此被戏称为"纸褙的城市"。经过数十年的不懈努力，福州城市建设实现了两次大的飞跃：第一次是从"三山两塔"（鼓楼、台江地区）拓展到"两江四岸"（四大城区）；第二次是从"沿江建城"（城市依江而建）演进为"沿江向海"（建设滨海新城）。整个城市沿着"东进南下、沿江向海"的发展蓝图，规模不断扩大、功能持续完善、品质日益提升，实现了从"纸褙小城"向滨江滨海现代化都市的华丽蜕变。全市建成区面积从1949年的11平方公里扩大到近300平方公里，城镇化率从10%提高到73%，常住人口达842万人。如今，福州的城市基础设施更为完善、发达，三环快速路全线贯通，地铁1号、2号、4号、5号、6号线先后建成通车；福州新区、滨海新城高速发展，福州大学城、东南汽车城等全面提升；高新区海西园、大数据产业园等园区相继建成；三江口海峡文化艺术中心投入使用……昔日的海滨荒滩，今朝成为兴业热

位于福州三江口的海峡文化艺术中心（雷永辉 摄）

土，福州空间格局从滨江迈向滨海，与海上丝绸之路更加紧密地结合在一起。值得一提的是，福州的高速发展，并不以牺牲环境为代价，恰恰相反，良好的生态环境，已成为城市的骄傲。福州城市环境空气质量综合指数在全国省会城市中排名第三。城区156条内河治理基本完成，新建500公里滨河绿道与379个串珠式公园，与山道、巷道、水道相互交织，串联起连续不断的城市生态走廊，让绿水青山更写意、百姓幸福更写实。

7000多年的历史积淀，2200多年的建城史，孕育了福州丰富的历史文化遗产。福州高度重视文化遗产保护工作，提出许多具有前瞻性、战略性的思想理念，推动一系列具有开创性、引领性的探索实践，为延续闽都历史文脉奠定坚实基础。福州以"延续城市历史文脉，保护城市特色风貌"为目标，持续推进文物和古厝保护工作，并将建筑单体保护扩展为区域性历史文化资源整合和集中成片保护利用，相继开展了三坊七巷、朱紫坊、上下杭、冶山、烟台山、梁厝、昙石山等一系列历史文化遗产保护修

福道——全长19km的福州城市森林步道（陈秀容 摄）

缮工程，构建起涵盖17个特色历史文化街区、2个遗址公园、261条传统老街巷、1200多处重点文物和古建筑的全市域、全体系、全要素的历史文化遗产保护格局。

今天，人们来到福州，总会不知不觉感触到这座城市特有的思想和温度。在三坊七巷历史文化街区,人们会体悟"一片三坊七巷,半部中国近现代史"的厚重底蕴;朱紫坊历史文化街区,让人领略"近代海军将领摇篮"的丰采;鳌峰坊历史文化街区,让人感受书院文化的魅力;上下杭历史文化街区,让人饱览近代商贸文化的繁华;南公园河口历史文化街区,让人体验"海丝"文化的异域风情;而伫立闽侯县石山文化遗址,更能深切体味闽人"伴海而生、向海而兴"的前世今生……福州正是这样通过全面强化历史文化遗产的保护工作,守住了城市的"根"与"魂",彰显了千年闽都的文化魅力。

作为东南沿海重要城市,福州很好地传承和弘扬了"海丝"精神。福州历史上是海上丝绸之路的枢纽和重镇,早在唐宋时期就已是"百货随潮船入市,万家沽酒户垂帘"的繁华国际贸易港口;鸦片战争后,福州被辟为"五口通商"口岸之一;改革开放以来,福州成为全国首批14个沿海开放城市之一,由此如沐春风、勇立潮头,奋力走出一条坚实的改革之路、跨越之路。全省第一家全民所有制证券公司、全省第一家上市电机股份集团公司、全国第一条自主开发设计的超大屏幕背投影彩电生产线、全国第一家吸引国际金融组织参股的商业银行……众多的"第一",成为福建乃至中国改革开放史上的里程碑。

20世纪90年代,时任福州市委书记习近平提出建设"海上福州"的战略构想。他说:"福州的优势在于江海,福州的出路在于江海,福州的希望在于江海,福州的发展也在于江海。"1994年6月,福州市委、市政府出台《关于建设"海上福州"的意见》。由此,福州吹响了"向海进军"的号角。2012年,福州市委、市政府相继出台《关于在更高起点上加快建设"海上福州"的意见》和《关于加快建设"海上福州"配套政策措施的通知》,接力棒继续传承。

近年来,福州把握住共建"一带一路"重大机遇,深度融入21世纪

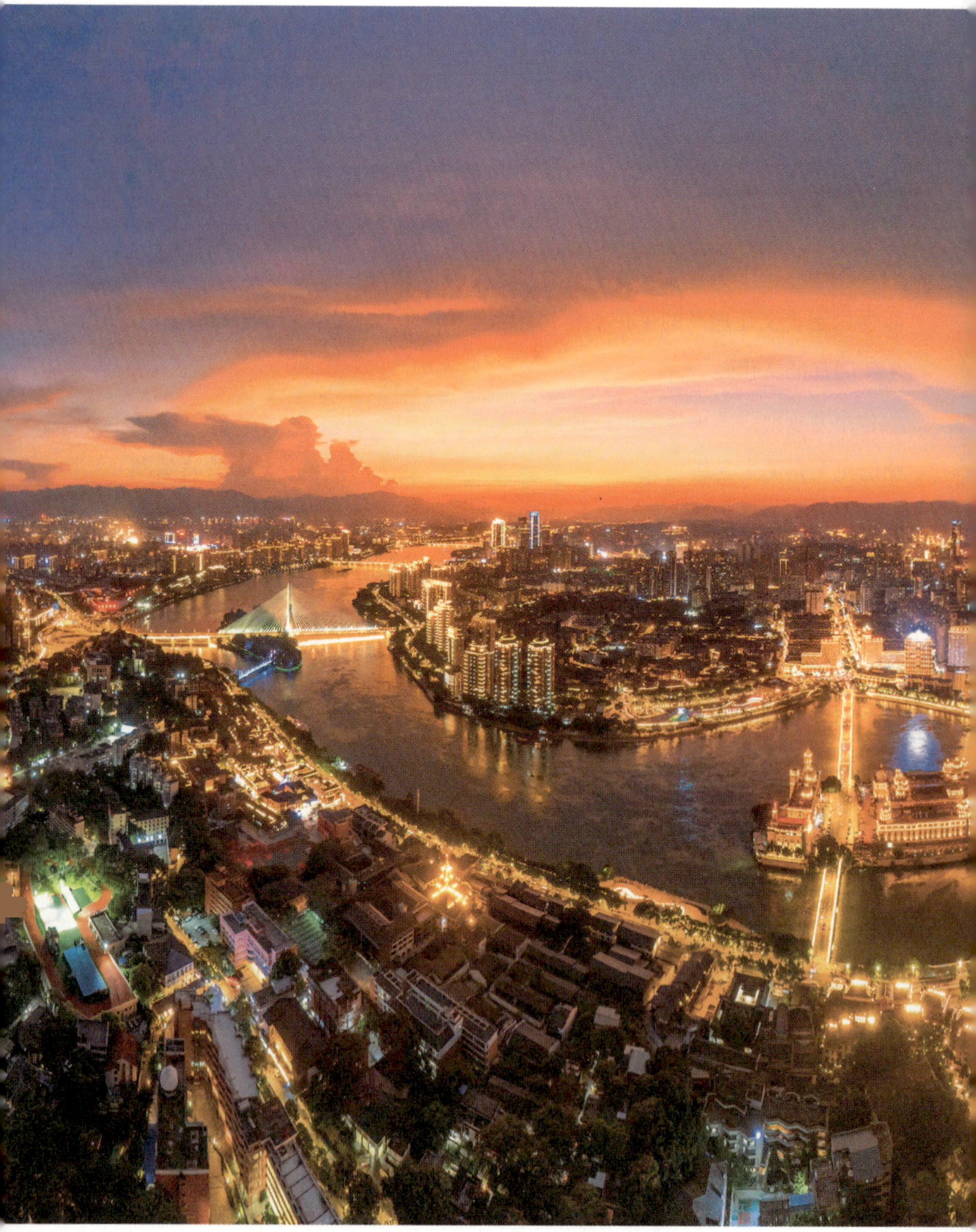

闽江之心（陈捷阳 摄）

海上丝绸之路核心区建设，推动"海丝"战略支点城市建设取得新进展、新成效。

2022年福州港货物吞吐量超3亿吨、跻身全球港口前20，长乐国际机场旅客吞吐量超千万人次，门户枢纽作用更加凸显，做强海港空港。

"闽都号"中欧、中老班列开行，实现"海丝""陆丝"有效衔接，让福州成为"一带一路"重要节点城市，推动陆海联通。

2022年福州进出口总额约3600亿元，其中"一带一路"沿线国家地区占三分之一以上，即总额达1255亿元，同比增长14.6%，贸易持续增长。

2023年初，福州市经贸交流代表团访问印度尼西亚、马来西亚和菲律宾，签约重点项目24个，总金额490多亿元，合作日益密切。

"海丝"博览会、"丝路"国际电影节、"海丝"国际旅游节打响品牌，让福州的国际影响力持续提升，活动效应显现。

福州先后与菲律宾马尼拉市、印尼三宝垄市等13个"一带一路"沿线城市缔结友好关系，国际"朋友圈"不断扩大。

时光荏苒，"双塔"依然矗立，大海仍旧宽广，东海之滨一座"丝路海港城"正在加速崛起。伴海而生、向海而兴、拓海而荣的福州，承载着厚重的历史，凭借着地缘优势、资源优势，鼓荡起"海丝"的风帆，朝着"建设现代化国际城市"的宏伟目标破浪前行。

（麦小荷　文）

主要参考文献

梁克家. 三山志 [M]. 福州：海风出版社，2000.

王应山. 闽都记 [M]. 北京：方志出版社，2002.

黄仲昭. 八闽通志 [M]. 福州：福建人民出版社，2006.

林枫. 榕城考古略 [M]. 福州：海风出版社，2000.

施鸿保. 闽杂记 [M]. 福州：福建人民出版社，1985.

郭柏苍. 闽产录异 [M]. 长沙：岳麓书社，1986.

福州市地方志编纂委员会. 福州市志 [M]. 北京：方志出版社，1998—2000.

福州市地方志编纂委员会. 船政志 [M]. 北京：商务印书馆，2016.

卢美松，谢其铨. 越王山志 [M]. 福州：海峡文艺出版社，2018.

卢美松. 福州通史简编 [M]. 福州：福建人民出版社，2017.

卢美松. 中国地域文化通览·福建卷 [M]. 北京：中华书局，2013.

卢美松. 八闽文化综览 [M]. 福州：福建人民出版社，2013.

卢美松：福建海上丝绸之路·福州卷 [M]. 福州：福建人民出版社，2020.

黄启权. 三坊七巷志 [M]. 福州：海潮摄影出版社，2009.

廖大珂. 福建海外交通史 [M]. 福州：福建人民出版社，2002.

福州港史志编辑委员会. 福州港史 [M]. 北京：人民交通出版社，1996.

刘海峰，庄明水. 福建教育史 [M]. 福州：福建教育出版社，1996.

赖正维. 福州与琉球 [M]. 福州：福建人民出版社，2018.

卢美松. 福建历代状元 [M]. 福州：福建人民出版社，2006.

刘树勋. 闽学源流 [M]. 福州：福建教育出版社，1993.

陈庆元. 福建文学发展史 [M]. 福州：福建教育出版社，1996.

谢水顺. 福建古代刻书 [M]. 福州：福建人民出版社，1997.

杨国桢. 林则徐传 [M]. 北京：人民出版社，1995.

陈悦. 船政史 [M]. 福州：福建人民出版社，2016.

黄克武. 笔醒山河：中国近代启蒙人严复 [M]. 桂林：广西师范大学出版社，2022.

皮后锋. 严复大传 [M]. 福州：福建人民出版社，2003.

李华川. 晚清一个外交官的文化历程 [M]. 北京：北京大学出版社，2004.

郑振铎等. 林纾的翻译 [M]. 北京：商务印书馆，1981.

陈碧. 铁血柔情的黄花岗烈士——林觉民 [M]. 福州：福建人民出版社，2017.

方宗珪. 寿山石历史掌故 [M]. 北京：荣宝斋出版社，2010.

强振涛. 中国闽菜 [M]. 福州：福建人民出版社，2018.

郭仁宪，方炳桂主编. 百年聚春园 [M]. 福州：海峡文艺出版社，2002.

徐鹤苹，王宇，陈桑. 闽剧史稿 [M]. 福州：海风出版社，2012.

卢美松. 闽山庙会文化 [M]. 福州：福建人民出版社，2020.

林山. 三坊七巷史话 [M]. 福州：海潮摄影艺术出版社，2016.

福州市政协文史资料委员会. 烟台山史话 [M]. 福州：海峡书局，2014.

福州市政协文史资料和学习宣传委员会. 冶山史话 [M]. 福州：福建

人民出版社，2017.

福州市政协文史资料和学习宣传委员会. 福州内河史话[M]. 福州：福建人民出版社，2018.

福州市政协文化文史和学习委员会. 福州西湖史话[M]. 福州：海峡文艺出版社，2019.

巫乐华. 南洋华侨史话[M]. 北京：商务印书馆，1997.

连天雄. 坊巷雅韵[M]. 福州：福建美术出版社，2015.

池志海. 旧时山馆：福州烟台山影像志[M]. 福州：海峡文艺出版社，2022.

孟丰敏. 流翠烟台山[M]. 福州：海峡书局，2016.

陈叔侗. 福州中唐文献孑遗——元和八年球场记山亭记残碑考辨[M]//福建省博物馆. 福建历史文化与博物馆学研究. 福州：福建教育出版社，1993.

后 记

为城市"立传",谈何容易。特别是对福州这样一座历史文化名城而言,想在薄薄的一个小册中,做到表达充分准确、通俗易懂,绝非易事。既已身任其劳,只能黾勉从事。

本书作为"丝路百城传"丛书之一种,时间贯穿福州从先秦到当代;地域范围,包括文化上的福州,即历史上的"福州十邑",而侧重于福州城区;内容上,重点记述福州标志性的文化成就、最具影响的人和事,以体现福州深厚的文化底蕴,特别留意与海上丝绸之路密切相关的文化事象,以彰显福州"海纳百川、有容乃大"的城市精神。不求面面俱到,但求以小见大,让读者在轻松愉悦的阅读体验中对福州留下美好印象。

全书主要内容分为五大部分:一是"江城福地",主要展示福州城的历史变迁;二是"海丝枢纽",展示福州与海上丝绸之路的深远渊源;三是"海滨邹鲁",展示福州的深厚人文底蕴;四是"海国先声",展示福州先贤"开风气之先"的壮志情怀;五是"闽都风物",展示福州地域文化的特色、亮点。书前概述"福州与海上丝绸之路"。

本书是集体创作的成果,主编为魏定榔、卢美松,副主编为孟丰敏、麦小荷,编委有卢为峰、林振寿、池志海、郑巧蓬、唐希、莫争、青色、王斌青、许莹莹、柳奕、林宇、黄益群、卞筱璇、赵玉明、马照南、陈常飞、万小英、江榕、王春燕、黄河清、苏静、曾建梅、杨志民、黄淑琳、王银清等，排名不分先后。

具体分工如下：主编魏定榔负责全书统稿，考订史事，核对引文，修订文稿，选定图照；主编卢美松统揽全书编写，拟定体例，设计篇章结构，审阅书稿并修改润色。副主编孟丰敏组织作家撰写稿件，沟通写作风格并审校初稿；副主编麦小荷编辑书稿并征集图照。撰稿人有孟丰敏、唐希、莫争、青色、王斌青、黄益群、卞筱璇、林宇、赵玉明、陈常飞、马照南、万小英、江榕、王春燕、黄河清、沉洲、麦小荷、卢美松、柳奕、苏静、曾建梅、黄淑琳、许莹莹等。主摄影为林振寿，历史图照主要由池志海、郑巧蓬提供，唐希、吴爱兰、陈鹤、陈暖、杨婀娜、杨建峰、陈建新、陈鑫贤、黄乐婷、梁志斌、郑榕琛、倪舒扬、连天雄等亦贡献部分图照。在本书策划与编写过程中，还得到卢为峰、杨志民、陶璐、林叶、李华健、郑芳、许灵怡诸先生（女士）的关心和协助。此外，福州市档案馆、福州市博物馆、故宫博物院及美国哈佛大学图书馆、荷兰国立博物馆、日本国会图书馆等海内外收藏机构保存的众多福州历史影像，亦为本书增色不少。

为此，谨向所有参与本书编写以及提供帮助支持的单位和人士致以诚挚的谢意。然而限于学识，囿于闻见，书中错漏在所难免，恳请读者、方家批评指正，以匡不逮。且因篇幅所限，本书未能完全涵括福州历史文化的所有重要内容，其深蕴精义也有待挖掘阐发，尚祈后贤踵事增华，以臻完善。

编者
2023年2月

图书在版编目（CIP）数据

福州传：闽海扬帆两千年 / 魏定榔等著 . -- 北京：外文出版社，2023.11（2024.3 重印）

（丝路百城传）

ISBN 978-7-119-13011-8

Ⅰ . ①福… Ⅱ . ①魏… Ⅲ . ①文化史－研究－福州 Ⅳ . ① K295.71

中国版本图书馆 CIP 数据核字 (2022) 第 013803 号

出版指导：陆彩荣
出版统筹：胡开敏　文　芳
责任编辑：李　黎
撰 稿 人：魏定榔　卢美松　孟丰敏　唐　希　莫　争　青　色　王斌青　黄益群
　　　　　卜筱璇　林　宇　赵玉明　陈常飞　马照南　万小英　江　榕　王春燕
　　　　　黄河清　沉　洲　麦小荷　柳　奕　苏　静　等
内文供图：林振寿　池志海　郑巧蓬　唐　希　吴爱兰　陈　鹤　陈　暖　杨婀娜
　　　　　杨建峰　陈建新　陈鑫贤　黄乐婷　梁志斌　郑榕琛　倪舒扬　连天雄　等
封面图片：福州平潭海峡公铁两用大桥（赵马峰 摄）
装帧设计：邱　彬
印刷监制：章云天

福州传

闽海扬帆两千年

魏定榔　卢美松　等著

©2023 外文出版社有限责任公司

出 版 人：胡开敏
出版发行：外文出版社有限责任公司
地　　址：北京市西城区百万庄大街 24 号　　邮政编码：100037
网　　址：www.flp.com.cn　　电子邮箱：flp@cipg.org.cn
电　　话：008610-68320579（总编室）　　008610-68996182（编辑部）
　　　　　008610-68995852（发行部）　　008610-68996183（投稿电话）
印　　刷：艺堂印刷（天津）有限公司
经　　销：新华书店 / 外文书店
开　　本：710mm×1000mm　1/16
装　　别：精装
字　　数：330 千
印　　张：24
版　　次：2023 年 11 月第 1 版　2024 年 3 月第 1 版第 2 次印刷
书　　号：ISBN 978-7-119-13011-8
定　　价：99.00 元

版权所有　侵权必究　如有印装问题本社负责调换（电话：68995960）